外国家庭法及妇女理论研究中心项目
家 事 法 研 究 学 术 文 库



# 我国收养制度立法完善研究

白玉 著

中国人民公安大学出版社
2023 · 北京

# 《家事法研究学术文库》顾问

（以姓氏笔画为序）

## 丛书主编简介

**陈苇** 女，1987年于西南政法学院民法专业硕士研究生毕业，获法学硕士学位，留该校任教，主要研究方向为婚姻家庭继承法、妇女儿童老人权益保护。2003年12月至2004年12月，其受国家留学基金资助公派出国留学，作为访问学者到澳大利亚悉尼大学法学院进修外国家庭法。西南政法大学民商法学院教授、博士生导师，家庭法国际学会第十六届执行委员会副主席和学术委员会委员，中国法学会婚姻家庭法学研究会副会长，重庆市妇联法律顾问，重庆市儿童工作资源中心专家，重庆市高级人民法院家事审判方式和工作机制改革试点工作指导小组成员。

代表性成果包括：独著、主编、主持翻译的《中国婚姻家庭法立法研究》（2000年版、2010年第二版）、《外国婚姻家庭法比较研究》《当代中国内地与港、澳、台婚姻家庭法比较研究》《中国大陆与港、澳、台继承法比较研究》《当代中国民众继承习惯调查实证研究》《外国继承法比较与中国民法典继承编制定研究》《改革开放三十年（1978-2008）中国婚姻家庭继承法研究之回顾与展望》《中国继承法修改热点难点问题研究》《我国防治家庭暴力情况实证调查研究》《21世纪家庭法与家事司法：实践与变革》《中国妇女儿童权益法律保障情况实证调查研究》《中国遗产处理制度系统化构建研究》《当代中国民众财产继承观念与遗产处理习惯实证调查研究》《中国婚姻家庭法理论与实践研究》《中国继承法理论与实践研究》《当代外国婚姻家庭法律制度研究》《加拿大家庭法汇编》《澳大利亚家庭法（2008年修正）》《美国家庭法精要（第五版）》《澳大利亚法律的传统与发展（第三版）》等著作、译作20余部；在《中国法学》《法律科学》《法学》《法商研究》以及International Journal of Law, Policy and the Family; The International Survey of Family Law; US-China Law Review; 21st Century Law Review等中外学术刊物发表中英文学术论文90余篇。此外，其主编出版《家事法研究》学术论文集刊六卷（2005年卷至2010年卷）和“家事法研究学术文库”其他著作20余部；应邀与美国、意大利学者合作撰写美国法学院比较家庭法英文教材1部：Practical Global Family Law——United States, China and Italy（2009年4月在美国出版）。

# 目　录


前　言 …………………………………… 陈　苇（1）
自　序 …………………………………… 白　玉（1）
引　言 ……………………………………………（1）
　一、选题的背景 …………………………………（1）
　二、选题的意义 …………………………………（5）
　三、研究的现状 …………………………………（8）
　四、研究的方法 …………………………………（15）
　五、研究的创新点 ………………………………（18）
第一章　收养制度的基础理论考察 ………………（20）
　第一节　收养与相关法律的关系 ………………（20）
　　一、收养与婚姻家庭编的关系 ………………（22）
　　二、收养与合同编的关系 ……………………（30）
　第二节　收养制度的基本原则考察 ……………（36）
　　一、收养制度基本原则的功能 ………………（38）
　　二、中外收养制度基本原则的考察 …………（43）
　　三、我国《民法典》收养制度基本原则的考察 ………（56）
　第三节　收养制度的价值与功能分析 …………（61）
　　一、收养制度的立法价值分析 ………………（61）

二、收养制度的立法功能分析 …………………… (64)
第二章 收养制度的历史沿革研究 …………………… (68)
第一节 域外收养制度的历史沿革 …………………… (69)
一、古代两河流域时期的收养制度 …………………… (69)
二、古罗马时期的收养制度 …………………… (72)
三、近代域外国家的收养制度 …………………… (75)
第二节 我国收养制度的历史沿革 …………………… (78)
一、我国古代的收养制度立法研究 …………………… (78)
二、我国近代的收养制度立法研究 …………………… (80)
三、新中国成立后的收养制度立法研究 …………………… (82)
第三章 收养制度的立法体系研究 …………………… (89)
第一节 收养制度立法体系研究的契机与意义 ………… (90)
一、我国《民法典》编纂对收养制度立法体系的影响 …………………… (90)
二、收养制度立法体系研究的意义 …………………… (98)
第二节 中外收养制度立法体系的考察与评析 ………… (103)
一、域外收养制度立法体系的考察与评析 ……………… (104)
二、我国学者建议稿收养制度立法体系的考察与评析 …………………… (112)
第三节 我国《民法典》收养制度的立法体系研究 …… (116)
一、我国《民法典》收养制度的外部立法体系研究 …………………… (116)
二、我国《民法典》收养制度的内部立法体系研究 …………………… (118)
第四章 未成年人收养制度研究 …………………… (121)
第一节 原《收养法》未成年人收养的立法及司法考察 …………………… (121)
一、原《收养法》未成年人收养制度的立法考察 …… (122)
二、原《收养法》未成年人收养制度的司法考察 …… (125)

第二节　域外未成年人收养制度的考察与评析 …………（135）
一、域外未成年人收养制度之考察 ……………………（136）
二、域外未成年人收养制度之评析 ……………………（147）
第三节　我国学者建议稿未成年人收养制度的考察与评析 ……………………………………（151）
一、我国学者建议稿未成年人收养制度之考察 ………（151）
二、我国学者建议稿未成年人收养制度之评析 ………（154）
第四节　我国《民法典》未成年人收养制度的考察与评析 ……………………………………（157）
一、我国《民法典》未成年人收养制度的立法成就 ………………………………………（157）
二、我国《民法典》未成年人收养制度的立法不足 ………………………………………（160）
三、我国《民法典》未成年人收养制度的立法完善思考 …………………………………（165）
**第五章　成年人收养制度研究** ……………………………（187）
第一节　原《收养法》成年人收养制度的立法及司法考察 ……………………………………（187）
一、原《收养法》成年人收养制度的立法考察 ………（188）
二、原《收养法》成年人收养制度的司法考察 ………（190）
三、我国成年人收养制度的立法争议 …………………（192）
第二节　域外成年人收养制度的考察与评析 ……………（194）
一、域外成年人收养制度之考察 ………………………（195）
二、域外成年人收养制度之评析 ………………………（200）
第三节　我国学者建议稿成年人收养制度的考察与评析 ……………………………………（203）
一、我国学者建议稿成年人收养制度之考察 …………（203）
二、我国学者建议稿成年人收养制度之评析 …………（205）

第四节　我国《民法典》成年人收养制度的考察与评析 …………………… (207)
一、我国《民法典》成年人收养制度的立法变化及不足 …………………… (208)
二、我国《民法典》成年人收养制度的立法完善思考 …………………… (210)
**第六章　特殊收养制度研究** …………………… (227)
第一节　原《收养法》特殊收养制度的立法及司法考察 …………………… (227)
一、原《收养法》特殊收养制度的立法考察 ………… (228)
二、原《收养法》特殊收养制度的司法考察 ………… (237)
三、我国特殊收养制度的立法争议 ………………… (244)
第二节　域外特殊收养制度的考察与评析 …………… (247)
一、域外特殊收养制度之考察 …………………… (247)
二、域外特殊收养制度之评析 …………………… (258)
第三节　我国学者建议稿特殊收养制度的考察与评析 …………………… (259)
一、我国学者建议稿特殊收养制度之考察 ………… (260)
二、我国学者建议稿特殊收养制度之评析 ………… (263)
第四节　我国《民法典》特殊收养制度的考察与评析 …………………… (264)
一、我国《民法典》特殊收养制度的立法成就 ……… (265)
二、我国《民法典》特殊收养制度的立法不足 ……… (267)
三、我国《民法典》特殊收养制度的立法完善思考 …………………… (272)
**参考文献** …………………… (280)
**致　谢** …………………… (303)

**附　录**

西南政法大学外国家庭法及妇女理论研究中心简介
（中英文对照）……………………………………………………（305）
西南政法大学外国家庭法及妇女理论研究中心
2006—2012 年已出版书目 ………………………………（310）
西南政法大学家事法研究学术文库
2012—2014 年已出版书目 ………………………………（311）

# CONTENTS

**Foreword** ………………………………………… CHEN Wei( 1 )
**Preface** ………………………………………………… BAI Yu( 1 )
**Introduction** …………………………………………………… ( 1 )
Ⅰ Research Background ……………………………… ( 1 )
Ⅱ Significance of Studying ……………………………… ( 5 )
Ⅲ Research at Home and Abroad ………………………… ( 8 )
Ⅳ The Methods of Classroom Research …………………… ( 15 )
Ⅴ Innovation and Deficiency of Research ………………… ( 18 )
**Chapter One Investigation on the Basic Theory of Adoption System** ………………………………………… ( 20 )
Section 1 The Relationship Between Adoption and Relevant Laws ……………………………………………… ( 20 )
Ⅰ Relationship Between Adoption and Marriage and Family Law ……………………………………………… ( 22 )
Ⅱ Relationship Between Adoption and Contract Law … ( 30 )
Section 2 Review of the Basic Principles of Adoption System ……………………………………………………… ( 36 )
Ⅰ Function of the Basic Principles of the Adoption System ……………………………………………………… ( 38 )
Ⅱ Investigation on the Basic Principles of the Current Adoption System at Home and Abroad ……………… ( 43 )
Ⅲ Investigation on the Basic Principles of Adoption System

in the Civil Code …… ( 56 )

Section 3 Analysis on the Value and Function of Adoption System …… ( 61 )

Ⅰ Legislative Value Analysis of Adoption System …… ( 61 )

Ⅱ Legislative Function Analysis of Adoption System …… ( 64 )

**Chapter Two Research on the Historical Evolution of Adoption System** …… ( 68 )

Section 1 The History of Extraterritorial Adoption System …… ( 69 )

Ⅰ The Adoption System in Ancient Mesopotamia …… ( 69 )

Ⅱ The Adoption in Ancient Rome …… ( 72 )

Ⅲ The Adoption System of Foreign Countries in Modern Times …… ( 75 )

Section 2 The Historical Evolution of China´s Adoption System …… ( 78 )

Ⅰ Research on the Legislation of Adoption System in Ancient China …… ( 78 )

Ⅱ Research on Legislation of Adoption System in Modern China …… ( 80 )

Ⅲ Research on Legislation of Adoption System After the Founding of the People´s Republic of China …… ( 82 )

**Chapter three Research on the Legislation System of Adoption System** …… ( 89 )

Section 1 Opportunity and Significance of the Research on the Adoption System Legislation System …… ( 90 )

Ⅰ Influence of the Codification of Civil Code on the Legislation System of Adoption System …… ( 90 )

Ⅱ Significance of the Legislative System Research of Adoption System …… ( 98 )

Section 2 Investigation and Analysis of the Legislation System of Adoption System in China and Abroad ········ (103)
Ⅰ Investigation and Comment on the Legislation System of the Foreign Adoption System ······················ (104)
Ⅱ Investigation and Evaluation of the Adoption System Legislation System in the Draft Proposed by Chinese Scholars ·················································· (112)
Section 3 Research on the Legislative System of Adoption System inChinese Civil Code ······················ (116)
Ⅰ Research on the External Legislation System of Adoption System in Chinese Civil Code ························ (116)
Ⅱ Research on the Internal Legislation System of Adoption System in Chinese Civil Code ························ (118)
**Chapter Four Research on the Adoption System of Minors** ································ (121)
Section 1 Legislative and Judicial Review of the Adoption of Minors in the Adoption Law ··················· (121)
Ⅰ Legislative Investigation of the Minor Adoption System in the Adoption Law ···································· (122)
Ⅱ Judicial Investigation on the System of Adoption of Minors in the Adoption Law ···························· (125)
Section 2 Investigation and Evaluation of the Adoption System for Minors Outside China ························ (135)
Ⅰ Investigation on the Adoption System of Minors Outside China ············································· (136)
Ⅱ Analysis of the Adoption System for Minors Outside China ············································· (147)

Section 3 Investigating and Evaluating the Juvenile Adoption System in the Proposed Draft by Chinese Scholars ······ (151)

Ⅰ Investigating the Adoption System of Minors in the Draft Proposed by Chinese Scholars ······ (151)

Ⅱ Comment on the Adoption System of Minors in the Proposed Draft by Chinese Scholars ······ (154)

Section 4 Investigating and Evaluating the Adoption System of Minors in the Civil Code ······ (157)

Ⅰ Legislative Achievements of the Adoption System for Minors in the Civil Code ······ (157)

Ⅱ Legislation Insufficient of the Adoption System for Minors in the Civil Code ······ (160)

Ⅲ On the Perfection of Adoption System for Minors in the Civil Code ······ (165)

**Chapter Five Research on the Adult Adoption System** ··· (187)

Section 1 Legislative and Judicial Review of the Adult Adoption System in the Adoption Law ······ (187)

Ⅰ Legislative investigation of the adult adoption system in the Adoption Law ······ (188)

Ⅱ Judicial Review of the Adult Adoption System in the Adoption Law ······ (190)

Ⅲ Legislative Disputes of Adult Adoption System in China ······ (192)

Section 2 Investigation and Evaluation ofAdult Adoption System Outside China ······ (194)

Ⅰ Investigation of Adult Adoption System Outside China ······ (195)

Ⅱ Analysis of Adult Adoption System Outside China ··· (200)

Section 3 Research and Evaluation of Adult Adoption System in the Draft Proposed by Chinese Scholars ······ (203)
Ⅰ Investigation of the Adult Adoption System Proposed by Chinese Scholars ······························ (203)
Ⅱ Analysis of the Adult Adoption System Proposed by Chinese Scholars ······························ (205)
Section 4 Investigation and Analysis of Adult Adoption System in the Civil Code ······························ (207)
Ⅰ Legislative Changes and Deficiencies of Adult Adoption System in the Civil Code ······························ (208)
Ⅱ On the Perfection of Adult Adoption System in the Civil Code ······························ (210)
**Chapter Six Research on Special Adoption System** ········ (227)
Section 1 Legislative and Judicial Review of the Special Adoption System in the Adoption Law ·········· (227)
Ⅰ Legislative Investigation of the Special Adoption System in the Adoption Law ······························ (228)
Ⅱ Judicial Investigation of the special adoption System in the Adoption Law ······························ (237)
Ⅲ Legislative Disputes of Special Adoption System in China ······························ (244)
Section 2 Investigation and Evaluation of Special Adoption System Outside China ······························ (247)
Ⅰ Investigation of Special Adoption System Outside China ······························ (247)
Ⅱ Analysis of Special Adoption System Outside China ······························ (258)
Section 3 Investigation and Evaluation of Special Adoption System in Chinese Scholars′ Proposal ·········· (259)

Ⅰ Investigation of Special Adoption System Proposed by Chinese scholars ………………………………… (260)
Ⅱ Analysis of Special Adoption System Proposed by Chinese Scholars ………………………………… (263)
Section 4 Investigation and Evaluation of Special Adoption System in the Civil Code ……………………… (264)
Ⅰ Legislative Achievements of Special Adoption System in the Civil Code ………………………………… (265)
Ⅱ Flaws of Legislation of Special Adoption System In the Civil Code ………………………………… (267)
Ⅲ Improvement of Special Adoption System in the Civil Code ………………………………………… (272)
**Bibliography** ………………………………………… (280)
**Postscript** ……………………………………………… (303)

**Appendix**
Introduction of the Research Center on Foreign Family Law and Women's Theory of Southwest University of Political Science and Law(SWUPL), China (Chinese and English) ……………………………………………… (305)
Contents of the Books Published (2006 to 2012) by the Research Center on Foreign Family Law and Women's Theory of SWUPL, China ……………………………… (310)
Contents of the Books Published (2012 to 2014) of Works of Researches on Family Law of SWUPL, China …………… (311)

# 前　言

自1978年西南政法学院复办以来，我国著名的婚姻法专家、中国法学会婚姻法学研究会副总干事杨怀英教授担任我校婚姻法研究方向的学科带头人。1985年3月至7月，我校承担了司法部委托的全国法律专业婚姻法师资进修班的教学任务。当时全国著名的婚姻法专家巫昌祯、杨大文、王德意、李忠芳、任国钧等教授应邀前来我校，与杨怀英教授及胡平等教师共同为来自全国的婚姻法师资进修班学员上课，传授婚姻法学的理论知识和教学经验。如今，该进修班学员大部分都成为各高校婚姻法领域的知名专家学者和骨干教师，他们为国家培养了大批优秀的人才。因此，可以说我校是我国婚姻法学人才培养的摇篮。在科研方面，杨怀英教授先后主编出版《滇西南边疆少数民族婚姻家庭制度与法的研究》（法律出版社1988年出版）、《中国婚姻法论》（重庆出版社1989年出版，1991年荣获重庆市社科优秀科研成果三等奖）、《凉山彝族奴隶社会法律制度研究》（四川民族出版社1994年出版，1996年荣获四川省社科优秀科研成果二等奖）等专著和教材。1995年杨怀英教授去世后，由中国法学会婚姻法学研究会常务理事邓宏碧教授担任我校婚姻法研究方向的学科带头人。邓宏碧教授、胡平副教授等老教师带领讲授婚姻法课程的教师们，继续努力进行教学和科研工作。尤其值得指出的是，邓宏碧教授主编的

《中国少数民族人口政策研究》(重庆出版社 1998 年出版，国家社会科学“八五”规划重点科研项目) 于 2001 年荣获重庆市社会科学优秀科研成果一等奖。

薪火相传。本人于 1979 年 9 月考入西南政法学院法律系本科进行学习，1983 年 6 月毕业任教 1 年后，于 1984 年 9 月考入西南政法学院攻读民法专业硕士研究生，师从杨怀英教授，主要研究方向为婚姻家庭继承法。1987 年 7 月本人硕士研究生毕业后留校任教，主要从事婚姻家庭继承法及妇女儿童老年人权益保护的教学和科研工作，至今已近 40 年。近 40 年里，在母校各级领导和老师们的辛勤培养下，在本人的勤奋工作和刻苦钻研下，我由一名学生逐步成长为助教、讲师、副教授、教授、博士生导师、博士后合作导师；于 1996 年 5 月至 1999 年 4 月担任民法教研室副主任，于 1999 年 5 月至 2003 年 4 月担任民法教研室主任，于 2003 年 5 月至 2019 年 6 月担任婚姻家庭继承法教研室主任。在婚姻法学界老一辈专家的辛勤培养下，本人于 1996 年 7 月起担任中国法学会婚姻法学研究会理事；于 1999 年 7 月起担任中国法学会婚姻法学研究会常务理事；于 2004 年 7 月起担任中国法学会婚姻家庭法学研究会副会长；于 2011 年 11 月起担任家庭法国际学会第十四届执行委员会委员；于 2014 年 8 月起至 2017 年 6 月，担任家庭法国际学会第十五届执行委员会委员兼学术委员会委员；于 2017 年 7 月至 2020 年 9 月，担任家庭法国际学会第十六届执行委员会副主席兼学术委员会委员。必须说明的是，自 2011 年 11 月由第十四届家庭法国际学会主席、澳大利亚悉尼大学法学院 Patrick Parkinson 教授[①]提名，经家庭法国际学会执行委员会研究同意，受聘担

① Patrick Parkinson 教授是我受中国国家留学基金资助，以访问学者身份于 2003 年 12 月至 2004 年 12 月在澳大利亚悉尼大学法学院进修外国家庭法时的导师。

任家庭法国际学会第十四届执行委员会委员以来，我每年积极撰写论文，“以文参会”，先后到意大利、韩国、法国、英国、巴西、荷兰等国出席家庭法国际学会召开的执委会、地区性会议和世界大会，在会上积极发言，发出中国声音，阐述中国观点，增进了其他国家学者对中国婚姻家庭领域新问题和最新修改立法的了解，扩大了中国婚姻家庭法学者在家庭法学术研究领域的国际影响力。2014 年 8 月，家庭法国际学会在巴西召开“第十五届家庭法世界大会”，会上我当选为家庭法国际学会第十五届执行委员会委员兼学术委员会委员。2017 年 7 月，家庭法国际学会在荷兰召开“第十六届家庭法世界大会”，会上我当选为家庭法国际学会第十六届执行委员会副主席并继续兼任学术委员会委员。作为中国婚姻家庭法专家，在家庭法国际学会中我是第一位来自中国的副主席，为祖国争了光。从此，我在家庭法国际学会领导层这一家庭法学术研究的最高平台上，可以发出中国声音、讲述中国故事、贡献中国智慧，这有利于进一步促进中外婚姻家庭继承法研究领域的国际学术交流，为各国婚姻家庭继承法律制度的改革提供参考，以造福于全人类的婚姻家庭。

“谁言寸草心，报得三春晖。”我铭记杨怀英导师“老老实实做人，认认真真做事”的教诲，以杨怀英导师和其他婚姻法学界老一辈专家为榜样，带领团队教师努力做好教学、科研及立法研讨、法律咨询社会服务等工作。

在课程教学和教学团队建设以及社会服务方面，“教书育人”是教师的基本职责，高等院校法学教育的重心应当“以本为本”，即以加强本科生教育作为基本出发点。为适应高等学校法学专业“婚姻家庭继承法学”本科课程教学和教学团队建设的需要，首先，我组织进行教材的编撰和修订工作。编撰出版教材并且适时更新教材内容，是教学改革和创新的基础。在我国新时代法治国家建设的进程中，新的法律法规及其司法解释不断被制定和实施，为满足本校和其他高等院校的“婚姻家庭继承法学”本科课程的教师教学和学生自学之需要，我组织本校和外校讲授本门课程的教师积极开展教材编撰及适时修订工作。本人担任主编先后在三个出版社出版了以下教材：（1）群众出版社出版：21 世纪高等院校法学精品课程的理论课教材《婚姻家庭继承法学》（2005 年第 1 版、2012 年第 2 版、2017 年第 3 版）及其配套的实践课教材《婚姻家庭继承法学案例教程》（2005 年第 1 版、2010 年第 2 版、2017 年第 3 版）（2）中国政法大学出版社出版：21 世纪普通高等院校法学教材《婚姻家庭继承法学》（2011 年第 1 版、2014 年第 2 版、2018 年第 3 版、2022 年第 4 版）。必须说明，此《婚姻家庭继承法学》教材的第 3 版和第 4 版均入选“十二五”国家重点图书出版规划项目。（3）高等教育出版社出版：法学专业必修课、选修课系列教材《婚姻家庭继承法学》（2014 年第 1 版、2018 年第 2 版、2022 年第 3 版）。其次，我主持开展本门课程的教学改革工作。为适应我国新时代对法律应用型人才培养的需要，我们在教学中阐明基本概念、基本原则和基本原理的同时，注意理论联系实际，引导学生运用所学理论知识分析和研究现实案例，以提高学生发现问题、分析问题和解决问题的能力。最后，我组织团队教师认真总结教学改革经验，撰写发表教学改革论文，及时交流教学改革经验，供学界同仁参考。我们讲授的西南政法大学“婚姻家庭继承法学”本科生课程，于 2006 年被评为“西南政法大学校级精品课程”；于 2007 年被评为“重庆市市级精品课程”，同年本课程的教学团队被评为“重庆市市级优秀教学团队”；在注重教学内容和方式改革的同时，我们还加强教学资源建设，本课程于2012年被评为“重庆市市级精品资源共享课”。其间，我负责主持完成的教学改革成果：“培养学生实践能力和创新能力的新方法——项目参与式社会调查”，于2009年荣获“重庆市教学成果壹等奖”。综上所述，本人担任责任教授的“婚姻家庭继承法学”课程，通过教学团队全体教师共同辛勤工作，在取得良好教学效果而受到学生的肯定的同时，也受到法学界同行和社会群众的好评，产生了良好的社会影响。自2006年1月起至2019年年底的10余年间，因工作业绩突出，我们获得了多项集体荣誉和个人荣誉，西南政法大学婚姻家庭继承法教研室和外国家庭法及妇女理论研究中心荣获“重庆市沙坪坝区三八红旗集体”“重庆市教科文卫体系统2011年度五一巾帼标兵岗”“重庆市三八红旗集体”和“全国三八红旗集体”等荣誉称号；本人被评为“西南政法大学优秀教师”“西南政法大学研究生优秀指导教师”“西政好老师”“重庆市三八红旗手”“重庆市五一巾帼标兵”“重庆市十佳师德标兵”“全国师德先进个人”和“全国模范教师”。为充分发挥劳模的示范引领作用，2014年12月在西南政法大学校党政领导和校工会的指导下，本人担任负责人组织创立西南政法大学“陈苇劳模创新工作室”，在团队教师的共同辛勤工作下，在教学科研、立法研讨、法治宣传及法律咨询公益服务等工作中作出了突出成绩，2016年该工作室被评为“重庆市教科文卫体工会首批产业级劳模创新工作室”，2017年该工作室被评为“重庆市劳模创新示范工作室”。这些都提高和扩大了西南政法大学民商法专业婚姻家庭继承法学科方向的声誉。

在校内学术研究和人才培养方面，2003年12月至2004年12月，本人受国家留学基金资助由教育部公派出国留学，作为访问学者到澳大利亚悉尼大学法学院进修外国家庭法1年。留学回国后，我于2005年1月向学校提出建立“西南政法大学外国家庭法及妇女理论研究中心”的书面申请。2005年4月1日，西南政法大学校长办公会议批准同意该研究中心成立，任命我担任主任。自2005年4月该研究中心成立以来，本人夙夜忧虑、恐负厚望，带领研究中心的教师和研究生组成科研创新团队，勤奋科研，不敢懈怠。至2021年12月的十余年里，我担任项目负责人主持、带领团队成员师生共同撰写完成并公开出版的中文著作和译著20余部，主要有：《外国婚姻家庭法比较研究》（重庆市哲学社会科学“十五”规划项目成果著作，2006年1月出版）、《加拿大家庭法汇编》（2006年1月出版）、《中国大陆与港、澳、台继承法比较研究》（重庆市教委人文社科项目成果著作，2007年1月出版）、《当代中国民众继承习惯调查实证研究》（国家社科基金项目子课题成果著作，2008年1月出版）、《澳大利亚家庭法（2008年修正）》（重庆市教委人文社科重点项目成果译作，2009年1月出版）、《美国家庭法精要（第五版）》（2010年3月出版）、《改革开放三十年（1978-2008）中国婚姻家庭继承法研究之回顾与展望》（西南政法大学重点项目成果著作，2010年1月出版）、《中国婚姻家庭法立法研究》（2010年1月出版）、《外国继承法比较与中国民法典继承编制定研究》（国家社科基金项目结项成果著作，经专家匿名评审后被鉴定为“优秀”等级，2010年入选首届《国家哲学社会科学成果文库》。全国哲学社会科学办公室在其“出版说明”中指出：入选成果代表当前相关领域学术研究的前沿水平，体现我国哲学社会科学界的学术创造力，按照“统一标识、统一封面、统一版式、统一标准”的总体要求组织出版。该著作于2011年3月出版）、《澳大利亚法律的传统与发展（第三版）》（2011年5月出版）、《当代中国内地与港、澳、台婚姻家庭法比较研究》（中国司法部“法治建设与法学理论研究”课题成果著作，2012 年 5 月出版）、《中国继承法修改热点难点问题研究》（2013 年 10 月出版）、《我国防治家庭暴力情况实证调查研究——以我国六省市被抽样调查地区防治家庭暴力情况为对象》（中国法学会部级法学研究课题成果著作，2014 年 5 月出版）、《21 世纪家庭法与家事司法：实践与变革》（2016 年 10 月出版）、《中国妇女儿童权益法律保障情况实证调查研究——以中国五省市被抽样调查地区妇女儿童权益法律保障情况为对象（上卷、下卷）》（中国法学会部级法学研究课题成果著作，2017 年 3 月出版）、《中国家事审判改革暨家事法修改理论与实务研究》（2018 年 4 月出版）、《中国民法典编纂视野下家事审判改革暨家事法修改研究》（2019 年 5 月出版）、《中国遗产处理制度系统化构建研究》（中国司法部“法治建设与法学理论研究”课题成果著作，2019 年 5 月出版）、《中国继承法理论与实践研究》（2019 年 5 月出版）、《中国婚姻家庭法理论与实践研究》（2019 年 9 月出版）、《当代中国民众财产继承观念与遗产处理习惯实证调查研究（上卷、下卷）》（中国司法部“法治建设与法学理论研究”子课题成果著作，2019 年 10 月出版）、《中国家事审判改革暨家事法立法完善理论与实践研究》（2020 年 5 月出版）、《当代外国婚姻家庭法律制度研究》（2022 年 7 月出版）等。此外，本人应邀与美国、意大利学者合作撰写美国法学院比较家庭法英文教材 1 部：Practical Global Family Law——United States，China and Italy（2009 年 4 月在美国出版）。

在国内学术研究和人才培养方面，为促进婚姻家庭继承法领域的学术研究和学术交流，本人于 2005 年创办《家事法研究》学术论文集刊。自《家事法研究》2006 年首卷面世至 2011 年的 6 年期间，先后出版了 2005 年卷至 2010 年卷共计 6 卷，推出了一批具有前沿性的学术论文，培养了一批学术新人，受到国内学术界同仁和实务界人士的肯定和好评，产生了良好的社会影响。为进一步扩大《家事法研究》的学术影响，经本人提出申请，中国法学会婚姻家庭法学研究会常务理事会研究同意，《家事法研究》从2011年卷起始转为“中国法学会婚姻家庭法学研究会”的会刊。可以相信，在该研究会的精心主办下，《家事法研究》将在法学理论研究与司法实务探索相结合的沃土中更加茁壮成长，枝繁叶茂！

长江后浪推前浪。为推出婚姻家庭继承法学研究领域具有前沿性、创新性的学术著作，培养更多的学术新人，自2012年起本人主编出版“家事法研究学术文库”。此文库作为学术研究和学术交流的平台，遴选出版婚姻家庭继承法研究领域具有前沿水平的博士学位论文和学术专著，每年拟出版1–3本。本文库旨在通过婚姻家庭继承法学研究领域最新学术著作的出版，推出一批前沿理论和实务问题研究的新作，促进我国婚姻家庭继承法学研究朝着更深、更广的方向发展，以更多的优秀研究成果为我国民众处理婚姻家庭继承问题提供参考，为推进法治国家建设之完善立法、改进司法服务。至2022年年底，本文库丛书已出版学术著作31部，2023年拟出版《我国收养制度立法完善研究》《遗产债务清偿制度研究》《遗赠制度研究》等学术著作，以飨读者。

最后，我衷心感谢编辑老师们多年来对本文库丛书出版所付出的辛勤劳动！

“家事法研究学术文库”主编：陈　苇

2023年2月28日

# 自 序

2014年10月，中国共产党第十八届中央委员会通过《中共中央关于全面推进依法治国若干重大问题的决定》，提出了“加强市场法律制度建设，编纂民法典”的战略决策。2021年1月1日，我国《民法典》正式施行。其中，收养制度是《民法典》婚姻家庭编的重要组成部分。本书以收养制度为研究对象，以期对于我国《民法典》婚姻家庭编之收养制度今后的补充完善有所助益。从世界范围来看，各国收养制度的立法根据不同的划分依据有不同的分类标准，有的国家以收养关系的成立、收养的效力和收养关系的解除作为收养制度的分类标准，有的国家以未成年人收养、成年人收养和特殊收养为分类标准。本书依据收养制度的调整对象，从未成年人收养、成年人收养和特殊收养三个方面入手进行研究。我国学者普遍认为，未成年人收养和特殊收养制度仍存在诸多不足；而关于成年人收养制度，也有肯定说、否定说和有条件承认说三种观点。立足于我国收养制度现存不足及争议观点，本书阐释了收养制度的一般理论，考察了收养制度的基本原则，并分别参考了法国、阿根廷、日本、德国、瑞士、菲律宾、埃塞俄比亚、葡萄牙八个国家的相关制度，分析我国《民法典》婚姻家庭编之收养制度所取得的立法进步与不足，进而在总结域外立法经验、我国学者建议稿立法观点和考察我国相关司法实践的基础上，从我国实际出发，提出完善未成年人收养制度、增设成年人收养制度以及完善特殊收养制度的立法建议。

就我国收养制度的完善而言，本书主要提出如下思考：

关于收养制度的基础理论。一方面，本书考察了收养与“婚姻家庭编”“合同编”的法律关系与定位。我国《民法典》规定，改变婚姻、收养、监护等有关身份关系的协议，不适用原《合同法》，本书剖析了这一立法变化的优势及潜在隐患。针对收养协议主体“二元论”“多元论”等争议观点，梳理收养制度主体与收养协议主体的区别。另一方面，对我国《民法典》中收养制度基本原则的立法位置与立法内容予以考察，在肯定立法成效的基础上，提出合理整合收养制度基本原则，以避免与“总则编”原则性条款相重复的建议。

关于收养制度的历史沿革。一方面，总结分析古代两河流域、古罗马时期和近代域外国家的制度起源与发展情况，归纳外国收养制度各阶段之演进特点。另一方面，考察了我国西周、魏晋至明清各阶段的收养制度，新中国成立前的三部民律草案及新中国成立后我国的四次法典编纂尝试，得出以下结论：中外收养制度的源起不同，对于是否可以收养女性的态度不同，收养制度成立的要件不同。

关于收养制度的立法体系。对外部立法体系的研究，能为我国收养立法回归《民法典》提供基本定位；对内部立法体系的研究，能为法律完善提供基本框架，并有助于各法律部门间的相互协调与内部条文的和谐统一。本书在研究收养制度回归我国《民法典》的理论基础上，分析了收养制度缘何规定于亲属编而非独立成编；在内部立法体系上，除删除“总则”“法律责任”“附则”外，基本与原《收养法》体例保持一致，这导致我国《民法典》中收养制度内部立法体系的类型化特征不明显。

关于未成年人收养制度。针对我国《民法典》中未成年人收养制度立法之不足，在分析公权力保护儿童利益必要性和可行性的基础上提出：首先，建立试收养制度，规定送养人和收养人应协商约定不少于3个月的试收养期。其次，建议对收养进行实质审查，适当增加民政部门的人员并适当扩大其职能，调查收养人的经济状况和家庭情况、收养人的健康状况、工作和收入状况、品德状况、家庭成员状况、是否做好收养的准备工作等方面。再次，加强权力机关、组织机构等主体的监督职能，发挥民政部门、村居民委员会等主体的联动作用。又次，加强对残障儿童收养的补贴和帮助力度，对收养残障儿童的家庭予以补助或不受年龄限制地提供免费康复救助等，并加强对公养机构的管理与监督力度。最后，建议加强儿童家庭寄养功能之发挥，对患有特殊疾病或需要特殊照顾的儿童实现"因地制宜"的人文关怀。

关于成年人收养制度。针对我国《民法典》中没有规定成年人收养制度的现状，在分析增设该制度的必要性和可行性的基础上，建议设立成年人收养制度。首先，规定成年人收养的要件。就被收养人而言，被收养人应为年满 18 周岁的成年人，且不得为两个家庭同时收养，成立收养关系需在不影响被收养人继续扶养原亲属的前提下进行。其次，规定成年人收养的效力，应增设不完全收养制度。再次，规定关于成年人收养的解除、无效和撤销。成年人收养中的解除收养关系应更强调尊重当事人双方的意思自由，且成年人收养的效力为不完全收养，无论成立或解除收养关系，被收养人与生父母及其他近亲属间的权利义务关系不受影响。最后，增加可撤销制度，规定因重大误解、欺诈、胁迫或乘人之危而为的成年人收养行为，当事人有权请求人民法院予以撤销。

关于特殊收养制度。针对我国《民法典》中特殊收养制度之不足，立足于完善我国特殊收养制度的必要性和可行性基础。首先，建议完善单方送养的相关规定。将我国《民法典》中的"父母一方查找不到"删除，替换为"被宣告失踪"，并增设单方送养的适用情形，即配偶一方成为无民事行为能力人时，配偶另一方可以单方送养。其次，建议增设监护人收养被监护人的特殊条款。监护人收养被监护人是一种特殊收养行为，收养人须提交被收养人的监护报告或财产报告，交由民政部门调查、审核和登记后方可成立收养关系。最后，建议增设转收养制度。在有送养人的情况下，转收养应当征得送养人的同意。在养父母取得送养人对转收养人的抚养、教育能力和思想品行等情况的认可和同意后，才可以将养子女转送养。如果送养人不同意将养子女转收养或对转收养人的条件不予认可，送养人应当将子女领回自己抚养或由收养人另择其他转收养人。

囿于笔者的学识和研究能力，本书还存在一定不足，如对国外相关资料的搜集和运用还有进一步提升的空间，有待今后继续努力研究。敬请各位专家、学者及同人不吝赐教，帮助笔者进步。

白　玉

2022 年 9 月 5 日

# 引　言

## 一、选题的背景

收养问题属于复杂的亚文化范畴，深受政治、经济、文化、社会制度、民族传统、风俗习惯、伦理道德、宗教信仰等多重因素影响。[①]《中华人民共和国收养法》（以下简称原《收养法》）于 1991 年 12 月 29 日由第七届全国人民代表大会常务委员会第二十三次会议通过，根据 1998 年 11 月 4 日第九届全国人民代表大会常务委员会第五次会议《关于修改〈中华人民共和国收养法〉的决定》进行修正。收养立法施行二十余载岿然不动，让人不得不去探究这二十余年我国社会生活发生了怎样的嬗变？

我国人口老龄化问题日益突出。人口老龄化通说认为，其评判标准有二：一是某国家或地区 65 岁以上老年人口占人口总数的 7%；二是某国家或地区 60 岁以上老年人口占人口总数的 10%。2020 年第七次全国人口普查数据显示，年龄构成方面按标准一计算，65 岁及以上人口为 19064 万人，占 13.50%；按标准二计算，60 岁及以上人口为 26402 万人，占 18.70%。我国人口老龄化问题已愈发严重，程度在进一步加深。未来一段时期，人口长期不均衡发展的压力将持续存在。

---

① 蒋新苗：《中瑞收养法的差异化与趋同化溯源》，载《时代法学》2020 年第 3 期，第 18 页。

空巢老人、失独家庭的人伦情感长期缺失。20世纪80年代，计划生育被定为基本国策以来，独生子女家庭的数量不断增加，但目前这部分失独群体的社会关照体系并不健全。民众希冀的不仅是物质供养，精神关爱、人伦情感成为人能否幸福生活的关键因素。根据国家卫生部发布的《中国卫生健康统计年鉴2020》显示，全年出生人口1062万人，出生率为7.52%，死亡人口1014万人，死亡率为7.18%，人口自然增长率为0.34%，属于现代型人口增长模式。在现代新型人口增长模式下，失独家庭的伦理关怀问题急需正视。

辅助生育技术快速发展。[①] 辅助生育技术被誉为21世纪生命科学研究的核心，可以用来治疗不孕症等疾病或满足部分群体延缓生育时间的需求。目前，辅助生育技术在我国应用较广。根据2018年6月国家卫生健康委员会发布的《2017年我国卫生健康事业发展统计公报》显示，我国每年诞生的试管婴儿数量约有20万。[②] 辅助生育技术在我国日臻成熟，现代医疗手段从更多途径满足了不孕不育夫妻养育子女的意愿，使其能够依靠收养模式。可以说科学技术的飞速发展，无时无刻不在对我国社会结构及立法动态产生深刻影响。

立法的社会变革功能是法的社会变革功能的一个环节。“现代社会是持续变革的社会，在这样一个广度和深度都逐渐拓展的社会变革历程中，法制愈益发挥其重要作用。”[③] 二十余年来我国社会生活的深刻变革又引发了这样一个问题：我国收养立法正面临

---

① 辅助生育技术是指通过对胚胎、配子或基因物质体内外系统的操作而获得新生命的技术。参见刘霞：《辅助生育技术使“私人定制”婴儿成为现实》，载《黑龙江科学》2014年第5期，第7页。

② 参见新京报：《我国不孕不育率达12%-15%》，载 https://baijiahao.baidu.com/s? id=1615685763800131987&wfr=spider&for=pc，最后访问日期：2019年8月15日。

③ 杜月秋：《论立法的社会变革功能》，载《学习与探索》2007年第2期，第103页。

着怎样的挑战？原《收养法》二十余载在社会巨变中保持不变，真的实现了立法的应对自如吗？答案恐怕是否定的。有学者统计了2006年至2013年我国被收养儿童的数量：2006年我国家庭收养儿童的数量为49148人，2013年家庭收养儿童的数量为24460人。相比2006年，2013年被收养儿童的人数总体下降了50%左右。[①] 收养制度适用率的急剧下降，与辅助生育技术和我国经济条件的逐步好转，导致生父母因无力抚养而送养子女的现象减少。但其中的重要原因之一，也在于我国收养制度的功能存在局限，严重制约其应有价值的发挥。但从我国现行收养立法来看，其更多地关注实现收养制度的"育幼"功能，而本应发挥的"养老"功能却一直受到抑制。收养仍难以逃脱"养儿防老"的单一动机，立法在价值方面没有为现代收养理念的多元化转型提供有力支撑。收养成年人中的残障主体等本应具有深刻人文关怀的行为，却无法得到立法层面的支持与肯定。

在21世纪我国加强社会主义法治国家建设的新时期，完善我国收养制度的重要立法任务之一即应是丰富制度立法目的，使之适应我国社会发展趋势，符合民众现实需求。我国收养立法如何在冲突中实现与时俱进，将是我国《民法典》未来补充完善工作的重要内容之一。目前，收养法律关系这种冲突的特性，主要表现在以下四个方面：一是收养意愿的增缩冲突。一方面，不孕不育等影响生育的疾病在我国的发生率逐年上升，导致我国民众收养子女的需求有所扩大；另一方面，受现代试管婴儿等技术发展的影响，比起收养制度，更多家庭倾向于使用辅助生育技术孕育子女。总体上，目前我国收养登记的数量正在逐年减少。二是健康儿童收养难、孤残儿童送养难的冲突。一方面，受我国计划生育政策和经济环境好转等因素的影响，家庭送养子女的现象越来

---

① 雷明光主编：《中华人民共和国收养法评注》，厦门大学出版社2016年版，第30页。

越少，我国可供收养的儿童数量有所下降。另一方面，较多的孤残儿童又面临送养难的困境。未来随着我国经济的发展和社会福利政策的进一步完善，加大对孤残儿童的帮扶力度将是减轻收养家庭负担、增加对孤残儿童收养意愿的必经阶段。三是原《收养法》中儿童最大利益原则与保护老年人合法权益原则不可谓存在纯粹的冲突，但现阶段更应侧重何者，仍存在倾斜保护的问题。我国收养制度的基本原则仍应以儿童最大利益原则为主，在保护儿童权利方面的介入、监督和帮扶力度仍需要进一步加强，而中老年人的收养需求也已成为社会关注的问题和我国收养法有待完善的问题之一。四是成文法的稳定性与社会快速发展之间的冲突。为追求法律的稳定性与严谨性，成文法的立法条文在一定程度上滞后于社会现实，大陆法系法典化具有一定的体系封闭性。[①]

我国有关收养制度的立法研究也要关注收养中的特殊前沿问题。例如，对于同性恋者是否可以收养子女，不同国家的立法也存在一定分歧。基于此，一方面，我国的收养制度研究应立足于社会现实并关注该制度的发展趋势与前沿问题；另一方面，成文法的稳定性在一定程度上决定了我国的法典编纂可能仍然趋于保守，对原《收养法》的承继较多但新增制度有限。原《收养法》体现了较为浓厚的时代特色，其制定受立法技术与特定立法环境的影响，成为独立于《中华人民共和国婚姻法》（以下简称原《婚姻法》）之外的单行法。长期以来，我国社会一直处于持续发展之中，随着《中华人民共和国民法总则》（以下简称《民法总则》）《中华人民共和国人口与计划生育法》（以下简称《人口与计划生育法》）等修正案的实行以及收养观念和收养需求的变迁，原《收养法》已经显现出一定的滞后性和不适应性。我国人口老龄化、失独家庭养老等问题严重，少子化趋势仍然持续。立足于

① See Aristides N. Hatzis, *The Anti-Theoretical Nature of Civil Law Contract Scholarship and the Need for an Economic Theory*, Commentaries on Law&Economics, Vol. 2, 2002.

我国《民法典》已经实施的时代背景，如何完善我国收养制度并使其顺应时代特征、符合民众切实需求，是我国立法机关亟须正视的问题之一。

## 二、选题的意义

### （一）对收养立法内容完善的意义

我国学者对收养制度及其立法完善多有研究，并普遍认为原《收养法》还存在不足。王歌雅教授认为，我国收养制度存在的不足表现为：一是收养制度目的较为片面，不利于保护收养人的利益；二是收养条件过于严苛，可供收养的被收养人范围狭窄；三是收养程序流于形式，主要表现在缺少考核收养条件的实质审查，以及收养人与被收养人之间缺少情感积淀的过程；四是后收养行为欠缺法律监督，不利于被收养人权益的保护。① 吴国平教授认为，我国收养制度存在的不足表现为：一是收养主体的范围较窄；二是收养成立的形式要件存在局限，在提交的书面材料不真实的情况下，收养的程序审查较容易流于形式；三是收养制度中的一些重要内容仍然空白，主要表现在缺少特殊收养制度、不完全收养制度和社会福利机构对被收养人的探视权等方面；四是对收养关系成立后被收养人的养育情况和权利救济缺乏监督与规范；五是对违反原《收养法》行为的罚则规定偏少且不具体，泄露秘密、收养后再生育子女、擅自解除收养关系或者收养人擅自将收养的养子女又转送他人收养等情况应如何处理缺少法律依据。②

总结我国学者对现行收养制度提出的不足，主要有以下几个方面：一是收养制度目的较为片面，没有充分体现儿童最大利益原则。二是关于收养的程序问题，收养程序流于形式，对收养登

① 参见王歌雅：《关于我国收养立法的反思与重构》，载《北方论丛》2000年第6期，第56-57页。

② 参见吴国平：《收养立法完善的思考》，载《福建政法管理干部学院学报》2007年第4期，第40-41页。

记缺乏实质性审查，缺少试收养制度。三是收养主体的条件较为严苛。一方面，被收养人的主体范围过于狭窄；另一方面，收养人的主体条件滞后。四是实质内容上有缺失，如成年人收养、特殊收养、不完全收养等，还有学者补充认为我国保密义务的相关规定也不健全。五是对收养行为缺乏事后监督，社会福利机构对被收养人缺乏探视权和跟踪回访监督机制。六是收养方面的福利保障措施不健全，社会福利机构收养能力有限，孤残儿童收养缺乏医疗经费保障。七是违反相关收养规定的罚则偏少且不具体，在一定程度上影响法律执行效果。①

在我国《民法典》已经实施的背景下，本书以收养制度为研究对象，着重关注以下诸方面的内容完善：一是关注儿童最大利益原则的具体“落地”实施。儿童最大利益原则对于指导收养立法、切实保护被收养儿童的权益具有重要意义。本书着重研究如何赋予儿童独立权利主体的法律地位，如何树立从儿童本位出发的正确价值观念，注重加强对被收养儿童的权益保护研究。二是关注成年人收养制度存废的现实基础与民众需求。原《收养法》规定，在收养三代以内同辈旁系血亲子女、继父母收养继子女等情形下，被收养人可以是成年人。本书重点研究我国《民法典》不再承认成年人收养，是否合理、是否具有民意基础。三是关注收养问题中的特殊主体保护与特殊情形考量。本书对特殊收养问题进行重点研究，在分析我国《民法典》特殊收养制度立法不足之基础上，提出进一步完善单方收养和单方送养的相关规定，增设监护人收养被监护人的特殊条款，增设转收养条文的立法建议。

### （二）对我国《民法典》立法体系完善的意义

编纂出一部符合时代要求、具有中国特色的《民法典》，须注

① 参见杨翱宇、潘林青：《民法典编纂背景下我国收养立法的反思与重构》，载《内江师范学院学报》2017年第1期，第89页；雷敏、蒙永辉：《民间收养的法律困境与应对策略》，载《南海法学》2017年第2期，第51页；赵川芳：《试论儿童收养中存在的问题及对策》，载《中国青年政治学院学报》2014年第5期，第26页等。

重形式的一致性、内在的统一性、逻辑上的自足性和内容上的全面性。王利明教授在《民法典体系研究》一书中详细阐述了法典编纂所必备的三项要素——形式、内容和特征。这三要素作为评价法典编纂优劣得失的衡量标准，如何实际作用于我国《民法典》、检验于具体制度，体现了法理论与法实践的相互契合。收养是缔结拟制血亲关系的重要方式，应是婚姻家庭法的重要内容之一。就立法体系而言，在我国《民法典》制定过程中，关于原《收养法》是否应回归民法典以及如何回归曾存在争议。一种观点是主张维持单行法的立法体例。理由是：一方面，收养制度内容丰富，如果被婚姻家庭法吸收在体例上显得过于庞杂；另一方面，这有助于系统科学地调整收养关系。[①] 另一种观点主张我国收养制度不应与婚姻家庭法分离。理由是：有关收养关系成立、收养效力和收养关系解除的具体条款在原《收养法》中以单行法的方式作出详细规定，原《婚姻法》仅规定国家保护合法的收养关系。但是收养作为一种缔结拟制血亲关系的手段，也是家庭关系产生的一种方式，在我国现实生活和社会发展进程中发挥着重要作用，其本身即是亲属法的重要内容，回归到亲属法的体系之下也是理所当然。[②] 研究收养制度是否应回归我国《民法典》以及如何融入《民法典》，其内部立法体系应为独立一编、婚姻家庭编下的独立一章还是亲子关系下的独立一节，有助于我国《民法典》体系的协调一致。收养制度外部立法体系研究，为我国收养制度回归《民法典》提供基本定位；收养制度内部立法体系研究，为法律完善提供基本框架，促进各法律部门间相互协调，形成独立、完全、自足、自恰的法律体系。针对我国《民法典》中收养立法的法形

---

① 参见任国钧：《浅谈我国的收养制度》，载《法学研究》1982 年第 1 期，第 40 页；李秀华：《改革与完善我国婚姻家庭制度之法理研究》，载《河北法学》2000 年第 2 期，第 13 页。

② 参见李洪祥：《我国民法典立法之亲属法体系研究》，中国法制出版社 2014 年版，第 69 页。

式、法内容与法特征表现力不足，整体立法思想趋于保守等问题，其制度检视落脚点在于如何促使收养制度各部分立法在体系上相互协调。

### 三、研究的现状

#### （一）国内研究现状

首先，我国学者对不同时期收养制度的内容与特点多有研究，有关收养制度的史学资料颇丰。我国传统收养制度最早可追溯到东晋，即“无子而养人子，以续亡者后”。宋德金的《中国风俗通史：辽金西夏卷》（2001 年）一书对契丹及五代时期北方的收养制度多有研究；邢铁的《家产继承史论》（2000 年）一书对唐代的收养制度与风俗有所涉及；柳立言的《宋代的家庭和法律》（2008 年）一书对宋代的收养制度作了较为详细的介绍。美国学者安·沃特纳的《烟火接续：明清的收继与亲族关系》（1999 年）、日本学者滋贺秀三的《中国家族法原理》（2013 年）等书对明清时期的收养制度与收养风俗作了较为详细的阐述。陈苇教授主编的《改革开放三十年（1978-2008）中国婚姻家庭继承法研究之回顾与展望》（2010 年）一书对我国施行近三十年的收养制度进行了考察与评析。

其次，我国学者对于收养制度中的未成年人收养和成年人收养研究颇多，不少学者对原《收养法》的完善建言献策。王歌雅教授的《关于我国收养立法的反思与重构》、吴国平教授的《收养立法完善的思考》、李秀华教授的《改革与完善我国婚姻家庭制度之法理研究》、龙翼飞教授的《关于民法草案中人格权法、婚姻法、收养法和继承法的立法思考》等论文，对于我国未成年人收养制度的完善提供了参考依据。对于成年人收养制度，谢征北、谭和平的《成人收养与我国收养立法的完善》一文提出增设不完全收养制度，并细致分析了我国完善成年人收养的必要性。胡久远的《成年人的合法收养关系应当予以保护》一文分析了我国必须增设成年人收养制度之原因。除此之外，余延满教授的《亲属法原论》、谢艳群的《我国老年人精神赡养问题探析》等文章也成为本书成年人收养制度之研究重要的参考资料。

再次，我国学者对于收养制度中的特殊收养问题的关注程度有限。雷明光教授主编的《中华人民共和国收养法评注》（2016年）一书对我国收养三代以内同辈旁系血亲的子女、收养孤残儿童或弃婴、收养隔代和单方送养收养等的特殊收养情形进行了介绍与评析。吴国平教授在《特殊收养行为的法律规制》一文中，对我国在无配偶女性收养男性、收养弃婴而形成的“事实收养”、父母对非婚生子女的收养权等方面提出了立法完善建议。但是，相较于我国的未成年人收养和成年人收养问题，有关特殊收养制度的研究文献仍较为有限。

最后，关于我国收养立法的发展趋势，国际收养立法的发展趋势与我国收养立法的发展是相互作用的，并对我国收养制度的立法完善具有重要的借鉴和参考意义。反之，我国收养制度的立法完善，在一定程度上也推动了国际收养立法的进程，对其他国家相关制度的完善具有一定的借鉴意义。改革开放三十年，中国收养法的研究经历了从无到有、从粗到细的历史性变革，具有飞跃性发展，中国收养法的研究范围被拓宽，研究方法亦兼具历史性、多维性及国际性之特点。三十年来，中国收养法的研究成果丰硕，取得多方面的重要进展与突破，其主要成就体现在具有中国特色的收养法律框架已初步形成。中国改革与开放的深化，将进一步推进收养法研究走向深入。在客观评析与审视我国收养法研究取得成就的同时，我国未来的收养法研究仍然任重而道远，应充分汲取各国的立法精粹与营养，注重与国际收养立法精神的融通，突出本土特色，着力研究加强中国收养法律制度的科学性、兼容性、操作性与适度的前瞻性。[①] 新时期，不同学者对我国收养制度的立法各有展望。在《改革开放三十年（1978-2008）中国婚姻家庭继承法研究之回顾与展望》（2010年）一书中，李秀华认为，中国收养法的研究今后将呈现以下发展趋势：一是收养立法指导思想将更充分彰显人文关怀；二是收养法的研究将具有国际性与前瞻性；三是收养法研究将更加具有科学性和系统性；四是从理论、方法和应用三个方面构建收养法结构体系，实现理论与应用结合发展的中国特色收养制度；五是研究视角将更加多元化，与法学、社会学、心理学等相交织，多学科交叉渗透；六是立法将引入多元养育模式，发挥家庭寄养的重要作用；七是用国际人权理论考察收养立法研究，更加注重解决国际收养法律冲突问题；八是保护儿童最大利益与养老原则并行；九是国家监督主义理念日益强化，加强对滥用国际收养权行为的法律规制；十是更多地引入社会学与心理学的研究成果，尤其是心理学的研究成果将被引入完善收养制度中。[②]

（二）国外研究现状

首先，收养制度是大陆法系国家民法典的重要组成部分，相关域外民法典的研究可以为我国《民法典》收养制度的进一步完善提供立法参考。19世纪，部分大陆法系国家制定了一系列民法典，为此后更多的大陆法系国家制定民法典提供了可资参考的重要蓝本。一是《法国民法典》。《法国民法典》于1799年11月由拿破仑下令起草，后经法院、枢密院等多个部门审核、修改、讨论，针对法典编纂共召开百余次会议，历时三年半，最终于1804年3月15日由立法院通过，同年3月21日拿破仑签署法令正式颁

① 雷明光主编：《中华人民共和国收养法评注》，厦门大学出版社2016年版，第35页。

② 参见李秀华：《改革开放三十年中国收养法研究之回顾与展望》，载陈苇主编：《改革开放三十年（1978-2008）中国婚姻家庭继承法研究之回顾与展望》，中国政法大学出版社2010年版，第263-267页。

布施行。二是《阿根廷共和国民法典》。《阿根廷共和国民法典》于1869年9月29日颁布，1871年1月1日生效。这一民法典至今仍然有效。三是《日本民法典》。日本于1890年制定了民法典，于1898年制定了新民法典，其基本内容为总则、物权和债权。有学者提出，新修订的《日本民法典》在很大程度上继承了罗马法，但仍存在注重结果忽视程序法和判例法的问题。[①] 四是《德国民法典》。1900年1月1日《德国民法典》正式施行，在德意志联邦共和国、德意志民主共和国适用。其是大陆法系国家继《法国民法典》之后又一部重要的民法典，为后续大陆法系国家民法典的制定提供了一定的参考。

到了20世纪，一些新兴的大陆法系国家以“老牌”大陆法系国家民法典为基础，制定了一系列民法典或修订了本国原有民法典。一是《瑞士民法典》。《瑞士民法典》于1912年1月1日生效，其制度安排、语言风格、起草过程都独具特色，首创了“民商合一”的立法体例。二是《菲律宾民法典》。1946年7月菲律宾共和国成立时，人民就期望在法律领域破旧立新，建立一套与自己的民族特性相一致的法律体系。[②] 1947年3月，总统发布第48号行政令，强调对1889年《民法典》进行修改，使菲律宾实体法与民众的传统习俗与生活习惯等特性相一致。最终国会于1949年6月通过了《菲律宾民法典》，并于1950年8月在全国施行。三是《埃塞俄比亚民法典》。1960年《埃塞俄比亚民法典》以1804年《法国民法典》为来源，以其结构为基础，又进行了相应的发展。[③]

---

① 参见何照新、韩骁：《寻访〈民法通则〉起草人》，载《法律与生活》2016年第2期，第25页。

② 参见蒋军洲：《〈菲律宾民法典〉的保守与创新》，载《河北法学》2007年第9期，第154页。

③ 徐国栋：《非洲各国法律演变过程中的外来法与本土法——固有法、伊斯兰法和西方法的双重或三重变奏》，载何勤华主编：《外国法制史研究》，法律出版社2000年版，第203页。

该法典分为五编，分别为人、家庭与继承、物、债和合同分则。四是《葡萄牙民法典》。现行《葡萄牙民法典》制定于 1966 年，其前身是该国 1867 年《塞亚布拉法典》。与《塞亚布拉法典》相比，现行《葡萄牙民法典》既有传承，又有创新。这些域外大陆法系国家立法例为我国《民法典》收养制度的进一步补充完善提供了重要参考。

其次，国外许多国家的收养制度普遍确立了遵循儿童最大利益的基本原则。日本学者我妻荣的《日本民法·亲属法》（1996 年）、德国学者迪特尔·梅迪库斯的《德国民法总论》（2000 年）、美国学者加里·斯坦利·贝克尔的《家庭论》（2005 年）和芬兰学者韦斯特马克的《人类婚姻史》（2015 年）等书籍，为了解域外收养制度的内容与演变过程提供了参考资料。而 1959 年的《儿童权利宣言》、1979 年的《消除对妇女一切形式歧视公约》、1986 年联合国大会通过的《关于儿童福利和儿童保护的宣言》及 1989 年联合国大会颁布的《儿童权利公约》等一系列国际文件，对域外收养立法中儿童最大利益基本原则的确立与研究提供了重要的参考依据。

最后，为保护未成年被收养人的利益最大化，目前多数国家的收养立法呈现出以完全收养为主的趋势，但是大部分域外立法例仍同时设有完全收养与不完全收养两种制度。针对此现象以及外国收养制度的立法发展趋势，陈苇教授在其主编的《外国婚姻家庭法比较研究》（2006 年）一书中，考察了德国、法国、瑞士、意大利、俄罗斯、日本、美国和英国八个国家的收养制度，总结了现代国际收养法的发展趋势。其指出，现代国际收养法的发展趋势如下：一是注重保护未成年被收养人的利益成为收养立法的重心。收养制度的“育幼”功能被现代社会所推崇，未成年被收养人合法利益的保护日益成为各国收养立法的重心。二是收养的程序实行国家监督主义。在收养行为的各项程序性规定中，各类国家机关的依法介入已被大多数国家的收养立法所确认，从而使收养这一产生、存在于市民社会内部的私法行为更多地受到来自公法领域的监督管理。三是实行完全收养为主、不完全收养为辅的立法模式。完全收养制度因为在保护未成年被收养人利益方面的机制较为完善而为大多数国家所普遍采用，但不完全收养制度因其独有作用，也为部分国家继续保留。四是收养可否依当事人自主意志而撤销尚存争议。这一点在各国立法中分歧较大，具体制度上的差异无法掩盖各国在立法价值上对保护未成年被收养人利益的共同选择，在这一方面各国的立法模式存在差异是在所难免的。[①] 而蒋新苗教授在其著作《收养法比较研究》（2004 年）中，也系统地梳理了域外多个国家的收养立法，总结了国际收养立法发展的四个趋同化倾向：一是现代国际社会的收养立法呈现出以完全收养为主的趋同化走势。但这并不意味着简单收养或不完全收养就彻底不存在，只是表明了一种强化完全收养的发展态势。二是保护儿童利益的原则和精神在各国收养法中表现得越来越突出。许多国家的收养立法顺应此发展趋势，明确规定收养应以儿童最大利益为根本出发点，即这种原则以不同的形式得到了不同程度的反映和体现。三是试收养机制的健全和完善已成为国际收养立法中的一个重要议题。现代国际社会的收养立法一般规定了试收养期，通常为六个月到一年。四是各国收养立法日益突出公权力介入和国家监督主义的理念。绝大多数国家抛弃了将收养视为契约行为的当事人放任主义，改采监督主义作为指导思想。因此，域外大多数国家规定，行政机关或法院既要介入完全收养过程，也要对简单收养过程有所介入。[②] 这些文献为我国《民法典》收养制度的进一步研究提供了域外立法趋势方面的参考及理论依据。

---

① 参见陈苇主编：《外国婚姻家庭法比较研究》，群众出版社 2006 年版，第 377-378 页。

② 参见蒋新苗：《收养法比较研究》，北京大学出版社 2004 年版，第 63-68 页。

(三) 国内外研究现状的评析

一方面，国内外研究注重对收养制度的法史学梳理。中外收养立法从起源发展至今历史悠久。我国传统收养制度最早可追溯到“无子而养人子，以续亡者后”。《中国风俗通史：辽金西夏卷》(宋德金，2001)、《家产继承史论》(邢铁，2000)、《宋代的家庭和法律》(柳立言，2008) 和《中国家族法原理》(滋贺秀三，2013) 详细介绍了契丹和五代、唐宋及明清时期的收养制度。明清之前的收养立法强调同宗为后、禁养异性之男 (姜鑫，2015)；明清时期，逐渐放宽对嗣子宗亲身份的限制，“无子者许令同宗昭穆相当之侄承继” (刘伟，2010)。其次，域外收养制度亦起源较早，可追溯至古代两河流域时期，虽没有形成单独的收养法典，但《李比特—伊什塔尔法典》《埃什嫩那法典》《汉谟拉比法典》等多部法律文献均涉及收养问题 (Martha T. Roth，1997)。至古罗马时期，收养贯穿罗马生活、社会、政治等多个方面，在父权制家庭中发挥重要作用 (R. W. Lee，1956)。

另一方面，国内外研究主要关注收养问题中的未成年人收养。《关于我国收养立法的反思与重构》(王歌雅，2000)、《收养立法完善的思考》(吴国平，2007)、《关于民法草案中人格权法、婚姻法、收养法和继承法的立法思考》(龙翼飞，2003) 等论文，主要从主体特征、构成要件、具体内容等方面研究我国未成年人收养制度，并指出现行立法存在的不足。《家庭论》(加里·斯坦利·贝克尔，2005)、《人类婚姻史》(韦斯特马克，2015) 等著作，侧重研究收养制度如何优先贯彻儿童最大利益原则，怎样体现其优先对待、特殊保护的立法地位。“儿童最大利益”成为在处理有关儿童的子女姓氏选择、居住地点、父母职责、联系交往权以及教育的形式和医疗咨询等问题时，应当被优先考虑的因素 (Patrick Parkinson，2004)。

国内外有关收养制度法史学、基础理论以及完善建议等方面的研究，对我国《民法典》收养制度的立法完善具有参考意义，亦为本书的进一步研究提供了理论基础。但是，目前有关收养制度的学术研究仍存在以下问题：

一是对特殊收养问题关注不足。吴国平教授将特殊收养制度的考察延伸到国际视野，将中外的特殊收养分为特殊主体的收养和特殊情形的收养两类（《特殊收养行为的法律规制》，2007）。相较于我国未成年人收养，有关特殊收养制度的研究文献仍十分有限，无法全面考量收养关系中的特殊情形。

二是我国《民法典》中废除成年人收养缺少论证。《成年人的合法收养关系应当予以保护》（胡久远，1987）、《成人收养与我国收养立法的完善》（谢征北、谭和平，2014）等文献提出增设不完全收养制度，细致分析了我国完善成年人收养的必要性。与学者倡导相反的是，我国《民法典》已经从制度上删除了成年人收养。该立法变化是否符合民众需求，仍缺乏相关的研究论证与调研支撑。

三是收养制度理论研究多，实证调研与案例分析研究少。《当代中国婚姻家庭习惯法》（高其才，2012）、《当代中国民众财产继承观念与遗产处理习惯实证调查研究》（陈苇，2019）等文献对我国婚姻家庭继承方面的民间习惯进行了深入调研。但目前缺少针对我国收养习惯的实证调研，并且学术研究对司法实例梳理不足，对审判共识与纠纷、审判重点与难点缺少分析。

四是对收养法中儿童最大利益原则如何贯彻实施研究不充分。部分域外国家收养立法和学术研究在儿童权利保护方面贯彻更为充分，儿童最大利益既是基本原则，也是内化于具体条文中的实用性规定。与之相比，我国在该方面立法更偏宏观概括，学界对儿童最大利益原则如何“落地”研究不足。

## 四、研究的方法

本书具体采取以下五种研究方法：

第一，文献研究方法。通过官方网站和纸质媒体以及专业数据库，收集与本书研究内容相关的文献资料和数据，包括期刊论文、学术专著、会议报道、裁判文书、规范性文件、官方统计资料等，并进行梳理和综述，为本书研究奠定理论基础。具体而言，陈苇教授主编的《婚姻家庭继承法学》、李开国教授的《民法总则研究》、谭启平教授主编的《中国民法学》等资料为收养制度的基础理论研究提供了重要参考；蒋新苗教授的《国际收养法走势的回顾与展望》、陈苇教授主编的《外国婚姻家庭法比较研究》等著作为收养制度基本原则研究提供了重要参考；王利明教授的《民法典体系研究》、王泽鉴教授的《民法总则》、杨大文教授的《新婚姻家庭法的立法模式和体系结构》、龙翼飞教授的《关于民法草案中人格权法、婚姻法、收养法和继承法的立法思考》等资料为收养制度立法体系研究提供了重要参考。

第二，比较分析研究方法。本书采取比较分析研究方法：一是考察了法国、阿根廷、日本、德国、瑞士、菲律宾、埃塞俄比亚、葡萄牙八个国家的收养制度。对域外大陆法系民法典进行对比研究，分析各自的优势与不足，为我国收养立法之完善提供重要借鉴。二是考察了我国学者起草的民法典草案建议稿，从未成年人收养、成年人收养和特殊收养三个方面对各学者建议稿的异同进行了评析。2002 年，梁慧星教授主持完成了“中国民法典草案建议稿”，于 2003 年出版《中国民法典草案建议稿》，并于 2013 年修改后出版了《中国民法典草案建议稿附理由·亲属编》（以下简称“梁稿”）。2004 年，徐国栋教授主持编纂了《绿色民法典草案》（以下简称“徐稿”）。该草案主要参考了阿根廷、智利等国家的民法典，对我国现行法条文的突破较大。王利明教授也主持完成了我国民法典草案的编纂工作，并于 2005 年出版了《中国民法典学者建议稿及立法理由·人格权编、婚姻家庭编、继承编》（以下简称“王稿”）。三是考察了我国《民法典》编纂过程中颁布的各版本草案建议稿，并从立法内容和立法体例两方面与原《收养法》进行对比分析。

第三，价值分析研究方法。本书采取价值分析研究方法：一是对收养制度的立法价值进行研究，其反映了自由、公平、秩序与安全的立法价值。二是对收养制度的立法功能进行研究，收养使孤残儿童重新获得家庭温暖，减少财政开支；有助于发挥家庭养老功能，减轻社会养老压力并且可以满足民众养育子女的心理需求。研究我国收养制度对收养法自身内容的完善有所裨益，也是我国《民法典》内容与体系进一步完善的客观要求。三是分别对我国未成年人收养、成年人收养和特殊收养制度完善的必要性和可行性进行分析，以增强我国收养制度相关条文的理论基础。坚持以文义解释为主、目的解释为辅的解释方法，研究法典形式、内容与特征三要素对我国《民法典》完善的重要指导与评价意义。

第四，历史分析研究方法。本书采取历史分析研究方法：一是对中外收养制度的历史沿革进行考察。在域外大陆法系和英美法系国家中，收养制度起源较早，而我国古代的立嗣制度即近现代收养制度之原型。二是对新中国成立前后不同时期进行的《民法典》编纂活动进行考察，1926 年《民国民律草案》、1931 年《中华民国民法》等对收养制度均有所涉及。新中国成立后，在 2002 年编纂的“民法典草案”中，收养制度作为独立一编进入民法典。而我国《民法典》中，收养制度是婚姻家庭编的重要组成部分。三是对我国收养制度各个阶段的基本原则与指导思想进行考察。我国收养制度经历了“为族之收养”“为家之收养”“为亲之收养”“为子女之收养”四个阶段，不同阶段收养制度的基本原则与指导思想有所不同。我国收养制度的指导思想也经历了家族整体利益最大原则、收养人最大利益原则与儿童最大利益原则等一系列转变。

第五，案例分析研究方法。为了解我国现行收养制度之司法审判情况，本书对中国裁判文书网收录的有关收养纠纷的案件进行了整理。在中国裁判文书网以“收养关系”为关键词，共检索出相关案例 6363 件。从年份上看，案件分布自 2002 年至 2019 年不等，其中2014、2015和2016年案件收录的数量最多，达到1000余件。从地域分布看，有东北部的吉林省、辽宁省，东南部的广东省、福建省，西南部的广西壮族自治区、云南省和东部的上海市等地区，分布较为广泛。其中，江苏省、河南省和四川省收录的案件数量较多，均在400件以上。从审判程序上看，基层人民法院审理案件数量4676件，中级人民法院审理案件数量1471件，高级人民法院审理案件数量200件左右，最高人民法院审理案件数量10件左右。法律制度的完善应以社会实践和民众的实际需求为基础，本书通过收集有关收养制度的典型案例，按比例、年份分别抽取样本进行研究，在总结与分析基础上，得出我国收养制度在司法实践中存在的共性与分歧，从而为我国收养制度的完善提供依据。

### 五、研究的创新点

本书的创新之处，主要有以下三个方面：

第一，研究资料方面。自我国提出编纂《民法典》的立法任务以来，完成了诸多版本草稿，分别有2017年9月26日民法室内稿“民法婚姻家庭编（草案）”、2018年9月公布的“民法典各分编草案”（以下简称“草案一审稿”）、2019年6月公布的“民法典分编草案·婚姻家庭编”（以下简称“草案二审稿”）、2019年10月公布的“民法典婚姻家庭编”　（以下简称“草案三审稿”）和2019年12月公布的“中华人民共和国民法典草案”（以下简称“草案四审稿”）。本书将陆续颁布的各版本民法典草案建议稿、正式颁行的《民法典》与原《收养法》进行对比，总结评析我国《民法典》编纂过程中的立法变化。并对各版本民法典草案建议稿进行横向对比，梳理其立法改进或细节完善过程。此外，考察了法国、阿根廷、日本、德国、瑞士、菲律宾、埃塞俄比亚、葡萄牙八个国家相关的最新立法资料，对这些国家收养制度的立法体例和立法内容进行对比分析。

第二，联系实际方面。对我国收养制度的司法实践进行考察。法律制度的构建离不开社会实践。重视收养制度司法实践的重要地位及意义，为我国立法提供重要参考，对实际审判工作具有指导意义。我国古代将民间习惯作为断案审理之依据，民国以后，民间法在司法实践中的运用也很广泛。从现实国情看，我国有承认习惯为立法渊源的传统。例如，我国《民法典》第10条规定，法律没有规定如何处理民事纠纷的，在不违背公序良俗原则下可以适用习惯。本书结合我国司法实践案例，研究我国收养制度的司法实践现状，分析我国收养立法与司法中存在的问题，为完善我国立法建议提供实证研究基础。

第三，立法建议方面。借鉴域外立法经验，对收养制度的基础理论进行考察，分析收养制度的价值和功能，在立法价值层面分析揭示收养制度研究的意义。结合我国实际，借鉴我国学者的研究成果，针对我国未成年人收养、成年人收养和特殊收养这三种制度，分别提出立法完善建议。尤其是，目前我国学者对于收养制度中未成年人收养和成年人收养的研究颇多，但特殊收养问题关注程度较少。本书注重对特殊收养问题进行研究。通过比较分析中外收养制度立法的个性与共性，找出其值得借鉴的立法优势，为我国特殊收养制度的立法补充完善提供借鉴，提出完善单方收养和单方送养相关规定、增设监护人收养被监护人特殊条款、增设转收养制度相关条款的立法建议。这些立法建议，既深化了收养制度的基础理论，又具有重要的立法参考价值。

# 第一章　收养制度的基础理论考察

## 第一节　收养与相关法律的关系

同一概念在同一法律部门内部都应当尽可能保持含义的一致，这是法律的形式理性要求。[①] 同时，概念问题也一直是社会法学研究的基础性问题。[②] 收养，一般是指在本无父母子女关系的自然人之间通过法律拟制的方法创设父母子女关系的民事法律行为。[③] 首先，收养与抚养的概念有所区别。抚养，是指父母在生活上的照料或经济上供养子女的行为，如给付子女医疗费、教育费、生活费及其他必要的费用。[④] 收养与抚养在主体范围上存在较大差异，收养关系只能在非直系血亲间成立，而抚养关系则多发生在直系血亲间，如父母对其子女的抚养或有抚养义务的祖父母、外祖父母对其孙子女、外孙子女的抚养。但是，二者的当事人也存在一

① 参见王利明：《法学方法论》，中国人民大学出版社 2011 年版，第 381-382 页。

② 丁晓东：《社会法概念反思：社会法的实用主义界定与核心命题》，载《环球法律评论》2021 年第 3 期，第 85 页。

③ 陈苇主编：《婚姻家庭继承法学》（第二版），高等教育出版社 2018 年版，第 128 页。

④ 参见吴国平、张影主编：《婚姻家庭法原理与实务》，中国政法大学出版社 2013 年版，第 165 页。

定重叠。根据我国《民法典》第 27、28 条，在没有父母、祖父母、外祖父母、兄姐等主体时，其他愿意担任监护人的个人可以申请抚养、教育和保护该未成年人。同时，这些符合收养法定条件且不违反禁止规定的个人，在具有合意基础的前提下也可以申请收养该未成年人。其次，收养与公养的概念有所区别。公养，又称“机构抚养”，是由国家设立的社会福利机构对孤儿、弃儿、残疾儿童进行的养育。① 我国的收养是以自然人为主体的收养，是一种要式法律行为，与国家福利机构或社会慈善团体的抚养有较大区别。“社会福利院对孤儿和弃婴的抚养属于社会福利措施，是依据行政法规进行的，发生福利院对孤儿和弃婴的监护关系，而不产生父母子女之间的权利义务关系。”② 再次，收养与寄养或儿童家庭寄养的概念有所区别。寄养，是指父母由于工作、生活条件等原因客观上不能直接履行抚养子女的义务时，将子女委托他人代为抚养的一种形式。③ 而儿童家庭寄养，是指经过规定的程序，将民政部门监护的儿童委托在家庭中养育的照料模式。④ 为了规范家庭寄养工作，促进寄养儿童身心健康成长，2014 年 12 月 1 日民政部颁布了《家庭寄养管理办法》，2003 年颁布的《家庭寄养管理暂行办法》予以废止。而厘清收养与相关法律概念的关系，对于理解收养与《民法典》“婚姻家庭编”、“合同编”的关系和定位具有重要意义。

---

① 参见蒋新苗：《收养法比较研究》，北京大学出版社 2004 年版，第 29 页。

② 王冶英：《中国婚姻家庭法律制度热点问题研究》，中国海洋大学出版社 2009 年版，第 307 页。

③ 胡平主编：《婚姻家庭继承法论》，重庆大学出版社 2000 年版，第 364 页。

④ 乔东平、谢倩雯：《中美家庭寄养的比较及启示》，载《中国青年研究》2013 年第 10 期，第 110 页。

# 我国收养制度立法完善研究

## 一、收养与婚姻家庭编的关系

### （一）收养是缔结拟制血亲的方式之一

拟制血亲是“自然血亲”的对称，指法律将本来没有血缘关系或没有直接血缘关系的人确定为与血亲相同的亲属关系。[①] 原《婚姻法》和我国《民法典》“婚姻家庭编”确认的拟制血亲有两类：一类是在事实上形成了抚养关系的继父母与继子女、继兄弟姐妹，另一类是养父母与养子女以及养子女与养父母的其他近亲属。作为一种通过法律拟制创设父母子女关系的民事法律行为，收养制度的法律特征主要表现为以下几个方面：首先，收养是一种民事法律行为。民事法律行为是以意思表示为基本要素，由民事主体实施的设立、变更、终止民事权利义务关系的合法行为。[②] 其次，收养是一种要式法律行为。要式法律行为，是指法律规定或当事人约定必须采取一定形式才可成立的法律行为。[③] 我国《民法典》“婚姻家庭编”明确规定，收养须在民政部门依法进行登记，否则收养关系不能成立。从程序上看，其是一种要式法律行为。再次，收养产生法律拟制血亲关系。拟制血亲，是指本来没有血亲关系的人，通过某一法律行为或法律事实而创设血亲间的权利义务关系。[④] 收养关系依法成立后，原本没有血亲关系的收养人与被收养人间将成立父母子女关系，被收养人与收养人的近亲属间也会产生相应的权利义务关系。最后，收养关系当事人的范围受到一定限制。最高人民法院在 1993 年 1 月 30 日《关于毛玉堂与毛新国的收养关系能否成立的复函》中指出：“毛新国是毛玉堂

---

① 柳凤艳、陈新龙：《公序良俗原则在婚姻成立中的适用》，载《甘肃科技纵横》2014 年第 5 期，第 94 页。

② 参见李开国：《民法总则研究》，法律出版社 2003 年版，第 222 页。

③ 谭启平主编：《中国民法学》，法律出版社 2015 年版，第 188 页。

④ 陈苇主编：《婚姻家庭继承法学》（第二版），高等教育出版社 2018 年版，第 16 页。

的外孙，双方是直系血亲，不能建立收养关系……即毛玉堂与毛新国之间的收养关系不能成立，毛新国不应列为毛玉堂死亡后的第一顺序继承人。”可见，收养行为只能发生在非直系血亲之间。如果在直系血亲之间也可以成立收养关系，可能会造成家庭内部亲属关系的混乱，从而影响家庭成员权利义务的分配或家庭整体的和谐。并且，收养规定强调在自然人之间创设拟制的权利义务关系，其他社会组织或者法人不得作为收养人。①

除上述四项基本特征，还有学者提出收养是一种变更亲属身份的法律行为。② 收养是当事人按照法定程序要件和实质要件在没有血亲关系的被收养人与收养人之间产生类似自然血亲间的权利义务关系的行为。这种行为导致原产生于父母子女及其近亲属间的权利义务关系发生转移，具有身份法上的拟制和解销效力。也就是说，收养关系依法成立后，被收养人与其生父母及其近亲属间的权利义务转移于被收养人与收养人及其近亲属间，收养行为在使收养人与被收养人之间成立拟制血亲关系的同时，解除了送养父母与被收养人之间原有的父母子女关系。因此，收养使父母子女身份及权利义务发生变更，由养父母代为行使亲生父母的职权。但是，被收养人与生父母及其近亲属间的血缘关系依然存在，关于禁止近亲结婚的规定仍然有约束力。

从以上收养制度的法律特征来看，收养是除血缘和姻亲外，第三种确定亲属关系的法律途径，其中收养人称为养父或养母，被收养人则称为养子或养女。尽管在立法实践中，原《收养法》作为单行法长期独立存在，但立法理论不能忽略收养与婚姻家庭法之间相辅相成的法律关系。一方面，收养是婚姻家庭法的必备内容，具体是亲子关系的组成部分；另一方面，收养回归婚姻家

① 参见陈苇主编：《婚姻家庭继承法学》（第二版），高等教育出版社 2018 年版，第 128-129 页。

② 王冶英：《中国婚姻家庭法律制度热点问题研究》，中国海洋大学出版社 2009 年版，第 306-307 页。

庭法，对于促进婚姻家庭法内部立法体系的完整性具有重要意义。

（二）收养的主体与婚姻家庭法的发展进程密切相关

除血缘和姻亲外，收养是第三种形成亲属关系的法律途径。缔结婚姻关系当事人的主体不同，意味着收养关系的主体也存在区别，即不同国家婚姻家庭法的发展进程和立法理念对该国收养制度的主体也有所影响。目前，各国婚姻家庭法的发展存在差异，有的国家立法仅调整婚姻关系，而有的国家还调整当事人之间的同居关系。并且根据婚姻家庭法立法理念的不同，有的国家规定缔结婚姻的主体只能是男女双方，有的国家规定同性间也可以成为缔结婚姻的主体。传统婚姻家庭观点认为，缔结婚姻的当事人只能是异性。但是，随着人权运动的蓬勃发展、同性恋疾病论观点的纠正，基于对个人意愿与权利的尊重，不少国家逐步承认了同性婚姻。其具体的立法模式有两种：

一是规定同性间可以缔结婚姻，即扩大了缔结婚姻的主体范围，赋予同性婚姻与异性婚姻同等的效力，同性婚姻当事人间的权利义务基本与异性婚姻当事人间相一致，但也存在一定差异。例如，异性婚姻中妇女的生育权，在同性婚姻中是否有必要继续保留等。那么，同性婚姻中当事人双方是否可以共同收养子女？目前，部分国家已承认同性婚姻合法性，相应的一些国家在法律上认可了同性婚姻的配偶双方可以共同收养子女。[①] 例如，2001 年《德国民法典》修改了收养人的条件，将配偶共同收养子女扩展到同性恋配偶。2012 年 7 月，法国总理宣布法国从 2013 年开始将允许同性恋者结婚和共同收养子女。[②] 二是同性间有长期稳定的同居关系但仍不可以缔结婚姻，只可以登记成为受法律调整的登记伴侣关系或民事结合关系。例如，丹麦于 1989 年制定了《民事结合

① 参见冯硕：《关于涉外收养实质要件的探讨》，载《吉林广播电视大学学报》2011 年第 4 期，第 105 页。

② 参见林翠秀：《论非婚共同收养》，载《福建江夏学院学报》2014 年第 5 期，第 57 页。

法》，承认同性伴侣关系合法性；2015 年英国制定了《民事伴侣关系法》，该法仅适用于同性伴侣，立法目的是使意欲形成长期稳定关系的同性伴侣可以依法登记为民事伴侣关系，受到法律保护。

关于同性婚姻或登记的同性伴侣关系当事人是否可以收养子女，承认同性伴侣可以缔结婚姻的国家多采取允许共同收养的态度；而认为同性伴侣仅可以成为民事结合关系或登记伴侣关系的国家，多采取不允许收养或限制收养的做法。这一现象表明，不同国家对同性伴侣的立法态度和认可程度，是决定该国是否允许同性伴侣收养子女的关键。原因在于，在认可同性婚姻的国家中，同性伴侣和异性夫妻并无实质区别，所有的权利义务基本相同，这些国家对同性婚姻的态度较为开放。而对同性夫妻态度较为保守的国家，仍不愿意承认同性伴侣和异性夫妻是相同的，享有同样的权利。因此，并不把同性结合称为婚姻，而是称为登记伴侣关系或民事结合关系，意欲与婚姻作出区分。这种态度进一步导致了它们在同性伴侣收养上的保守态度。

在我国，一方面，规定缔结婚姻的主体仍然是异性，不包括同性恋者，不涉及同居关系。同性伴侣不能依据我国《民法典》“婚姻家庭编”第 1101 条（共同收养条款）进行夫妻共同收养行为。那么，同性恋者是否可以依据我国《民法典》“婚姻家庭编”第 1100 条进行单独收养？从我国现行法来看，同性恋者并不是单方收养的障碍之一。收养人须年满 30 周岁，符合法定年龄差距，未患有在医学上认为不应当收养子女的疾病，有抚养教育被收养人的能力等，满足这些条件且符合儿童最大利益的，即使收养人是同性恋者，目前法律仍承认其具有收养子女的权利。

另一方面，未来立法很可能对同性婚姻或同居伴侣关系有所回应。同性伴侣可以登记结婚或登记为民事结合伴侣是立法之发展趋势。随着经济和社会的发展，我国从法律制度和社会思想上，对同性恋问题也逐步包容、理解。二十年前，我国将同性恋视为犯罪，十年前将其视为一种精神疾病。目前，我国社会对同性恋问题较为宽容，不限制、不干涉，也不鼓励。未来，随着法治健全和社会观念的进步，我国立法很有可能允许同性恋者登记结婚或登记为同性伴侣。“同性结合家庭环境是否有损于未成年子女的健康成长不仅影响公众对待同性恋的态度，也会影响同性结合法律认可的进程和同性结合法律认可相关立法对收养权和监护权的规定。”① 同性伴侣是否可以共同收养子女，目前也有两种观点：

一种观点认为，不应该允许同性伴侣收养子女。原因在于：第一，我国台湾地区法院在判决中曾提及，目前社会对同性恋者的歧视仍然存在，可能给被收养儿童带来生活压力，不利于被收养人的最大利益原则。“《收养法》的目的，既有成全收养人的家庭梦想，更应该考虑未成年人的健康成长。因为社会对同性恋还有一些偏见，被同性恋伴侣收养的子女，可能会发生性别认同错乱，日后在学校或同学间会承受极大压力，遭到同学和朋友们取笑，这些压力都要孩子单独面对，非收养人可排解。在孩子非自愿的情形下，也被推出来承受这股社会压力及讥笑，似乎对这些孩子不公平，对孩子的心智成长也是极为不利的。”② 第二，同性恋者生活伴侣可能不固定，不利于被收养人的健康成长。目前，艾滋病在许多国家的男同性恋者当中高速蔓延，如美国旧金山艾滋病感染者中有42%是同性恋者。卫健委和广东省疾病控制中心相继开展的调查发现，我国男同性恋者普遍存在多个伴侣的现象，不利于为被收养人创造稳定健康的家庭生活条件。

另一种观点认为，应该允许同性恋者共同收养子女。有学者提出，同性结合或同性共同收养子女并不会损害未成年子女的利益，原因在于：一是对家庭的付出、责任与关爱，为子女营造稳定的生活环境，提供必要的安全感和归属感才是判断父母合格的

---

① 熊金才：《同性结合法律认可与未成年人利益》，载《海峡法学》2012年第1期，第33页。

② 王冶英：《中国婚姻家庭法律制度热点问题研究》，中国海洋大学出版社2009年版，第338页。

标准而非性倾向；二是同性结合法律在一定程度上可能有助于增进未成年人利益，有助于改善同性恋子女的生存环境。[①] 还有学者认为，应有条件地承认同性伴侣的相关法律权益，为了推进同性恋者权益保障的进程，缓解同性结合法律问题与未成年子女利益之间的冲突，在一定程度上应有条件地或限制承认同性结合者之收养权及共同监护权。[②] 未来，如果我国立法承认同性伴侣可以登记结婚或可以缔结成为民事结合关系，那么同性伴侣是否可以共同收养子女仍有待于进一步探讨，我国收养制度的主体可能也会相应扩大。

再者，同居关系是否受法律之调整，各个国家的立法也存在区别。有的国家通过立法对同性间的同居关系予以调整，有的国家对同居关系的调整仍然以异性伴侣为主体。例如，1989 年《最高人民法院关于人民法院审理未办结婚登记而以夫妻名义同居生活案件的若干意见》规定了同居伴侣关系解除时非婚生子女抚养和财产分割等问题。该意见是我国第一部也是至今唯一一部专门调整同居伴侣关系的规范性文件，但还存在较多不足，主要表现为解除同居伴侣关系时缺乏对弱势方的权利救济、非婚同居制度的调整对象过窄、同居期间伴侣关系间的人身权利及财产权利缺乏规定等。[③] 基于以上不足，我国有学者主张建立“同居伴侣法”或“民事伴侣法”，专门规范同居伴侣间的权利义务关系。[④] 如果我国“同居伴侣法”或“民事伴侣法”调整的对象是同性恋者，

---

① Estlund, D. Nussbaum, *Sex, Preference, and Family: Essays on Law and Nature*, Oxford University Press, 1997, p. 178.

② 参见熊金才：《同性结合法律认可与未成年人利益》，载《海峡法学》2012 年第 1 期，第 33 页。

③ 参见董思远：《我国〈同居伴侣法〉的立法构想》，载《福建江夏学院学报》2017 年第 5 期，第 51-52 页。

④ 参见董思远：《我国〈同居伴侣法〉的立法构想》，载《福建江夏学院学报》2017 年第 5 期，第 52-53 页；张妤婕：《美国新泽西州“家庭伴侣法”对我国的启示》，载《知识经济》2012 年第 7 期，第 50 页。

则与英国《民事伴侣关系法》等相一致，其立法调整对象是希望结婚而不能结婚的同性同居者，对于不愿意结婚或登记的非婚异性同居者则不适用。该种情况下是否允许他们共同收养子女的最终立足点，仍然是同性伴侣收养是否会危害儿童的最大利益及健康成长。如果我国“同居伴侣法”或“民事伴侣法”针对的仍是异性同居者，当事人双方本不意图追求长期稳定的婚姻关系，基于这种同居关系的不稳定性，有学者提出，应更尊重同性结合者的收养权，“应当允许同性伴侣关系的双方收养子女，事实关系双方仅在登记为同性伴侣关系之后才取得收养权，否则事实关系的双方不能收养子女”。①

（三）收养与婚姻家庭法均具有较强的伦理道德性

民法精神是道德性的社会秩序。道德是社会的本体规范，道德以自身的社会本体性构成了作为社会秩序条件的民法精神的本体性。道德的“人法”性，在根本上建立了民法及民法精神与道德的本质联系。民法精神的道德性，既是民法精神的道德本质，也是道德的民法精神形式。②

一方面，与民法的财产规定相比，我国婚姻家庭立法具有明显的道德伦理性。具体而言，这种伦理道德性主要表现为：一是婚姻法中的道德规范同时也是法律规范。从法律的产生及演进来看，习惯与法律经历了相互交织到分离进而相互补充的发展历程。法学家罗斯科·庞德在《法律与道德》一书中从法律任务和历史发展的角度分析了法律秩序的来源问题，宗教、族群内部纪律和社会习惯，如今已逐渐融入法律的调控体系，即使在法律的发展初期，被称为前法律阶段或原始法阶段，宗教、法律和道德也不

---

① 马钰凤：《同性结合者家庭权法律保护研究》，西南政法大学 2013 年博士学位论文，第 4 页。

② 王利民：《论民法的精神（上）》，载王利民主编：《论当代民法精神与中国民法典》，中国法制出版社 2018 年版，第 22 页。

可分地彼此混杂在一种简单的社会控制中。[①] 很长时间里，民众间的现实生活由伦理道德所调整。伴随着法律规范的出现，统治阶级也将这种习惯和道德规范纳入立法，使之成为法律渊源。我国婚姻家庭的法律规范即具有深刻的伦理印记，婚姻法中很多法律规范同时也是伦理规范，两者有很大的重叠性。例如，父母对子女生活和经济上的帮助与照顾是婚姻家庭的伦理道德要求，根据我国《民法典》第 1068 条之规定，这种抚养教育也是父母的法定义务。二是法律并不能够面面俱到，在婚姻家庭法领域之外，仍有较大的空间需要习惯、道德予以调整。而这种伦理道德性在超出婚姻家庭法律条文之外的领域也有所体现。若背离了伦理规范要求，则应作出否定的解释；如果符合伦理规范要求，应予以肯定的解释。例如，我国《民法典》第 1086 条规定，不直接抚养子女的父母一方，离婚后享有对子女的探望权。但并没有明文规定祖父母或外祖父母也享有此探望的权利。然而，祖父母或外祖父母探望孙子女或外孙子女是符合伦理道德规范的，他们的这一权利不应被否定。[②]

另一方面，我国收养法律条文也具有较为明显的人伦属性，主要表现为以下两方面：一是在收养法律条文中直接体现出伦理道德性，收养的基本原则体现出的立法理念在很大程度上即是对此种伦理道德的高度概括。例如，我国《民法典》第 1044 条规定，收养应当遵循最有利于被收养人的原则，保障被收养人和收养人的合法权益；原《收养法》第 2 条规定，收养不得违背社会公德。道德伦理性与社会公德要求贯穿收养法始终，是各方收养关系当事人均应遵守的基本原则。二是部分收养法律条文的制定

① ［美］罗斯科·庞德：《法律与道德》，陈林林译，商务印书馆 2015 年版，第 23 页。

② 参见裴桦、王丽霞：《论婚姻法的伦理性和传统性》，载《新视野》2011 年第 5 期，第 77-78 页。

初衷是对伦理道德的维护。为了维护收养人和被收养人间的人伦秩序，有些立法例明确要求收养人与被收养人不能逾越辈分的限制。例如，根据《日本民法典》第 793 条之规定，年长者或尊亲属不能成为卑亲属的被收养人。再如，为了维护被收养儿童之利益，防止侵害被收养人利益等不道德事件的发生，现代国家的收养立法多规定，未婚者收养儿童须与其具备一定的年龄差距。例如，《瑞士民法典》第 264 条、第 265 条第 1 款规定，在有理由认为收养关系的建立有利于子女健康成长的情况下，该未成年人可以被收养，且养子女年龄至少应比养父母小 16 岁。我国《民法典》第 1102 条也有类似规定，即无配偶者收养异性子女的，收养人与被收养人的年龄应当相差 40 周岁以上。

## 二、收养与合同编的关系

杨立新教授指出，身份权在我国曾遭受冷遇，主要表现在三方面：一是一些有影响力的民法学者反对身份权，认为中国民法不应该规定身份权。二是婚姻家庭法方面的学者研究亲属、身份，却很少研究身份权，如配偶权的立法问题。三是我国民事立法没有直接规定或者很少提及身份权，演变出了涉及身份权与人格权争议的“荣誉权”概念。不能否认，梅因时代强调的“从身份到契约”，这是完全正确的。但是，在今天身份权的性质已经发生根本性的、革命性的改变之后，还应当有一个“从契约到身份的回归”。[1] 从契约回归身份，首先就须检视我国《民法典》婚姻家庭编与合同编的对接问题。

### （一）收养协议与合同编的关系

收养协议，是指在法律允许范围内，收养关系当事人之间关

① 参见杨立新：《从契约到身份的回归》，法律出版社 2007 年版，第 88-90 页。

于收养成立或收养细节等具体问题所订立的身份协议。[①] 伴随收养这一民事法律行为，收养人与送养人之间可在平等自愿基础上，通过协议协商有关收养的具体事宜。根据原《收养法》第 15 条之规定，收养关系当事人愿意订立收养协议的，可以订立收养协议。依法有效成立的收养协议，在收养关系当事人之间具有法律约束力，收养人须履行约定的抚养义务，同时有权在被收养人成年后向其请求扶养。尽管原《收养法》明确规定当事人之间可以协商订立收养协议，但是对于如何具体规制这类协议并没有涉及。并且，我国原《合同法》第 2 条第 2 款也规定，婚姻、收养、监护等有关身份关系的协议，并不适用原《合同法》的相关条款，即在我国《民法典》正式施行前，收养协议应当适用收养法以及婚姻家庭法等相关法律，而非合同条款。这致使我国收养协议问题处于一种于法订立有据，具体内容和法律适用又模糊不清的矛盾境地。

2018 年 9 月公布征求意见的“草案一审稿”和 2019 年 6 月公开征求意见的“草案二审稿”第 255 条规定：“婚姻、收养、监护等有关身份关系的协议，适用其他编和其他法律的规定；没有规定的，可以根据其性质参照适用合同编的条款。”这导致的问题是：第一，有关身份关系的协议，适用其他编或者其他法律的规定；没有规定的，何时可以根据其性质参照适用合同编规定？第二，有关身份关系的协议，鉴于其特殊性质，何时不能参照适用合同编规定？第三，在参照适用与否过程中，起决定作用的“身份关系协议的性质”有哪些？第四，“草案二审稿”第 255 条第 2 款后段是否堵上了有关身份关系的协议“回归”适用总则编规定的空间？该款前段所谓“其他编或者其他法律的规定”是否包括总则编？第五，身份关系领域是否有参照适用民法典物权编、侵

① 参见冉克平：《“身份关系协议”准用〈民法典〉合同编的体系化释论》，载《法制与社会发展》2021 年第 4 期，第 62-68 页。

权责任编规定的可能？[①] 至2019年12月“草案四审稿”，该条款已修改为：“婚姻、收养、监护等有关身份关系的协议，适用有关该身份关系的法律规定；没有规定的，可以根据其性质参照适用本编规定。”这在一定程度上避免了立法语言的重复性，也解决了收养等身份关系协议能否适用总则编、物权编及侵权责任编的疑问。

从上述立法变化可以看出，根据原《合同法》之规定，婚姻、收养、监护等有关身份关系的协议不能适用合同相关条款。但在我国《民法典》中，这一条文有所变化，身份关系协议发生了从不适用《合同法》到可以参照适用合同编相关条款的变化。这既是立法进步也存在不足。“草案二审稿”第255条和我国《民法典》第464条均是针对身份关系协议的法律适用条款。原《收养法》虽然允许当事人之间签订收养协议，但具体如何规制这类协议没有法律依据。而此次我国《民法典》明确了收养协议的具体法律适用问题，使我国民众有法可依，司法机关也可依此进行裁判，克服了以往法无明文、模糊不清的立法弊端。但是，该立法变化也存在一定法律隐患。根据原《合同法》第2条第2款之规定，该立法引导当事人在婚姻家庭法的范围内订立协议，婚姻家庭领域当事人自行签订的身份关系协议并不能从原《合同法》中寻求效力来源。但“草案二审稿”第255条和我国《民法典》第464条规定，身份关系没有详细规定的婚姻、收养、监护等协议，可以根据其性质参照适用合同编的条款。这便在婚姻家庭法领域给当事人可以通过意思自治创设法律没有规定的协议提供了空间与效力来源。那么，身份关系协议的订立边界为何？若婚姻家庭领域凡法律没有规定或禁止的，当事人皆可订立协议并从合同编中寻求法律依据，恐将导致“权利”泛滥与法律“触手”的过度

① 王雷：《论身份关系协议对民法典合同编的参照适用》，载《法学家》2020年第1期，第32页。

延伸，忽视了当事人相互磋商也是解决社会问题重要方式之一的现实。综上，根据我国《民法典》第464条，在婚姻家庭领域对收养协议没有作出详细规定前，其可以适用合同编的相关条款订立。但也要注意身份关系协议的订立边界，审查收养协议中哪些内容是当事人之间可以协商确定的，哪些是须严格遵守法律不得自主协商的。

（二）收养制度的主体与收养协议的主体

首先，我国收养制度的主体不等同于收养协议的主体。收养关系的当事人包括送养人、收养人和被收养人：在收养法律关系中，将未成年子女或孤儿送给他人收养的生父母、其他监护人和社会福利机构，为送养人；被他人收养的人为被收养人，即养子女；领养他人子女的人为收养人，即养父母。[①] 而根据我国《民法典》第1105条之规定，收养关系当事人愿意签订收养协议的，可以签订收养协议。那么，收养关系的主体是否等同于收养协议的主体呢？我国有学者提出："《收养法》对收养关系当事人规定了明确的资格条件，并不是具有完全民事行为能力人的自然人就可以订立收养协议；并且在解除收养关系的时候，请求权人仅仅限定于收养协议当事人。"[②] 其认为，我国收养制度的主体并不能等同于收养协议的主体，某些情况下，收养协议的主体对收养制度的主体范围进行了限缩。

其次，关于收养协议的主体为何，我国学者在以下几方面也存在争议。第一个争议是收养协议的主体为"二元"主体还是"多元"主体。一种观点认为，收养协议是收养人与送养人之间的

① 参见王冶英：《中国婚姻家庭法律制度热点问题研究》，中国海洋大学出版社2009年版，第305页。

② 孙文灿：《浅析国内公民收养协议》，载《社会福利》2008年第2期，第47页。

协议。[①] 另一种观点认为，理论上，收养协议中收养人和送养人是协议的订立主体，但特殊情况下，年满 10 周岁以上的被收养人在协议中也有意思自治的权利，是协议的主体之一。[②] 第二个争议是收养协议的主体究竟为何？有学者主张收养协议的主体是收养人和被收养人，而非收养人与送养人。原因在于：第一，收养协议是以发生亲子关系为目的的身份合同，因此应当在收养人和被收养人之间达成合意，这符合收养协议的本质。第二，如果将收养协议的主体明确为被收养人和收养人，送养人应该仅作为被收养人的代理人存在，在代理被收养人解除收养协议时仅发挥补充作用，更符合现实情况的需要。第三，根据比较法上的经验，"身份行为不得代理说"在收养行为中是有一定突破的，在被收养人不是完全民事行为能力人时，允许其监护人代理订立收养协议。[③]

最后，基于收养协议主体的上述争议观点可以发现，收养协议的主体存在争议，主要原因在于对主体的认定标准存在分歧。认为收养协议的主体是收养人与送养人是立足于收养协议签订的行为表见，即合同的形式外观，具体签订该协议的行为主体为何：丧失父母的孤儿的监护人作为送养人时，由孤儿的监护人与收养人共同签署；生父母作为送养人的，必须为有特殊困难无力抚养子女的生父母与收养人共同签署；社会福利机构作为送养人的，须由社会福利机构与收养人共同签署。而认为收养协议的主体是收养人与被收养人是立足于权利义务的实质归属。从收养成立的法律效力而言，主要是调整被收养人与收养人之间创设的拟制血亲关系，收养人对未成年的被收养人具有抚养、保护与教育的义

① 参见巫昌祯主编：《婚姻家庭法新论》，中国政法大学出版社 2002 年版，第 264、283 页。

② 参见王文元：《收养协议法律问题研究》，湖南大学 2007 年硕士学位论文，第 12 页。

③ 参见周友军：《我国民法典编纂中收养制度的完善》，载《广东社会科学》2019 年第 4 期，第 249 页。

务，相应的成年被收养人对收养人有赡养扶助的义务，这种权利与义务的直接归属主体更符合法律关系当事人的认定标准。

对于以上问题，笔者认为，无论被收养人是否年满 10 周岁、是否在收养协议上签字，收养协议的主体均应是收养人与送养人，并不涉及被收养人。原因在于：第一，收养关系成立的依据是依法进行收养登记而非订立收养协议，而收养人与被收养人之间权利义务关系的法律依据也源于我国《民法典》的相关规定，而非收养协议。可见，收养协议的订立目的可能是在收养登记的基础上再一次强调收养关系的依法成立以保障各方当事人的权利，也可能是在现有法律基础上对具体的收养细节或具体的法律问题进行细化。除被收养人纯获益行为外，其余订立收养协议、拟定收养协议条款的行为均应是完全行为能力人进行的以收养人和送养人为主体的法律行为。第二，收养协议本质上仍是一种合同。限制行为能力人订立的纯获利益合同或者与其精神健康状况、年龄、智力相适应的合同，不需要经法定代理人追认，除此之外的合同均为效力待定合同。而无民事行为能力人实施的民事行为是无效的，其订立的合同无效。此行为能力的法律基础也说明了除非收养协议合同是对被收养人的纯获益合同，否则无论被收养人是否已年满 10 周岁、是否在收养协议上签字，被收养人作为未成年人均不具有缔结合同的民事行为能力。第三，如何理解上文学者提出的收养关系的权利义务承受主体是收养人与被收养人，所以收养协议的主体应是收养人与被收养人的观点？收养人与被收养人之间的权利与义务来源于我国《民法典》的规定而不是收养协议；相应的，调节收养人与被收养人关系的依据也是法律的规定而非收养协议的约定，但这并不意味着收养协议是全然无效的。例如，我国《民法典》第 1110 条规定了收养人、送养人及其他主体的收养保密义务，但并没有规定违反该规定的具体法律责任。在我国《民法典》基础上，收养人与送养人可以对违反保密义务的法律责任进行约定。相应的，被收养人成年后有权提出解除收养关系，解除的并不是收养协议，因而被收养人是收养制度的主体之一，但并不应将其理解为签订收养协议的主体之一。

## 第二节　收养制度的基本原则考察

人类思维能力的进步使法典超越了具体案例汇编水平，成为立法者深思熟虑的产物。区别于原始法无原则也无一般观念的特征，基本原则作为立法技术结晶出现，打破了概念外延的封闭状态。[①] 收养制度的基本原则贯穿法律行为始终，融合目的与准则功能并引入人的因素，成为法律简短价值的承载者。收养法的基本原则贯穿收养法始终，普遍适用于一切收养关系，是人们进行收养活动时所必须遵循的准则。既反映该国设立收养制度的目的，也是一国收养立法的指导性思想，同时还是法院据以裁判收养纠纷的基本依据。[②] 其具有普遍适用效力和衡平作用的指导思想和基本准则，贯穿于收养立法、司法与守法全过程，是我国收养立法的指导思想，也是收养执法的基本准则。

一方面，收养制度的基本原则与立法宗旨有所区别。立法宗旨是立法者的首要任务之一。[③] 立法者通过立法想要达到的目标，通常会在目的条款中将立法宗旨以具体条文的形式表现出来，是立法者对法律关系客体态度的真实反映。[④] 二者的主要区别在于立法位置和立法表达。立法宗旨一般位于成文法的第一条，开宗阐述该部法律的立法目的与要旨；而基本原则多位于立法宗旨之后，

---

① 参见徐国栋：《民法典与民法哲学》，中国人民大学出版社 2007 年版，第 318 页。

② 参见陈苇主编：《外国婚姻家庭法比较研究》，群众出版社 2006 年版，第 335 页。

③ ［美］罗斯科·庞德：《法理学》（第一卷），余履雪译，法律出版社 2007 年版，第 296-297 页。

④ 参见陈业宏、夏芸芸：《中美外资并购立法宗旨之比较》，载《法学评论》2012 年第 3 期，第 108 页。

较为具体地阐述指导该部法律的各项立法精神。例如，保护民事主体的合法权益、调整民事关系、维护社会和经济秩序是我国《民法典》规定的立法宗旨，而指导民事行为的具体基本原则包括平等原则、公平自愿原则、诚实信用原则、公序良俗原则等。再如，保护消费者的合法权益、维护社会经济秩序、促进社会主义市场经济健康发展是我国《消费者权益保护法》的立法宗旨，而具体的基本原则为平等自愿、公平、诚实信用、社会监督等。

另一方面，关于我国收养制度的基本原则，不同学者的观点存在一定差异。有学者认为，收养法律制度的基本原则应强调子女利益的最大化。其理由是，法的价值体现一定时期立法主体的需要，目前我国收养法律制度仍以保护被收养儿童的利益最大化为价值取向。① 还有学者提出，其并不反对我国收养制度基本原则应贯彻保护儿童最大利益，但目前收养立法的基本原则不应过于片面。其理由是：第一，过度强调对被收养人的保护，不利于保护收养人的利益，使收养法存在淡化收养人权益的倾向。原《收养法》第2条突出强调了收养应有利于被收养人的抚养和成长，但忽略了收养被收养人也应当有利于收养人的身心健康。第二，当今世界收养立法的基本原则是兼顾被收养人与收养人的利益。世界上大多数国家收养制度的价值取向及功能以育幼为主。但随着收养制度的不断改革与完善，收养制度中的养老功能将有所复兴，即收养立法的价值取向应与收养制度的功能息息相关。②

“我国民法学者均一如既往地、一如预期地承认，我国民法的基本原则是我国立法者、司法者和民法学者从事民事立法、民事

---

① 参见蒋新苗：《国际收养法走势的回顾与展望》，载《中国法学》2001年第1期，第174页。

② 参见王歌雅：《完善收养制度的立法思考》，载《法律适用》1997年第4期，第15页。

司法和民法研究活动的根本准则。”[①] 立足于收养制度基本原则的重要作用，本书梳理了原《收养法》、民法典草案建议稿及我国《民法典》中的基本原则条款，将其进行对比、总结与评析，以期发挥基本原则的规范指导作用并对我国《民法典》中的相关内容进行检视与完善。“民法为私法之原则，定生自私法关系之权利义务之地，欲明其理，必先知私权之本义，因民法全部皆关于私权之规制故也。”[②]

## 一、收养制度基本原则的功能

收养法的基本原则，是当事人进行收养活动必须遵守的基本准则、国家制定收养立法的指导思想，也是司法机关执法、司法及解释收养法的出发点和依据。我国收养法的基本原则集中体现了收养法的任务、性质和特征。它与具体的收养法规范不同，具有对一切收养关系都普遍适用的效力。当社会生活中出现收养法没有具体规定的新问题时，还具有填补收养法空白的作用。研究收养法的基本原则，对于理解和把握收养法的实质内容、正确适用收养法具有重要意义。把握民法基本原则对于系统性地考察和研究民事立法具有重要意义，我国学者对民法的基本原则也进行了详细阐述与界定。从基本原则的功能出发，有学者提出，民法的基本原则是民事立法的指导方针，是一切民事主体均应遵循的行为准则，是发展学说判例和补充法律漏洞的基础和解释民事法律法规的依据。[③] 还有学者提出，民法的基本原则是制定、执行、解释和研究我国民法的出发点和依据。[④] 民法的基本原则与收养法

---

① 张民安：《民法基本原则的立法准则功能理论批判》，载《学术论坛》2018 年第 1 期，第 66 页。

② ［日］富井政章：《民法原论》，陈海瀛、陈海超译，上海商务印书馆 1907 年版，第 80 页。

③ 参见梁慧星：《民法总论》，法律出版社 2017 年版，第 46 页。

④ 参见佟柔主编：《民法原理》，法律出版社 1983 年版，第 13 页。

的基本原则既是包含与被包含的关系，也是一般与特殊的关系。收养法基本原则的特殊性尤其表现在儿童最大利益原则的贯彻与实施方面，对于指导收养立法、切实保护被收养人的儿童之权益具有重要意义。

一是立法准则的功能。被称为民法基本原则的功能化理论，或者功能化的民法基本原则。[①] 从基本原则所起到的作用出发，其回答了我国立法者为何在原《民法总则》或原《民法通则》当中规定民法基本原则的问题。深刻认识收养制度基本原则的功能，才能加强原则条款与具体内容的立法联动，促进指导精神反哺内容。收养制度的基本原则既是各项具体规则的概括性表达，又对各个具体条文的展开起到一定的指导作用。我国《民法典》中的收养立法条文即是紧紧围绕其基本原则展开的。例如，《民法典》中收养立法的原则之一是收养应当有利于被收养的未成年人的成长与抚养，这一基本原则贯彻到了具体条文的诸多方面，被收养的未成年人年满10周岁以上的，无论成立或解除收养关系均需征得其同意；从保护被收养人的利益出发，收养人在被收养人成年以前不得解除收养关系等。再如，我国《民法典》中收养立法的另一基本原则是收养不得违背计划生育法律法规。这一基本原则在立法条文中具体体现为对收养人的子女人数有一定限制，不符合条件的成年人不得随意进行收养。

二是法律解释准则的功能。在成文法作为主要法律渊源的时代，针对发展的社会关系，“法无明文”、准据法竞合且彼此矛盾、“善法”在立法者未能预料到的新型社会关系中变为“恶法”等立法漏洞都难以避免。对此，立法者无论是在立法阶段更为审慎、注意，使立法具有尽可能大的覆盖面与前瞻性，还是在立法完成以后通过特定程序及时解释、修改错漏的法律条文，都无法企及

① 参见张民安：《民法基本原则的立法准则功能理论批判》，载《学术论坛》2018年第1期，第67页。

法官在面临立法漏洞时，结合具体生活实际而以“自由裁量”的方式对法律条文进行“现场弥补”，这种方式更具灵活性、及时性与实务性。但是，为了防止法官自由裁量权被滥用，进而架空成文法的适用功能，就意味着法官的“自由裁量”权不能不受限制，其必须是在成熟民法基本原则体系的严密约束之下的有限自由。具体而言，就是在收养制度基本原则的综合指导下，在法无明文规定时，找到与案件最相适合的相邻准据法；在案件可适用法律存在竞合规定的情况下，结合案情找到最符合基本原则要求的法律适用方法；在法有明文规定的情况下，以收养制度的基本原则作为衡量当事人行为的准绳。这些都是防止对法律条文错误理解的好办法。①

三是指导司法实践的功能。一部法律无法以先知的方式为其民族预告永恒的全部真理。“在大陆法传统法典制度中，可预见性和稳定性由诸法典的‘成文法’予以保证，而灵活性发展则由缓解僵硬规范的一般条款从内部保证，并由解释从外部实现。”② 随着我国经济的快速发展和社会环境的不断变化，成文法显示出的问题之一是法律难以面面俱到，立法在某些方面可能落后于司法实践。对于我国立法没有明确规定，司法实践又确已发生的诉讼，收养制度的基本原则可以为这类问题的审理提供指导或裁判依据。例如，我国立法没有规定转收养行为的效力，但有关该方面的诉讼已时有发生，有法院以儿童最大利益原则作为裁判依据，承认了转收养行为的效力。③

四是指导守法的功能。收养法律制度的基本原则不仅是对浩繁、庞杂的收养法律规范进行抽象、提炼与总结，更是对民众普

① 参见谭启平主编：《中国民法学》，法律出版社2015年版，第51-52页。

② ［美］格伦顿·戈登：《比较法律传统》，米健等译，中国政法大学出版社1993年版，第87页。

③ 参见刘玉民主编：《收养、赡养与财产继承》，中国民主法制出版社2014年版，第22-24页。

遍认可的民间收养习惯的一种概括。广大民众对具体的收养法律条文可能掌握得不够详细，但收养立法的基本原则对于指导民众收养行为起到一般规范作用，并引导民众遵守收养立法的基本精神。例如，原《收养法》将收养不得违背计划生育法律法规、不得违背社会公德作为其基本原则，以指导我国民众在计划生育政策的条件下收养子女，并须以遵守社会公德为基础。再如，我国《民法典》将禁止借收养名义买卖未成年人作为基本原则，对于规范民众依法行使收养权利、履行收养义务具有指导意义。但问题是，我国《民法典》将“禁止借收养名义买卖未成年人”条款上升为基本原则，缺失法理基础。这一做法虽可增强对借收养名义买卖未成年人犯罪的打击力度，但该问题并非社会核心矛盾，且主要受《刑法》调整，将其作为收养法律制度基本原则稍显以点括面、以偏概全。

五是最大限度保护被收养儿童利益。《儿童权利公约》实施以来，国际立法中的“儿童最大利益原则”成为指导包括收养在内的有关儿童权利问题的重要原则，其也是指导我国未成年人收养的一项基本原则。为进一步明晰“儿童最大利益原则”的内涵，各国的立法规定也有一定区别，主要有详细阐释与宽泛概括两种体例。对“儿童最大利益原则”进行详细规定的国家有美国、澳大利亚等。例如，美国1973年《统一结婚离婚法》对子女最大利益原则的具体内涵有较为详细的阐述，具体包括：其一，牵扯在本次事件中利害关系人的心理及健康状况；其二，子女对于学校、社区及家庭的适应情况；其三，子女与其他可能影响其利益之人的互动与彼此的关系；其四，子女对于谁担任其监护人的意愿；其五，其他相关因素。对“儿童最大利益原则”进行概括规定的国家有中国、德国等。例如，《德国民法典》规定，法院在处理父母照顾等相关问题时，应考虑各种利害关系人的实际情况和正当利益，作出最有利于子女利益的决定。[①] 可见，“儿童最大利益原则”是实现和维护儿童权利的原则性条款，其具体功能包括以下几个方面：

第一，保护儿童利益。《儿童权利公约》明确规定，儿童的最大利益是关于儿童一切行为的优先考虑因素。该原则赋予了儿童独立权利主体的法律地位，为处理儿童相关事宜提供了理论依据，并积极督促儿童以外的其他社会群体树立从儿童本位出发的正确价值观。在有关儿童事务的实际处理中，我国曾经历优先满足和维护成年人利益的阶段，成年人对儿童权利也不够重视。而该原则明确，在处理与儿童有关的一切事物时，均应优先考虑儿童的利益，对立法机关、司法机关、行政机关和社会各界的行为提供相应的指导，尤其对父母漠视子女权利、侵害儿童利益的行为进行了约束。其对实践中实现和保护儿童利益具有重要的指导作用，促进了各国儿童立法的发展。由于儿童处于相对弱势的地位，儿童相关立法的进步更多的是一场自上而下的改革。该原则并不仅仅强调对儿童利益的保护，还涉及妇女及儿童利益的保护，是社会利益与个体利益、儿童利益与成人利益的统筹兼顾。其对世界范围内各国儿童保护理念的进步、促进本国儿童保护相关法律的完善具有重要意义。

第二，立足于以上“儿童最大利益原则”的社会功能，在立法理念或立法条文中明确规定该原则具有重要的立法价值。国际和各国国内立法均愈加重视对儿童利益的保护和相关法律政策的出台。从国际立法发展来看，“儿童最大利益原则”与其他条款相结合，共同构成实现和维护儿童权利的完整体系，是《儿童权利公约》的基本理论前提。此外，国际文件也更加重视对儿童最大利益原则的贯彻，将世界的目光集中到儿童这一弱势群体身上，保护儿童的权益是世界人权保护的重要内容。它为各国在解决儿

① 参见《德国民法典》第1697a条。

童问题时提供了一个总的方向和纲领，使得各国能伸出援手减少因战争、贫穷等带给儿童的伤害。保护儿童最大利益成为国际社会的目标，有利于保障儿童的生存权、发展权。从而进一步推动世界人权保护运动的发展，带来了各国保护儿童立法、司法的完善，推动着各国积极改革国内法以顺应亲子法之发展趋势。

## 二、中外收养制度基本原则的考察

一部理想的民法典，应力图成为价值（自由、平等、正义、效率、安全等）、逻辑（概念、规范、原则、体系等形式要求）和事实（本土化、法的实效等）的统一。[①] 在我国，要构建一部规范全面、结构严谨、体例科学、体系完整、内部协调的民法典体系，必须要从中国国情出发，立足于解决中国问题。[②] 任何体系的构建都必须符合本国国情，而不能盲目照搬国外模式。但这并不意味着域外大陆法系国家的立法经验无须借鉴。对中外收养制度基本原则的考察及异同比较，有助于理解充斥中国民事基本法的原则性条款。

### （一）我国收养制度基本原则的考察

#### 1. 原《收养法》施行前收养制度的基本原则

有学者总结了收养制度的社会功能之演进过程，大致可分为四个阶段：第一，为补充氏族社会人口而收养外族人为本氏族成员的“为族之收养”时期；第二，为延续家庭血统而收养的“为家之收养”时期；第三，为满足养育子女意愿或满足养老需求而进行收养的“为亲之收养”时期；第四，以养子女的利益为收养制度核心的“为子女之收养”时期。[③] 每一阶段收养制度的社会功

① 赵旭东：《当代中国的法典化与法典观——来自历史法学的教益》，载《法制与社会》2016年第3期，第12页。

② 王利明：《民法典体系研究》，中国人民大学出版社2008年版，第166页。

③ 参见王冶英：《中国婚姻家庭法律制度热点问题研究》，中国海洋大学出版社2009年版，第308-309页。

能不同，其也表现出了不同的指导思想或基本原则。原《收养法》颁布之前的收养制度，以家族整体最大利益和收养人最大利益为基本原则；原《收养法》颁布后至我国《民法典》正式施行，收养原则有所变化，逐步贯彻实施儿童最大利益原则，施行最有利于被收养人的基本原则。

（1）家族整体利益最大原则

第一阶段是“为族之收养”。“在此发生期，收养之目的，系为宗族、为家。”[①] 恩格斯曾谈道，“男子可以提议收养外人为兄弟或姊妹；女子可以提议收养外人为自己的孩子”，“为了确认收养关系，必须举行入族典礼”，“氏族可以收养外人入族”。[②] 这时的收养带有朴素情感色彩，收养是为了本氏族的利益，所以称为“为族之收养”。第二阶段是“为家之收养”。在古罗马时期，收养的目的在于延续家族香火和继承遗产，于是，罗马法率先以成文法的形式规定了收养制度，并规定了较为完备的收养法规，唯家长有收养权。这个时期的收养，主要是为了家长制控制下家庭的利益而进行，所以被称为“为家之收养”。奴隶社会特别是封建社会，尤其受宗法制度的影响，收养在很大程度上是为了延续家庭香火或者继承私有财产。在中国，封建社会收养制度也是如此，没有儿子的家庭会被视为后继无人，为了延续宗族的香火，一般会收养同宗同辈旁系血亲的男孩为自己的儿子，即立嗣。无子的男子选定同宗的侄子立为嗣子，以便传宗接代，承继祖业，俗称过继或过房，来解决家庭没有亲生儿子的问题。

在“为族之收养”和“为家之收养”时期，以家族整体利益最大为指导收养制度的基本原则。这两个时期，收养制度的功能在于保障族群的繁衍、家族香火的延续和财产的继承，而不以收

① 戴炎辉、戴东雄：《亲属法》，台湾顺清文化事业有限公司2019年版，第384页。

② 参见马克思、恩格斯：《马克思恩格斯选集》（第四卷），人民出版社1976年版，第83-84页。

养人和被收养人的意愿或利益最大化为基础。在这两个时期，一是受传统传宗接代思想影响严重，没有子女尤其是没有儿子会被认为是大不孝的行为之一；二是族群的“族长”和家族的“家长”在家族中具有重要地位，对家族重大事务具有决定权，因为收养行为不仅是收养人的个人行为，还要受到家族的干预和影响。

在家族整体利益最大基本原则的指导下，这一时期收养制度中儿童的利益基本被忽略。在古代的婚姻家庭立法中，“家父”“家父权”“家长”“家长权”等词语多见，而儿童的利益和权利常常被忽视。不论是中国的古代还是古罗马，“家长”在家族中均具有较强的财产权利及人身权利。在古罗马，家父在财产上拥有完全的自物权，在人身上握有生杀之权。与古罗马处于同一时期的中国也极为重视“家父”“家长”的地位。《唐律》规定：“子女违抗家长教令，徒二年”；“诸祖父母、父母在，而子孙别籍异财者，徒三年。”明代洪武二年令规定：“嫁娶皆由祖父母、父母主婚；祖父母、父母俱无者，从余亲主婚。”可见，这一时期，“家长”占据主导地位，在家庭财产和婚嫁方面具有决定权，子女则处于相对服从的地位。相应的，这一时期的收养制度从家族延续的整体利益出发，导致被收养的儿童的权利基本被忽视。“后期因家族制衰落，血统承继原因渐弱，为此目的之立嗣亦从而废弛……有些国家则不注重或轻视血统继承原理，宁为其他目的而承认收养制度。”①

(2) 收养人最大利益原则

接下来是“为亲之收养”时期。随着资本主义的产生和发展，宗法家族制度走向解体，个人利益超越了家族利益，“为家之收养”已失去实际意义，收养之目的逐渐转变成为满足个人需要和意愿。这一时期收养主要是为了养儿防老，收养他人子女以保障

① 戴炎辉、戴东雄：《亲属法》，台湾顺清文化事业有限公司 2019 年版，第 385 页。

无子女的夫妻晚年老有所养，或者增加家庭劳动力、继承家庭内部私有财产。由于这一时期将收养关系拟制成为父母子女的亲属关系，所以这种收养被称为“为亲之收养”。1804 年《法国民法典》、1900 年《德国民法典》均设立了严格的收养制度。“为亲之收养”是以收养人最大利益为基本指导原则的，这一时期收养制度具有以下两方面特点：

第一，收养人的意愿得到极大尊重，收养以满足收养人的最大利益为追求。“为族之收养”和“为家之收养”时期，收养子女的行为和意愿在很大程度上受到“族长”或“家长”的干预，并且严重受“不孝有三，无后为大”、传宗接代等思想的影响。而到了“为亲之收养”时期，收养子女的观念发生较大变化，已从社会层面的传宗接代过渡到个人养老方面的需求。这一时期的收养制度以收养人的个人意愿为主导，其收养子女抑或不收养子女的自由都得到极大尊重与保障，并且有成文法的明确规定。例如，《清律·户律》所附条例规定，如实无昭穆相当之人，两相情愿，方准继异姓亲属。①

第二，被收养儿童的利益在一定程度上有所恢复。17 世纪后，宗教改革和文艺复兴等一系列运动兴起，大力宣扬了“自由博爱”“人权”等思想，这些观念逐步被人们普遍接受，儿童的权利保护也相应地得到加强，保护未成年人观念逐步加深。受保护未成年人观念的影响，此阶段未成年人被从成人这一群体中分离出来，被视为一个需要特殊保护的独立权利主体。这也为“儿童最大利益原则”的提出奠定了理论基础，促使部分国家率先立法保障人权。例如，美国于 1776 年颁布了《独立宣言》，英国分别于 1676 年和 1689 年颁布了《人身保护法》与《权利法案》等。但是，这一时期的收养制度以收养人最大利益为基本指导原则，被收养儿

① 马建石、杨育棠：《大清律例通考校注》，中国政法大学出版社 1992 年版，第 410 页。

童的利益保护并不充分。主要表现为：在立法理念上，以促成收养关系、保障收养人自由与利益为主导；在立法条文上，没有明确规定收养应有利于被收养人的基本原则，国家介入收养制度的力度不够，收养制度中保护未成年人利益的条文较少，对收养制度缺少监督等。

2. 原《收养法》的基本原则

两次世界大战后，即20世纪前半叶，孤儿、非婚生子女或弃婴受战争因素影响而大量出现，此问题也引起了各国政府的重视。为救济这些孤残儿童，使他们能够感受到家庭的温暖，国际收养立法也愈加注重儿童权利的保护。这一时期收养制度的目的主要是保护养子女的利益。英国、法国、德国以及十月革命后的俄国，相继制定或修改了收养法，其宗旨均是从儿童福利的观点出发。例如，1899年，美国伊利诺伊州议会通过了《少年法庭法》，这是世界上第一部专门针对青少年司法的立法，被认为是世界儿童立法史上一个里程碑式的进步；1912年，比利时制定了《儿童保护法》，同年法国颁布了《青少年保护观察法》；1924年，瑞典制定了《儿童福利法》。[①] 这一时期成为儿童权利保护的重要发展阶段。当今，强调为儿童利益的收养，已成为世界各国亲属立法的共同发展趋势。

原《收养法》的基本原则，是我国收养制度立法的指导思想。根据原《收养法》第2、3条之规定，原《收养法》包括以下五个方面基本原则。

（1）有利于被收养人的抚养、成长原则

“现代收养制度通过承继和改造‘法律行为—法律关系’的私法逻辑，实现拟制亲子关系的制度目标。”[②] 大多数国家将“儿童

① 参见王冶英：《中国婚姻家庭法律制度热点问题研究》，中国海洋大学出版社2009年版，第309页。

② 邓丽：《收养法的社会化：从亲子法转向儿童法》，载《法学研究》2020年第6期，第43页。

最大利益原则”内化到本国法，影响社会和本国法对儿童相关问题的态度和观念。宪法、亲子法等各项有关儿童利益的法律有所进步，社会和国家相关立法对儿童的尊重和保护达到前所未有的高度。我国收养制度在儿童权利保护方面也有所改进。例如，1998 年我国修改了 1992 年《收养法》，在第 1 条和第 2 条中明确规定，收养应保障被收养人和收养人的合法权益，有利于被收养的未成年人的抚养和成长。其补充和增加了有关保护收养当事人，特别是儿童作为弱势群体的权益保护条款，有利于保护未成年被收养人在社会和收养家庭中的生存与发展，也是“儿童最大利益原则”在收养制度中有所贯彻的体现。

原《收养法》第 4 条规定，丧失父母的孤儿、查找不到生父母的弃婴和儿童生父母有特殊困难无力抚养的子女，在不满 14 周岁时可以被收养。不满 14 周岁的被收养人作为未成年人，是相对弱势的群体，在收养关系中尤其需要特殊保护。通过成立合法有效的收养关系，保障未成年人在和睦稳定的家庭环境中健康成长，是实行收养制度的首要目的。首先，原《收养法》对收养人的条件作了明确规定，以确保收养人有教育、抚养和保护被收养人的能力，一切不利于被收养人抚育与成长的收养行为，不得成立收养关系；其次，被收养人的权利与意愿受到尊重，年满 10 周岁以上的未成年人，无论成立或解除收养关系均须征得其同意；再次，为确保被收养人积极融入收养家庭，受到养父母平等的对待与保护，我国收养制度是一种完全收养，即收养关系成立时，被收养人具有与收养人亲生子女同样的法律地位；最后，对被收养的未成年人规定了一定的保护措施，送养人和其他有监护资格的人在收养人有遗弃、虐待未成年子女等行为时，有权要求解除收养关系，禁止借收养名义买卖儿童，否则依法追究相应的刑事责任。这些规定都体现了有利于被收养的未成年人抚养、成长的基本原则与指导思想。

（2）保障被收养人和收养人的合法权益原则

保障被收养人和收养人的合法权益原则，重点在于收养关系成立之后，应当注意对双方权益的保护。[①] 收养关系是一种相对的法律关系，任何一个具体的收养关系都涉及被收养人和收养人双方的权益。收养关系一旦成立，收养人和被收养人之间就形成了拟制的父母子女关系，具有与自然父母子女关系相同的权利和义务。在收养关系存续期间，双方都应依照法律规定，正确地行使权利和履行义务。应当注意的是，收养人收养子女，除了具有道义上的价值，往往也有感情层面或未来养老需求等因素的考量。收养人在履行了对被收养人的抚养教育义务之后，有权得到正常的回报，使其老有所养。在解除收养关系时，原《收养法》第 30 条规定，经养父母抚养成年的养子女，在收养关系解除后，应给付缺乏生活来源又缺乏劳动能力的养父母生活费。该解除收养关系的行为是养子女成年后遗弃、虐待养父母造成的，养子女应补偿养父母收养期间支出的教育费和生活费。我国《收养法》充分照顾到了收养人的利益，使收养人年老时能够得到养子女的赡养和扶助而安度晚年。

那么，原《收养法》对收养关系各当事人进行的是一种平等保护还是倾斜保护？有学者指出，目前我国的收养制度是一种倾斜保护主义立法，主要表现为以下三个方面：一是从收养的内容上看，集中体现在对被收养的未成年人的保护。例如，原《收养法》规定，如果被收养的未成年人年满 10 周岁以上，要征得被收养人的同意，对被收养的未成年人不能任意终止收养关系。如果解除收养关系，未成年的被收养人自动恢复与生父母及其近亲属的权利义务关系。如此规定的目的主要是最大限度地保障被收养人的合法权益。二是在主体利益上适度倾斜，在司法上须遵守平

---

① 潘家永：《民法典，全面保障被收养人合法权益》，载《安徽日报》2021 年 4 月 28 日，第 10 版。

等原则。但应注意在处理收养问题时，法律须给当事人协议留出余地。三是父母本位主义向子女本位主义过渡。目前在收养立法上，父母本位主义向子女本位主义过渡，并占据重要位置。我国的收养立法应当采纳子女本位主义，更加注重子女利益，进而更加关注社会利益与国家利益。新中国成立前，我国多年来实行的是义务本位的法律传统，权利观念较为淡薄。新中国成立后，我国相关的法律、政策虽然加强了对收养关系各方主体权利的保护，但仍然以国家利益、公共利益为重心。例如，规定收养不得违背计划生育政策等。在依法治国的过程中，我国还需进一步强化个人权利意识，在依法保护国家利益、公共利益的同时，强调对个人权利的尊重与保护。[①] 此种倾斜主义立法并不与平等原则相违背，更多体现的是一种保护弱者的价值取向。收养法更多地从被收养人的弱者身份出发，衡量收养各方当事人的地位及利益分配。以这种特殊身份为基准点来考虑利益分配，更有利于保护被收养人的合法权益，保护弱者的原则正是通过倾斜对可能失衡的社会关系作出必要的矫正，从而缓和现实生活中实质上的不平等。这是另一种意义上的法律平等，即实质正义的体现。

须注意的是，倾斜保护主义的对象是收养关系中的弱势群体，并不仅仅局限于未成年人，年老或缺乏劳动能力又缺乏生活来源的养父母也是收养立法的特殊保护对象。正如哈耶克所说：“每个人都应当得到他所应当获得的东西——这也许是一般人的心智所能设想出的正义理想最为清晰且最有力的形式。”[②] 例如，在收养关系的解除方面，我国原《收养法》规定，对缺乏劳动能力又缺乏生活来源的养父母，解除收养关系的成年养子女应当给付生活费。养子女成年后因遗弃、虐待养父母而解除收养关系的，养子

---

① 参见王利明：《我国民法的基本性质探讨》，载《浙江社会科学》2004 年第 1 期，第 110 页。

② ［英］弗里德利希·冯·哈耶克：《法律、立法与自由》（第二、三卷），邓正来等译，中国大百科全书出版社 2000 年版，第 118 页。

女应补偿养父母收养期间支出的教育费和生活费。须注意的是，尽管我国立法着重强调保护收养关系中弱势群体的利益，但原《收养法》对被收养儿童权利之保护与域外一些国家相比仍存在不足。另一方面，目前我国社会存在人口老龄化、少子化等问题，我国收养立法在关注“育幼”功能的同时，也要兼顾“养老”职能的实现。加强对年老或缺乏劳动能力又缺乏生活来源的养父母权益的保护，以及老年人收养成年子女等需求，也是新时期我国收养立法亟待正视的问题之一。

（3）平等自愿原则

平等自愿的财产关系不绝对是平等原则、自愿原则的产生渊源与灵感，也及于人身权利。因为在17~18世纪，为了反对皇权、王权制定律法限制民众的自由意志，反对这种人与人之间权利义务的不对等、不平等，平等自愿原则率先被自然法学派倡导。他们提出，行为自由、意志自由及智识自由等是自然状态及自然社会下每个主体均应享有的权利。[①] 原《收养法》第11条规定：“收养人收养与送养人送养，须双方自愿。”平等自愿是我国建立民事法律关系的一项重要原则，收养是变更身份关系的重要民事法律行为，毫不例外地适用这一原则。收养关系的平等自愿原则，是指建立或解除收养关系的意思表示自觉自愿，收养关系的当事人法律地位平等。收养是设立亲属身份关系的行为，一方不得强迫另一方，当事人通过协商一致，在平等的法律地位上设立收养关系。

（4）不违背社会公德原则

2001年，“泸州遗赠案”在我国法学界掀起对公序良俗的集中讨论。“公序良俗原则被视为民法联结价值世界的管道，在保证民法体系自洽性的前提下，得以使其从体系外汲取价值资源，维系

① 张民安：《法国人格权法（上）》，清华大学出版社2016年版，第273-277页。

实证法体系与社会公共秩序和善良风俗的动态契合。"① 收养行为不仅关乎收养关系当事人的个人权利，还对社会公共利益有所影响。因此，收养既要符合法律规定，又要符合社会公共道德要求。社会公德是一个社会长期形成的为社会成员公认的习惯和道德准则，是社会行为规范的重要组成内容，对于规范民众的行为以及社会治理都有着重要的作用。我国的社会公德是中华民族千百年来形成的善良风俗和道德伦理的综合，是社会主义精神文明的重要组成部分。而收养子女也应当遵守社会公德，不得违背伦理道德。例如，原《收养法》第 9 条规定，无配偶的男性收养女性的，收养人与被收养人的年龄应当相差 40 周岁以上。为稳定收养关系，原《收养法》第 22 条规定，收养关系当事人应当尊重收养关系各方的意愿，其他人不得随意泄露他人要求保守收养秘密的情形。

（5）不违背计划生育原则

计划生育是中华人民共和国的一项基本国策，即民众按照政策有计划地进行生育。计划生育这一基本国策自制定以来，对我国人口总量的控制和发展起到了不可忽视的积极作用，但也在一定程度上导致了人口老龄化问题。到 21 世纪初，我国的计划生育政策又根据具体国情作出了重要修改。为了保证我国人口的可持续发展，使国民经济和人民生活水平得到不断提高，我国实行了计划生育政策。原《收养法》第 19 条规定，送养人不得以送养子女为理由违反计划生育的规定再生育子女。在现实生活中，有的家庭为逃避计划生育或受重男轻女等思想的影响，出现过父母将子女送给他人收养企图再生育子女的现象，但这些行为是违反计划生育原则的，被原《收养法》所禁止。

对于原《收养法》的基本原则，学者普遍认为其对于规范民间收养行为具有重要意义。尤其是在法律制定之时，这些基本原

---

① 秦小建、周瑞文：《〈民法典〉公序良俗规定的宪法向度》，载《湖北大学学报（哲学社会科学版）》2021 年第 4 期，第 97 页。

则的确立符合我国实际情况，对于立法、司法和指导民众守法均起到较好的法律效果。例如，计划生育是指按人口政策有计划地生育子女，1982 年 9 月成为我国的一项基本国策。该政策施行之初，民众的法律意识较为淡薄，重男轻女以及多生育子女以养儿防老等观念仍较为盛行。有的民众不顾我国计划生育的基本国策，在已有子女且经济抚养能力有限的情况下仍追求多收养子女；还有的民众为生育儿子，在有抚养能力的情况下仍将子女尤其是女儿送给他人收养。这些现象不仅影响我国计划生育政策的贯彻与实施，也不利于指引民众规范民间收养行为。鉴于此，原《收养法》第 3 条明确规定，收养不得违背计划生育的法律、法规，即将不违背计划生育作为我国收养立法的基本原则之一。保持了我国收养立法与计划生育基本国策相一致，有效地遏制了某些民众通过收养行为逃避计划生育政策的弊端。

但是，原《收养法》于 1992 年颁布至今已施行三十年，我国经济水平、社会环境和民众习惯等方面都发生了较为深刻的变化。笔者认为，目前原《收养法》中的部分基本原则已经不能满足社会发展的需要，须进行修改，主要表现为以下两个方面：

一是有利于被收养人的抚养、成长原则内涵有限，与国际倡导的儿童最大利益原则有一定差距。收养行为不仅要体现对被收养人的抚养和促使被收养人健康成长，还强调与儿童有关的一切收养行为应优先从儿童的视角出发。而收养法中的儿童最大利益原则，是指导民众收养行为所应遵循的根本原则，应贯穿于收养行为的全过程，包括收养关系的成立、成立后的监督和收养关系的解除等多个阶段。

二是不违背计划生育原则的现实基础发生了一定变化。目前，我国的计划生育政策有所修改。中国共产党第十八次全国代表大会特别强调要全面放开“二孩”。2015 年 12 月 27 日，十二届全国人大常委会第十八次会议通过了对《人口与计划生育法》的修改，自 2016 年 1 月 1 日起，中国正式从“只生一个好”的政策转向鼓励“一对夫妻生育两个子女”。而这一政策的调整与变化直接影响收养制度的立法内容。例如，原《收养法》规定，一般情况下收养人须无子女，且只能收养一名子女。《人口与计划生育法》的修改，意味着现行收养立法也应进行相应的变化。我国计划生育政策的变化在一定程度上说明，目前民众的主要生育观念已经不是多生育子女、超标收养子女，而是少子化现象突出，民众倾向于不生育或少生育子女。而这一主要矛盾变化也对收养制度的基本原则有所影响，我国收养立法已无必要将不违背计划生育政策上升为立法精神或立法原则。遵循计划生育政策可以在收养人的条件等条款中予以体现，不必成为我国收养制度的基本原则或立法价值追求。

（二）域外收养制度基本原则的考察

一方面，域外国家的收养制度一般规定在民法典中，所以基本没有明确的条文对收养法的基本原则予以规定，多在具体的条文中对基本原则进行体现。例如，《法国民法典》对于保护未成年被收养人的利益这一原则，专门设立了完全收养制度，打破了以往不完全收养未成年人的传统，即体现了儿童最大利益原则。而对于国家监督主义原则，可以从法国立法对收养成立的程序性规定中得到体现，审理法院在受理收养人请求后须进行专门的审查，是收养成立不可或缺的必备条件。① 再如，《德国民法典》立法模式与我国原《收养法》不同，其并没有像我国立法一样，对收养制度的基本原则进行集中而明确的规定。但在具体的立法条文中，其体现出如下基本原则：一是保护未成年被收养人的利益原则。《德国民法典》在第一目“未成年人的收养”中规定，可期待在收养人和子女之间形成父母子女关系，且收养有利于子女最佳利益的，收养可予准许。② 二是遵循社会公德原则。《德国民法典》在

① 参见《法国民法典》第353条。

② 参见《德国民法典》第1741条。

第二目“成年人的收养”中规定，如果该收养在道德观念上具有正当性或有其他正当理由，成年人是可以被收养的；收养人和待收养人之间已形成父母子女关系的，尤其应该认定该收养在道德上是正当的。① 三是国家监督原则。《德国民法典》在收养的成立、终止或废弃方面均注重国家公权力的介入。收养人的申请必须由公证人制作成公证证书，收养必须依收养人申请而由监护法院宣告。②

另一方面，相比于其他基本原则，域外国家普遍强调在收养制度中应优先贯彻儿童最大利益原则，其具有优先对待、特殊保护的立法地位。“儿童最大利益”成为在处理有关儿童姓氏选择、居住地点、父母职责、联系交往权以及教育的形式和医疗咨询等问题时应当被优先考虑的因素。③ 域外国家对这一基本原则的规定也有所不同，主要有以下两种方式：一是在一般规定中明确阐述与收养有关的行为应遵循儿童最大利益原则。例如，《葡萄牙民法典》第 1974 条规定，收养旨在实现儿童的较高利益，收养应给被收养人带来实际好处。二是没有在一般规定中明确表达收养应遵循儿童最大利益原则，但在一般规定之后的具体条款中对该原则有所体现。例如，《阿根廷共和国民法典》④ 收养制度立法的第一节为“一般规定”，该节并没有对收养制度的基本原则包括儿童最大利益原则有所阐述。但其第 314 条规定，有直系卑血亲的成年人再收养子女，应有适合的未成年人咨询机构参与，听取该直系卑血亲的意见；第 316 条规定，收养人应在 6 个月至 1 年的期间里对将要收养的未成年人进行庇护，以考察收养人是否适格以及该收养是否最有利于被收养人的健康成长；第 321 条规定，在收养之诉

---

① 参见《德国民法典》第 1767 条。

② 参见《德国民法典》第 1752 条。

③ Patrick Parkinson, Juliet Behrens, *Australian Family Law in Context-Commentary and Materials* (3Rd edition), published in Sydney by Lawbook Co. 2004, p. 793.

④ 《最新阿根廷共和国民法典》，徐涤宇译注，法律出版社 2007 年版 。

中，法官或法庭应在一切情形下对未成年人的最优利益进行评定；第330条规定，在对未成年人最为有利时，或在当事人依有根据的动因而请求时，法官或法庭可准许简单收养。这些条款的具体内容，均对收养立法中的儿童最大利益原则有所体现。

对比上述我国和域外立法例中的收养制度，二者既存在一定共性，也有所区别。中外收养制度基本原则之共性表现为：一是都优先贯彻儿童最大利益原则。《民法典》第1044条规定，收养应当有利于被收养的未成年人的抚养与成长。德国、法国和葡萄牙等国家均在具体条文中对保护儿童最大利益原则有所贯彻。二是都强调国家监督主义原则。德国、法国等域外国家的收养制度强调，收养关系的成立应经审理法院批准，有些域外国家，如阿根廷还要求有咨询机构等部门的参与。收养立法愈加重视国家公权力的介入与监督，过去那种收养登记和书面协议可以缔结收养关系的模式被改变，以进一步强化国家公权力的监督和介入，改为一元的收养登记主义。[①] 而中外收养制度的基本原则之区别表现为对基本原则的规定方式有所不同。由于立法的阶段性和历史局限等因素，我国原《收养法》是单行法，因此在“总则”部分有明确规定基本原则的条款。域外立法中收养制度多规定在其民法典中，因此收养制度的基本原则鲜有独立的条文，而是将这种立法精神和立法原则蕴含于法典的具体条文中。

## 三、我国《民法典》收养制度基本原则的考察

### （一）基本原则立法位置的变化与评析

我国原《收养法》在第一章“总则”部分对收养制度的基本原则进行规定。收养制度回归我国《民法典》，成为婚姻家庭编的独立一章。因立法体例发生变化，致使收养制度立法没有再规定

---

① 参见张学军：《论中国公民收养未成年人成立的形式要件》，载《中国法学》1998年第6期，第67页。

"总则"一章之必要，相应地导致其基本原则条款的位置也发生变化。"草案一审稿"第 871 条规定，收养应当有利于被收养人的健康成长。在立法位置上，"草案一审稿"将该基本原则条款置于"收养关系的成立"一节。但从实质内容上来看，与该节标题有一定出入。基于以上不足，"草案二审稿"及之后正式施行的《民法典》将该条款移至"婚姻家庭编"的"一般规定"一节，条款实质内容更符合立法逻辑层次，也贯彻了我国《民法典》的总分立法体系。

总体而言，"草案二审稿"及之后正式施行的《民法典》更注重立法条文的体系特征，不仅在基本原则条款方面有所体现，其他个别条款的立法位置也发生了变化。例如，"草案一审稿"第 880 条为无配偶者收养子女的法律规制，第 881 条为有配偶者收养子女的法律规制。"草案二审稿"及之后的立法建议稿将原"草案一审稿"第 880 条与第 881 条互相调换位置，先阐述有配偶者收养子女的情形，再探讨无配偶者收养子女的情形。一方面，这符合语言表达逻辑；另一方面，从适用的数量来看，也是有配偶者收养子女的情形居多，位于主体地位，无配偶者收养子女的情形较少，位于相对次要的地位。

（二）基本原则立法内容的变化与评析

我国"草案一审稿"第 871 条规定，收养应当有利于被收养人的健康成长。"草案二审稿"仍继续沿用此条款，但"草案三审稿"及之后的《民法典》将该基本原则变更为收养应当遵循最有利于被收养人的原则。一方面，最有利于被收养人原则相较于有利于被收养人的健康成长原则，内涵和外延更大；另一方面，也更符合国际立法中的儿童最大利益原则。具体而言，我国《民法典》第 1044 条规定："收养应当遵循最有利于被收养人的原则，保障被收养人和收养人的合法权益。"我国《民法典》收养制度的基本原则包括以下三个方面：

1. 最有利于被收养人原则

《儿童权利宣言》确认儿童最大利益原则为保护儿童权利的一项国际性指导原则。该宣言第2条规定，儿童应该受到特别的保护，通过法律和其他方法获得各种机会与便利，使儿童身体健康，自由与尊严得到保障，道德、心智、身体和精神得到全方位的发展。同时，儿童最大利益原则也是制定法律的重要依据。之后的1979年《消除对妇女一切形式歧视公约》、1986年《关于儿童保护和儿童福利、特别是国内和国际寄养和收养办法的社会和法律原则宣言》和1989年《儿童权利公约》等法律文件，对儿童权益保护均有所涉及。1990年8月29日，我国成为1989年《儿童权利公约》的缔约国之一。儿童最大利益原则如何实现中国法表达，成为我国收养法融入社会保护法律规范、逐步突破私法边界的重要一步。[①] 受儿童权利保护理论的影响，我国法律在儿童权利保护方面也进行了积极的探索，《未成年人保护法》、原《收养法》、原《婚姻法》及《义务教育法》等法律文件都愈加注重对未成年子女权益的保护。2006年修订的《未成年人保护法》还特别强调，根据儿童身心发展的特点，国家要优先保护儿童的合法权益不受侵犯，并给予特殊保护。到目前为止，原《收养法》、《未成年人保护法》等法律虽然确立了"儿童最大利益原则"，但是对该原则的具体内容是什么仍缺少明确规定。在社会实践中，可能仍存在父母利益凌驾于儿童利益之上等情况。

2. 保障被收养人和收养人的合法权益原则

我国《民法典》第1044条和原《收养法》第2条均规定，收养应当"保障被收养人和收养人的合法权益"。这是1998年修改立法时针对1992年《收养法》新增的条文，并在我国《民法典》中予以保留。立法者在确定对未成年养子女利益保护的基本准则

① 参见邓丽：《收养法的社会化：从亲子法转向儿童法》，载《法学研究》2020年第6期，第43页。

之后，更进一步强调对收养人利益的保护以谋求收养关系各方当事人权利保障上的平衡。收养行为是一种当事人意思表示一致后作出的行为，该行为的作出绝不等于收养人实施的一种无条件的付出，收养人也有自身的权利要求，并同样希望获得相应的法律保障。保障被收养人和收养人的合法权益，也是对公平价值理念的贯彻和体现。从另一个方面来看，随着收养制度社会功能变迁中“养老”功能的复兴，于“养老”模式下，作为收养人的老年人利益应该会成为一个新的重心。故我国在对 1992 年《收养法》进行修改时增加了“保障被收养人和收养人的合法权益”这一规定，是合理、科学并带有一定前瞻性的，也使我国收养制度中的权利保障更加平衡。但问题是，“民事主体的法律地位一律平等”已在总则编中有所规定，婚姻家庭编再将“保障被收养人和收养人合法权益”作为基本原则强调，是否会画蛇添足？毕竟“没有什么比将法律的格言浓缩为一些清晰和简洁原则的艺术，对于法律的简化更有意义”。①

3. 禁止借收养名义买卖未成年人原则②

所谓拐卖儿童，是指以出卖为目的，故意贩卖、收买、拐骗、中转儿童或者使用暴力、胁迫或者麻醉方法，捆绑儿童、盗窃婴幼儿的行为。借收养名义拐卖儿童是指行为人用欺骗、胁迫、利诱等手段，以营利为目的将儿童卖给第三人为养子女的违法犯罪行为。这种行为不仅严重摧残儿童的身心健康，而且给儿童的父

---

① Eugène Huber, *Code Civil Suisse*: *Exposé des Motifs*, Berne, 1901, p. 8.

② 需说明的是，“禁止借收养名义买卖未成年人”是我国《民法典》中收养立法的一项基本原则，抑或仅为收养立法中的一项禁止性规定，学者间存在争议。我国《民法典》第 1044 条规定：“收养应当遵循最有利于被收养人的原则，保障被收养人和收养人的合法权益。禁止借收养名义买卖未成年人。”笔者认为，我国《民法典》调整原《收养法》中该条款的立法位置，前置于“婚姻家庭编”一般规定中，与“最有利于被收养人的原则”“保障被收养人和收养人的合法权益”相并列，广义上可以将该条款理解为收养制度强调的一项基本原则。当然，该问题也仅是笔者提出的一些观点和建议，仅起到抛砖引玉之作用，不成熟之处还有待各位学者、老师进一步指正。

母及其他近亲属带来了极大的痛苦和不幸。对于借收养名义拐卖儿童的行为，根据我国现行法的相关规定，应作如下处理：第一，由人民法院或收养登记机关宣布该收养行为无效，收回收养证。第二，由司法机关按我国《刑法》第240条的规定以拐卖儿童罪定罪处罚。以贩卖为目的实施“收养子女”的，以拐卖儿童罪处理。原《收养法》第31条第1款规定：“借收养名义拐卖儿童的，依法追究刑事责任。”构成拐卖儿童罪的，根据《刑法》第240条的规定，处5年以上10年以下有期徒刑，并处罚金。有下列情形之一的，处10年以上有期徒刑或者无期徒刑，并处罚金或者没收财产，具体包括：其一，拐卖儿童2人以上的；其二，拐卖儿童集团的首要分子；其三，以出卖为目的，偷盗婴幼儿的；其四，以出卖为目的，使用暴力、威胁或者麻醉方法，绑架儿童的；其五，将儿童卖往境外的；其六，造成被拐卖的儿童或者其亲属重伤、死亡或者其他严重后果的。对上述情节特别严重的，处死刑，并处没收财产。① 第三，对于出卖子女确属情节恶劣的，可按遗弃罪处理；对于迫于生活困难而出卖亲生子女的，可不作为犯罪处理。②

私法以根深蒂固的基本原则为基础和指南，不管是否明文规定，示范规则一定构筑于基本原则之上，在某种程度上这些包含失灵与矫正的基本原则也容易引发争议。③ 在我国《民法典》编纂之初，杨立新教授就提出这样的质疑：“民法典要不要这么多基本原则？”④ 这一疑问也同样拷问着婚姻家庭编中的收养立法。通过

---

① 参见王祖书：《浅析和谐社会中未成年人基本权利的刑法保护》，载《大连干部学刊》2005年第10期，第36-37页。

② 参见黄小龙：《拐卖亲生子女犯罪刑罚适用思考》，载《贵州警官职业学院学报》2019年第2期，第58页。

③ 欧洲民法典研究组、欧洲现行私法研究组编著：《欧洲示范民法典草案：欧洲私法的原则，定义和示范规制》，高圣平译，中国人民大学出版社2011年版，第8页。

④ 杨立新：《从契约到身份的回归》，法律出版社2007年版，第52页。

对比原《收养法》和我国《民法典》的相关规定，不难发现我国收养制度之基本原则有所变化。我国《民法典》在原《收养法》的基础上去掉了平等自愿原则、不违背社会公德原则和不违背计划生育原则，但增加了禁止借收养名义买卖未成年人原则。笔者认为，我国收养制度基本原则之所以发生上述立法变化，即在原《收养法》的基础上去掉平等自愿、不违背社会公德和不违背计划生育这三项基本原则，盖因避免立法之重复。我国《民法典》第5条强调民事主体秉持自愿原则从事民事活动；第8条强调从事民事活动，不得违背公序良俗。在我国现行法律体系下，这些基本原则在法律条文中均是有所体现的。但问题是，现行法语境下继续保留平等保护原则、禁止买卖未成年人原则是否合理？我国《民法典》“总则编”第4条强调民事主体在民事活动中的法律地位一律平等，第1044条增加了禁止借收养名义买卖未成年人这一基本原则。原《收养法》第20条对禁止借收养名义买卖未成年人以法律条文的形式予以规定，而本次民法典草案将这一条文上升为基本原则，盖因突出国家对借收养名义买卖未成年人犯罪的严厉打击，以增加对未成年被收养人的保护力度。但该问题并非社会核心矛盾，且主要受我国《刑法》调整。综上，因立法技术重复性问题，建议删除我国《民法典》仍保留的“保障被收养人和收养人的合法权益原则”；因立法焦点时代性问题，建议将“禁止借收养名义买卖未成年人”作为法律内容而非基本原则予以规制。

## 第三节　收养制度的价值与功能分析

### 一、收养制度的立法价值分析

立法价值是指在作为客体的法律与作为主体的人之关系中，法律对一定主体需要的满足状况以及由此所产生的人对法律性状、属性和作用的评价。[①] 立法价值是制定或修改法律时，对确认、分配、衡量、维护某种或某些社会关系与社会利益所能产生的符合立法主体需要或立法目的之效益。[②] 自20世纪80年代以来，关于法价值的研究开始进入中国法学界视野之中，学者纷纷从多重角度开始讨论法的价值问题。法的价值取向包括立法价值取向与司法价值取向，即立法价值取向是法价值范畴的内容之一，是立法活动中体现出的价值追求。而对立法价值进行研究，具有重要的现实意义：一方面，立法价值研究能较为客观地反映立法情况，有助于衡量法律是否符合良法标准；另一方面，立法价值研究有助于各个法律部门间的相互联系、相互协调，以制定出一部价值明确、价值理念贯穿始终的法律。

我国民法和婚姻家庭法也注重对立法价值问题进行研究。例如，关于原《民法总则》的立法价值，有学者提出，作为民法典总纲的《民法总则》注入社会取向因素，以求构建社会共识，在价值原则方面体现出促进社会正义、保护合理信赖、保护弱势群体、淳化社会道德、弘扬社会主义核心价值观与法律安全等的价值。[③] 而关于原《婚姻法》的立法价值，亲属法具有法的一般价值并与民法在价值取向上具有一致性，主要表现为具有秩序价值、平等价值、自由价值、正义价值。而亲属法还具有独特的伦理价值和社会价值，主要表现为：私法属性与公法功能兼顾、个人权利和家庭保障并重、个人本位向家庭本位转换、身份法属性的强调和家庭伦理的纳入等方面。[④]

---

① 参见谈朗玉：《意义非同一般未来任重道远——写在〈科普法〉颁布实施10周年之际》，载《科协论坛》2012年第6期，第6页。

② 参见王国征：《"法的价值"与"法的价值取向"概念研究述评》，载《东方论坛》2009年第6期，第98页。

③ 参见石佳友：《民法总则的立法价值取向》，载《人民法治》2017年第10期，第15页。

④ 参见丁慧：《再论中国亲属法的立法价值选择——在民法典起草和制定的语境下》，载《西南政法大学学报》2016年第1期，第124-127页。

收养制度的立法价值集中反映了收养法的立法追求，具体在立法条文中有所体现。一是自由价值。自由，是指法律通过制度的保障，使主体的行为任意化。收养立法的自由价值主要体现为收养人与被收养人缔结收养关系的自由性，当事人协商一致的，可以签订收养协议；养子女可以随养父或者养母的姓，经当事人协商一致，也可以保留原姓。二是公平价值。公平价值强调的是社会生活中主体的平等和公正，是法的基本标准。收养立法的公平价值主要体现在保障被收养人和收养人的合法权益，二者皆有解除收养关系的权利并对双方的权利以公平为标准依法进行救济。经养父母抚养的成年养子女，在收养关系解除后，应给缺乏生活来源和劳动能力的养父母生活费；因养子女成年后遗弃、虐待养父母而解除收养关系的，养子女应补偿养父母收养期间支出的教育费和生活费。三是秩序价值。秩序是社会生活的基础和前提，被认为是工具性的价值。收养法的秩序价值主要表现在收养关系的成立与解除均须到民政部门办理登记、送养人不得以送养子女为理由违反计划生育的规定再生育子女等方面。四是安全价值。安全价值是一种运用价值的理论和方法，通过对某些安全措施进行安全功能分析，依靠集体智慧和有组织的活动，实现必要的安全功能，从而提高安全价值的实现。收养立法的安全价值主要表现为严禁买卖儿童或者借收养名义买卖儿童。

但是，由于社会生活的多元化，上述收养立法的价值也存在一定冲突。例如，自由价值和秩序价值的冲突。收养立法的秩序性要求成立或解除收养关系须依法进行登记，这在一定程度上是对民众随意缔结收养自由的限制。而冲突的解决需要一种利益衡量和价值衡量标准。笔者认为，对于收养制度的上述立法价值：首先，应遵守收养立法的秩序与安全价值。原因在于这是贯彻儿童最大利益原则的基本要求，收养关系中儿童安全的保障应居于首要位置，并且收养关系的依法成立与解除需要立法予以调整，这样才能更好地规范收养秩序。其次，应遵守收养立法的自由价值。在安全、秩序价值得到保障后，应更多地对民众的自由意愿予以尊重，这也是对自然人应有权利的基本尊重。最后，应遵守收养立法的公平价值，这要求既关注收养的形式公平，也要对实质正义有所体现。

## 二、收养制度的立法功能分析

收养关系的成立和终止与自然血亲不尽相同，作为一种独特的法律关系，收养是我国确立拟制血亲关系的重要途径，完善收养制度，对改善我国立法和社会生活具有重要意义。我国收养制度的立法功能主要表现为以下四个方面：对于被收养人，该制度促使孤残儿童重新获得家庭温暖；对于收养人，可以满足民众养育子女的心理需求；对于社会问题解决，有助于应对人口老龄化，发挥家庭养老功能；对于公共福利完善，使广大民众参与社会帮扶，减少财政开支。

### （一）收养使孤残儿童重新获得家庭温暖

“自第一次世界大战以来，因为战争孤儿的人数增多，形成严重社会问题，尤其最近工商业突飞猛进……社会结构变动，非婚生子女人数也有所增加，为使这些子女能妥善受教养，现代收养立法无不以保护养子女之利益为出发点。”[①] 现代收养法的立法理念有所变革，儿童最大利益原则成为收养行为的重要指导思想。我国有较多孤残儿童在集中养育的社会福利机构中成长。随着国际人权运动和儿童保护理念的不断加强，现在越来越多的人开始认识到，孤残儿童需要的不仅是物质上的帮助、生活上的照顾，还需要更多精神上的慰藉。收养制度作为我国民法规定的重要法律组成部分，对于家庭而言，可以保护未成年被收养人的利益，使之得到抚养和教育，体会家庭的温暖。而收养能够使孤残儿童

① 戴炎辉、戴东雄：《亲属法》，台湾顺清文化事业有限公司 2019 年版，第 386 页。

重新回到家庭成长的环境中，养父母的抚养照顾和家庭温暖的感染，更有利于未成年人的健康成长。未成年人的未来便是一个国家的未来，培养出优秀的青少年，会大大减少社会问题和治安问题，维护国家秩序稳定。

（二）收养可以满足民众养育子女的心理需求

“我们可以根据利益的客观性判断立法的公正性”，[①] 收养不仅有助于抚养孤残儿童，对收养者也是一种极大的心理慰藉。收养可以满足收养人养育子女的精神需求，使无子女的人通过收养子女建立起父母子女拟制血亲关系，得到精神上的慰藉。尤其在收养人年老体弱时，得到养子女的赡养和扶助，使收养人在生活上得到照料，在精神上获得关怀。作为人类社会一项普遍的社会制度，收养制度对家庭生活的构建和完善等起到不可或缺的作用。收养制度赋予收养人作为父母的权利和义务，在没有直接血缘关系的人之间通过法律拟制的方式建立亲子关系。受到社会价值形态、价值取向、民族传统文化、心理方面等多种因素的影响，世界范围内的收养制度逐渐以成文法形式固定下来，并成为一项逐步发展且日趋完善的法律制度。起初，收养制度的目的常与财产继承、家族延续或祭祀联系在一起。但随着民众观念的转变和社会经济的发展，目前收养制度的目的和功能也更加多样化，越来越多的家庭和民众将收养制度的目的聚焦到社会救助、父母职责体验与弱者关怀等方面。法国学者卡浩历·美卡伊认为，满足人们养育子女的心理和情感需求是收养制度的重要设立目的之一，其在《收养制度》中阐述道，希望后继有人、养育子女是大部分人内心最根深蒂固的渴求之一，这也是很多家庭决定收养子女的重要原因。[②] 对于一些无法自然生育子女的夫妻、同性伴侣或不婚主义者，收养行为将是满足他们养育子女需求的最佳路径。

---

① 张明楷：《法益初论》，中国政法大学出版社 2000 年版，第 175-176 页。

② Caroline Mécary, L. *Adoption*, Universitaires de France, 2006, p. 7.

（三）收养有助于应对人口老龄化，发挥家庭养老功能

收养不仅是保护未成年被收养人利益的一种方式，也是保护老年人权益的一项重要法律制度，老年人可以通过收养行为，满足自己晚年被赡养的需求。我国已成为世界第二大经济体，也是世界上的人口大国，在经济上虽未被列为发达国家，但在人口结构上已经紧追发达国家，进入了人口老龄化社会。全国老龄工作委员会办公室宣传部在“重视老龄化国情教育研讨会”上指出，截至2017年年底，我国60岁及以上老年人口已达2.41亿，占总人口的17.3%。[①] 并且有众多家庭属于无儿女或者儿女因工作、婚姻等原因离家在外，只有老年人独守在家的情况。加上近年来人口出生率下降，急剧迈向过度老龄社会的现实问题对中国未来的社会经济将产生巨大影响。如何更加完善地照料老年人便成了社会重点关注的问题之一。受传统家庭养老观念和社会养老资源不足的双重影响，我国老年人的养老问题较为严峻。而收养制度是我国“养老育幼”的有效方式，被收养人成年后对收养人具有赡养、照顾的义务，对解决我国现实社会的养老问题具有重要意义，可以使那些无子女的人通过收养行为在晚年得到赡养。虽然我国现行收养法仍以“育幼”功能为主，但未来立法并不排除会系统规定成年人收养制度，彼时我国老年人通过收养成年人以实现养老的情形将更为普遍。

（四）收养使广大民众参与社会帮扶，减少财政开支

国家的社会福利资源有限，社会福利机构容纳孤残儿童的数量也有限，收养制度可以使广大民众参与社会帮扶，维护社会稳定，缓解国家压力。一方面，我国越来越多的老年人选择养老机构养老，造成我国社会养老负担较重。而过重的社会养老压力可

① 世界经理人论坛：《我国老年人口已达2.41亿，占总人口的17.3%》，载 http://www.ceconlinebbs.com/FORUM_POST_900001_900004_1138043_0.HTM，最后访问日期：2020年2月15日。

能使我国养老机构工作人员人手不足、服务质量难以保证，无法满足老年人精神方面的需求。尽管国家十分重视对社会养老的经济和政策支持，但单单依靠养老机构，恐难达到预期的效果。另一方面，调查统计数据显示，截至 2019 年 1 月，全国目前共有 34.3 万名孤儿。[①] 目前我国待收养儿童数量较大，尤其是残疾儿童的待收养人数与收养需求之间不成正比。政府投入和儿童福利机构的收容量有限，这使得通过收养让孤儿回归家庭是目前公认的对孤残儿童最好的保障方式。一方面，收养制度可以使更多的老年人回归家庭养老，缓解社会养老压力，减轻政府公共福利负担和财政压力。另一方面，收养制度可以使原来由社会福利机构抚养的孤残儿童回归家庭抚养，有助于充分发挥家庭的抚养功能，缓解收容机构资源有限、人手不足等困境，分担国家公共抚养的财政压力。

---

① 雷明光主编：《中华人民共和国收养法评注》，厦门大学出版社 2016 年版，第 12-13 页。

# 第二章　收养制度的历史沿革研究

波塔利斯指出，法典不是某一立法思想任意自生自发的产物，而是由某一民族的历史、社会、文化和经济传统所决定的。[①] 孟德斯鸠于18世纪中期也指出，法为人而定，是为某一国人民而制定的法律。[②] 因此，法典编纂之前，民法学者首先要做的：一是从中国实际出发，了解制度的历史沿革与现今的实际适用状况；二是借鉴两大法系的经验，来构建自己的民法体系。收养制度历史悠久，中外收养法从起源到发展至今经历了很长一段演进历程。研究中外收养制度的历史沿革，对于了解中外收养法的形成原因、发展特点、制度差异均具有重要意义。一方面，本书对域外收养制度的历史沿革进行研究，主要考察了古代两河流域时期、古罗马时期和近代域外国家这三个阶段收养制度的立法情况。另一方面，对中国收养制度的历史沿革进行研究，从古代、近代和新中国成立后三个阶段分析我国收养制度的立法情况。

① 参见［法］让·路易·伯格：《法典编纂的主要方法和特征》，郭琛译，载《清华法学》（第8辑），清华大学出版社2006年版，第18页。

② 参见［法］孟德斯鸠：《论法的精神》，张雁深译，商务印书馆1982年版，第6页。

# 第一节 域外收养制度的历史沿革

## 一、古代两河流域时期的收养制度

域外收养制度起源较早，早在古代两河流域时期即存在与收养制度相关的文献资料。古代两河流域没有一部单独的收养法，但《李比特—伊什塔尔法典》《埃什嫩那法典》和《汉谟拉比法典》等多部法律和大量法律文献涉及收养问题。

### （一）《李比特—伊什塔尔法典》等文献中的收养制度

《李比特—伊什塔尔法典》关注手工业者收养学徒的问题，是古代两河流域最早涉及收养问题的法律。《李比特—伊什塔尔法典》涉及收养的法律有两条，分别是针对收养男性学徒和女性学徒的。如果一个手工业者收养一个儿子，应将其培养成为学徒，如果被收养的该名男子没有被传授技能，则有权利回到生父母身边。另一个与收养有关的条文由于法典泥版存在破损并不完整，仅存有前半句。但根据古代两河流域法律的编排格式，破损法律条文涉及的应该是手工业者收养一名女子的情形。[①]《埃什嫩那法典》主要关注宫廷女奴子女的收养问题，有三条法律涉及。首先，宫廷女奴将她的子女送给一个妇女收养，女奴的主人有权将该子女领回。其次，宫廷女奴将她的子女送给一个穆什根努阶层的人收养，宫廷仍可以将该子女领回。最后，宫廷女奴将她的子女送给公民收养，该公民可以不将该子女送还给宫廷，只需要归还一个奴隶的价格。上述《埃什嫩那法典》表明，女奴送养子女是否有效与收养人的性别与社会地位息息相关。当女性或穆什根努阶层的人收养女奴的孩子，该女奴的主人或宫廷有权将该子女领回；

① Martha T. Roth. *Law Collections from Mesopotamia and Asia Minor*, Atlanta, Georgia: Scholas Press, 1997, p. 30.

而身份自由的男性收养宫廷女奴的子女，该收养关系是成立的，只需按一个奴隶的价格进行赔偿。①

关于古代两河流域《李比特—伊什塔尔法典》等法典中收养制度的类型和特征：首先，根据不同的分类标准，古代两河流域的收养关系可以大致分为收养奴隶、收养女性和收养男性这三类。古代两河流域主要以收养男性为主，但《李比特—伊什塔尔法典》在一条破损的条款中提到了手工业者收养女学徒的情形及其法律规制，而对于收养奴隶一般是不区分性别的。其次，关于古代两河流域收养制度的社会功能主要体现在以下几方面：第一，子女没有父母或父母没有子女的家庭缺陷给生活和生产带来很大不便，而古代两河流域的收养制度可以弥补这种缺陷。第二，古代两河流域的手工业者具有一定的封闭性特征，信奉“子承父业”的基本原则，而此时的收养制度有助于传承手工技艺和扩大再生产。第三，大量的楔形文字文献表明，阿明拉帕哈王国贫富较为悬殊，贫民贩卖土地的现实需要与该国不允许土地买卖的政策形成了一定冲突。为规避该种制度，卖主收养买主为“虚位”的养子、养女或兄弟，以通过收养制度实现不允许买卖的土地转让。第四，《中亚述法典》等文献明确规定禁止债权人出卖债务人交付的人质，即自由人是不允许被随意买卖的。古代两河流域的收养制度可以突破法律禁止，变相实现人口买卖。②

### （二）《汉谟拉比法典》中的收养制度

早在古巴比伦的《汉谟拉比法典》中，就规定自由民得收养被遗弃的幼儿为子女。若不将收养的幼儿视同亲生子女，得将其归还于生父之家。养子女若不承认养父，得割去其舌。③ 该法典赋

① Martha T. Roth. *Law Collections from Mesopotamia andAsia Minor*, Atlanta, Georgia: Scholas Press, 1997, p. 64.

② 参见国洪更：《古代两河流域的收养制度》，载《史学月刊》2006 年第 11 期，第 87-92 页。

③ 参见杨大文主编：《亲属法》，法律出版社 2004 年版，第 277 页。

予养子女与亲生子女同等的地位。《汉谟拉比法典》是古代两河流域法律的集大成者，其中规定了大量古巴比伦人缔结的收养契约。我国有学者对《汉谟拉比法典》收养制度的收养目的、收养类型、基本模式和收养关系的解除等作了较为详细的介绍。[①]

首先，关于收养契约的基本模式。古巴比伦人十分注重契约观念，签订收养契约应在泥板上盖上双方的印章。如果缔结收养关系时其没有在泥板上盖章，则收养关系不能成立，无法得到法律的保障。古巴比伦各个地区的收养契约在形式和内容上有一定差异，但基本上包含以下几部分内容：收养人和被收养人、证人、誓言、签订契约的时间、保障被收养人权利的条款、收养双方的义务以及擅自否认收养关系的惩罚等。

其次，关于收养的类型。《汉谟拉比法典》主要记载了对婴儿进行收养、对成年男子的“经济收养”和对奴隶进行收养这三种类型。一是对婴儿进行收养，这是古巴比伦人经常缔结的一种收养类型。没有子女的古巴比伦夫妇可以收养别人的婴儿，被收养儿童享有继承、世袭的权利，相应地须负责养父母的丧葬和祭奠等宗教仪式。[②] 二是对成年男子的“经济收养”，这种收养行为的人身依附性明显弱于对婴儿进行的收养，多出于经济的考虑或老年赡养的需求。古巴比伦时期，家族土地不得卖给本家族之外的人、兵役田不得买卖，但贫富差距催生了买卖土地的需求。为了通过其他形式转移土地，意欲购买土地的人可以成为拥有土地人的养子，该成年养子应给养父母提供粮食、金银等财物，相应地有权得到养父的房屋、土地等。三是对奴隶进行收养。一些出土的古巴比伦契约显示，那迪图女祭司和普通夫妇收养奴隶作为养子或养女的情况较为多见。他们之间通过相处所形成的信任与情

---

① 参见李海峰：《古巴比伦人的收养制度》，载《世界民族》2006 年第 2 期，第 71-75 页。

② G. R. DriverandJ. C. Miles, *The Babylonian Laws*, vol. I, Oxford, 1952, p. 383.

感是促使主人释放奴隶并把他收为养子女的重要原因。这些被收养的奴隶在对养父母尽了赡养义务后，相应地可以获得人身自由。①

再次，关于收养的目的。古巴比伦人收养子女的目的较为复杂，没有子女的夫妇收养孩子多出于赡养、继承和祭祀的需求，而收养成年人的目的多出于转移土地等经济性意图。除此之外，古巴比伦人收养的目的还包括把姘妇生的儿子合法化、传承自己的手艺等。而收养目的的不同也促使收养人和被收养人双方的身份更加多样化。收养人可以是普通自由人、没有生育能力的宫廷侍者、禁止生育的女祭司、宫廷侍女等。被收养人有富有的自由人、孤儿、婴儿、女祭司、男女奴隶等，并且古巴比伦人对养子的来源没有任何限制，可以来自同姓、同宗或本家族之外的人，也可以是成年男子。

最后，关于收养关系的解除。当养父母对养子尽了相应的赡养义务，将其顺利地抚养成人，此时成年养子必须尽赡养义务，收养关系不得解除。而可以解除收养关系的途径包括两种方式：一是自动解除。如果收养人存在虐待养子、不履行收养职责或违背养子的意志强行收养时，收养关系可以自动解除，被收养人可以回到自己家中且不用进行任何赔偿。二是通过官府判决强制解除。在养子成年后抛弃养父母或不尽赡养义务的，养父母可以请求强制解除收养关系，以剥夺不守契约养子的继承权。

## 二、古罗马时期的收养制度

古罗马人的家庭是典型的父权制家庭，家父在家庭中居于核心地位，而繁衍子嗣是古罗马家庭对男性的重要要求之一。收养现象在古罗马社会中广泛存在，贯穿于生活、社会、政治等多个

① R. Harris, *Ancient Sippar: ADemographic Studyofan Old-Babylonian City* (1894-1595*B. C.*), Istanbul, 1975, p. 347.

方面，在古罗马的文学、史学、法学等领域中均有所体现。古罗马人收养的目的及原因较为多样。首先，家父获得家父权的方式一个是生育，一个就是收养。拥有男性后代对于古罗马贵族极其重要，收养现象在古罗马是十分普遍的，贵族多以收养成年男性为主。从家庭角度来说，收养使得一个人口稀缺的家族或者家庭得以继续存在，这关乎罗马人的宗教观、家庭观、血缘关系、遗嘱、继承、家父权、性别观念等重要问题。其次，在古罗马公民的心中，人生的目标和追求之一就在于有继儿孙和自有家室。一定程度上，自身的死亡并非祸患，可是一个氏族或是一个家庭的绝灭将是一场灾难。古罗马法之所以允许无子女的家庭收养他人的子女作为自己的子女，是为了使无子女的家庭通过收养子女能够有所延续。① 最后，为了能够执行家庭祭礼，从家庭祭祀的角度来看，没有儿子的家庭不得不临时承嗣一子，这也是收养的重要目的之一。②

公元前509年，罗马废除了"王政"，结束王政时代改行共和制度，开始了近500年的罗马共和国时期。罗马共和国时期的收养制度主要有三种类型：一是他权人收养，是指被收养者从其家父的权威下转移到收养者的家父权之下。最初，他权人收养在罗马平民中间较为盛行，而到了共和后期，罗马贵族也倾向于采取这一收养方式。二是自权人收养，这种收养也被称为生者间继承，是指某一家父收养另一家父的行为，被收养的家父会将自己的家子以及财产带入新的家庭，使之完全归收养人所有。③ 三是遗嘱收养，其有效的条件之一是收养人去世。在罗马共和时代后期，遗

---

① 参见［德］特奥多尔·蒙森：《罗马史》，李稼年译，商务印书馆2015年版，第64页。

② 参见［法］库朗热：《古代城邦——古希腊罗马祭祀、权利和政制研究》，谭立铸等译，华东师范大学出版社2005年版，第87页。

③ 参见黄风：《罗马法词典》，法律出版社2001年版，第24页。

嘱收养逐渐流行起来。[1] 这一时期的收养制度表现出以下特点：首先，收养子女的主推动力是家族担当与继承。对于古罗马人来说，没有男性后代对一个家庭来说是致命性打击，而收养不仅仅是财产上，更重要的是人格上的继承，即罗马家父角色的传递以及宗教角色上的继承。其次，古罗马人优先收养成年男性亲属，主要原因在于男性后代对于家庭有重大意义，为进一步增进密切关系，家父会优先收养亲属关系范围内的男性。最后，收养被释奴。被释放的奴隶在罗马早期就已经出现，到了罗马共和国后期，这些群体遍布在罗马社会生活的方方面面，并可以被收养。

公元前27年至公元1453年是罗马帝国时期。这个时期收养制度的新特点是，养子可以继承帝位成为罗马元首。罗马帝国时期，元首的继承方式有多种途径，包括父子继承、兄弟继承、收养继承等，即一定条件下突破了以血统或血缘为基础的“家天下”继承模式。并且军队和元老院可以推举、拥立元首，尤其是军队的推举可以发挥关键性作用。而通过收养制度实现帝位的转移，一定程度上可以减少战争，实现帝位的平稳嬗递。例如，元首制的创立者奥古斯都确立养子提比略为下一任元首的接班人，而这种在家族内部收养养子来继承帝位的方式为后来者所效仿。有几个王朝帝位都是由养子继承，最具代表性的是朱利亚·克劳狄王朝和安敦尼王朝。帝国时期大量出现的以收养形式传递帝位的现象并非偶然，与其文化、政治理念等方面有所联系。而到了查士丁尼时期，专门设立了不削弱被收养人与原生家庭关系的不完全收养模式。《查士丁尼法典》规定，被收养人被收养后仍保留亲生父母的亲权以及被收养人对原生家庭享有的继承权，且被收养人因收养行为也获得对收养人的法定继承权。[2]

---

① Beryl Rawson, *A Companion to Families in the Greek and Roman World*, Wiley-Blackwell, 2011, p. 355.

② R. W. Lee, *The Elements of Roman Law*, London, 1956, pp. 70-76.

### 三、近代域外国家的收养制度

俄罗斯收养制度起源较早，早在多神教时期便存在。基督教被引入后，该国主要由教会发布专门的命令来规范收养行为。这些命令规定了收养的程序等内容，其中部分内容因对调节收养关系、规范社会生活起到作用而被适用多年。19 世纪初，亚历山大一世陆续颁布了一系列专门法令，允许没有子女的贵族收养亲属的非婚生子女，并且贵族、低级军官商人等群体收养时必须遵守相应的规则。到了 19 世纪中期，法令规定除了可以收养孤儿外，父母健在的儿童在父母同意的情况下，也可以被收养。19 世纪末，《养子法》在亚历山大三世时期被颁布，规定年满 30 岁的无婚生子女及非婚生子女的人，除单身教职人员以外，均可以收养子女。这是俄罗斯收养制度发展过程中的里程碑。十月革命之后，俄罗斯社会生活等多方面都发生了较大变化，出现了农村富农者和城市资产阶级通过收养制度去压榨被收养的雇农子女、流浪儿童或孤儿的情形。于是 1918 年经革命委员会决定废除收养制度。① 直到 1926 年颁布《苏俄婚姻、家庭和监护法典》才重新恢复了该制度。

1804 年，《拿破仑法典》对收养行为作了较为严格的限制，没有规定可以对未成年人进行收养，只承认不完全收养，规定被收养人只取得收养人的姓以及对收养人的遗产享有继承权，被收养人继续保留与原生家庭所有的权利、义务关系。② 该观点对法国立法影响较深，直至 1939 年法国立法才规定被收养的孤儿或弃儿应完全融入收养家庭，具有与婚生子女完全相同的法律地位，即正式确立了完全收养制度。1966 年、1976 年，《法国民法典》多次修改，将收养分为“完全收养”和“简单收养”。在完全收养中，

---

① 参见张寿民：《俄罗斯法律发达史》，法律出版社 2000 年版，第 119 页。
② 参见蒋新苗：《国际收养法律制度研究》，法律出版社 1999 年版，第 24 页。

被收养人在收养人家中享有与婚生子女相同的权利与义务，隔断其与原生家庭的亲属关系；在简单收养中，被收养人保留其在有原生家庭的一切权利义务，特别是其享有的继承权。

与大陆法系不同，英美法系起初对收养制度一直不予承认，因为“在普通法上父母对子女的权利义务始终被认为具有不可转让性”。[①] 后来由于战争的影响，孤儿人数增多，非婚生子女人数也不断增加。这些儿童的抚养和教育问题越来越受到西方国家的重视。为解决这一问题，英国首先于 1926 年颁布了《儿童收养法》，始建立收养制度。1926 年之后，依据该法律建立起来的收养关系主要是非婚生儿童被无子女的家庭所收养和继父母或亲属收养继子女的情形。但是，该部法律并没有规定被收养人享有继承收养人财产的权利，在以后立法的不断完善中才逐步规定被收养人享有与收养人婚生子女相同的权利与义务。[②] 起初，美国家庭收养子女也多是为没有孩子的夫妻提供一个男性的继承人。早期美国的收养制度继承了部分罗马法的立法宗旨，被收养者全部为男性，并且将收养人的利益置于首位。18 世纪殖民时期，拥有血缘关系的子女才享有继承权，被收养者不能成为继承人。收养只是作为照顾没有家庭的孩子的一种手段，养子并不能像亲生子女那样享有平等的权利。[③] 之后，随着大量移民的涌入和工业革命的发生，需要抚养的儿童数量增多，工厂或农场主收养儿童作为童工的现象也多有发生。进入 19 世纪，美国的收养法得到了完善。1851 年，马萨诸塞州通过了第一部有关于收养问题的综合性

---

① 黄宗乐：《亲子法之研究》，台湾三民书局 1980 年版，第 213 页。

② 参见李喜蕊：《英国现代收养制度的发展与启示》，载《郑州航空工业管理学院学报》2009 年第 4 期，第 110 页。

③ Burton Z, Sokoloff, Antecedents of American Adoption , *The Future of Children*, 1993 (3) , p. 18.

法令。[①]

总结分析古代两河流域、古罗马时期和近代域外国家的制度起源与发展情况，梳理外国收养制度各阶段之演进特点，得出以下四方面结论：

首先，域外国家收养制度的源起较为多样，有传承手工艺、买卖土地财产、宫廷女奴送养子女的需求和继承帝位等多种因素。例如，《李比特—伊什塔尔法典》关注手工业者收养学徒的问题；《埃什嫩那法典》主要关注宫廷女奴子女的收养问题；《汉谟拉比法典》主要记载了对婴儿的收养、对成年男子以经济考量而为的收养和对奴隶进行的收养。其次，域外国家对于收养女性问题，有时态度宽容，有时坚决反对，这与当时的社会风俗与收养目的有一定联系。例如，在《李比特—伊什塔尔法典》和《埃什嫩那法典》中，被收养人既可以是男性也可以是女性。收养男性学徒和女性学徒、收养宫廷女奴的儿子或女儿在这一时期都是被允许的。而到了古罗马时期，拥有男性后代对于罗马贵族极其重要，贵族以收养成年男性为主。再次，域外收养制度多没有对被收养人的姓氏或亲属关系作特殊要求，但对跨阶级等级的收养等方面有严格限制。例如，古巴比伦人对养子女的来源没有过多限制，可以来自同姓、同宗或本家族之外的人，也可以是成年男子。但《埃什嫩那法典》规定，宫廷女奴将她的子女送给一个妇女收养或送给一个属于穆什根努阶层的人收养的，该女奴的主人有权将该子女领回；只有合法公民可以收养宫廷女奴的孩子，该种情况下即使女仆私自送养孩子的情况被发现，该收养关系依旧成立，已被送养的孩子也不允许被领回。最后，近代域外大陆法系国家收养制度的规定时间要早于英美法系国家。但二者在发展过程中均表现出了相同的特点，即工业革命伴随的收养流浪儿童、孤儿，

① 参见章丽萍、赖虹伊：《从社会学角度分析中美收养制度差异——基于两国收养制度的历史》，载《商》2013年第21期，第94页。

使这些儿童从事劳动生产的现象。很大程度上此时的收养并非出于人道主义关怀，而是为了剥夺被收养儿童的利益。例如，俄罗斯曾出现农村富农者和城市资产阶级通过收养制度压榨被收养的雇农子女、流浪儿童或孤儿的情形，这也导致了 1918 年经革命委员会决定废除收养制度。而美国随着大量移民的涌入和工业革命的发生，工厂或农场主收养儿童作为童工的现象也多有发生。

## 第二节　我国收养制度的历史沿革

### 一、我国古代的收养制度立法研究

古代中国在祭祀和家族绵延的基础上逐渐形成了以男性血缘为中心的宗法社会，实行有子立长、无子立嗣的身份继承制度，即宗祧继承制度。西周宗祧继承制度在中国古代家族传承中扮演了重要角色，形成按照血统远近以区别亲疏的继承制度。嫡长子继承制是其最突出的特点，“天子建国，诸侯立家，卿置侧室，大夫有贰宗，士有隶子弟”。[①] 萌芽于夏商、正式确立于西周的宗祧继承制度，强调“传嫡不传庶，传长不传贤”的精神，以力图维护国家政权的稳定和统治阶级严苛的等级制度。在西周时期，已经有收养制度的萌芽，继承应遵循“小宗四，与大宗凡五”。《礼记》记载：“小宗四谓：一是继祢，与亲兄弟为宗；二是继祖，与同堂兄弟为宗；三是继曾祖，与再从兄弟为宗；四是继高祖，与三从兄弟为宗，是小四宗。并继别人之大宗，凡五宗也。”[②] 其中，“并继别人之大宗”即指收养兄弟之子为养子。《礼仪注疏》也有记载：“同宗则可为之后。”

西汉魏晋时期也主张“同宗为后”，即没有儿子的家庭可以收

① 《左传》。

② 《礼记 · 大传》。

养同宗兄弟的儿子为养子以继承宗祧，禁止“异姓相养”。宗外立后称“非子”，为法律所禁止。《汉书·功臣表》记载：“杜嗣侯福，坐非子、免。”《魏志·武帝纪》记载：“将士绝无后者，求其亲戚以后之。”《晋令》也明确规定禁止收养异姓，“无子而养人子”是以收养兄弟的儿子作为前提的，不允许收养异姓养子。① 但此时禁止“异姓相养”的规定略有松动。例如，据记载，西晋贾充没有亲生儿子，死后立外孙韩谧为嗣子。其他朝臣知道后表示反对，但司马炎最终承认其收养行为，并下诏曰“余不得为比”，即其他人不得效仿贾充再为此类异姓收养行为。②

唐宋时期，收养制度规定更为详细。唐朝律令规定收养的要素有三项：其一，立嗣时称收养，以同宗辈分相当者为限，禁养异姓之男。《户令》记载：“无子者，听养同宗于昭穆相当者。”《唐律疏议·户婚》记载：“养异姓男者，徒一年；与者，笞五十。”《疏议》记载：“异姓之男，本非族类，违法收养，故徒一年；违法与者，得笞五十。”其二，禁止良人收养杂户、官户之男及部曲与奴，犯者处徒、杖刑，并须改正、还正。其三，收养一旦成立不得任意解除，唯自生子及养子为送养方之独子者例外。《唐律·户婚》记载：“诸养子，所养父母无子而舍去者，徒二年。若自生子及本生无子，欲还者听之。”《宋刑统》户婚律中的“养子立嫡”等表述沿用了《唐律疏议》的内容，宋朝在养子的法律规定上很大程度沿袭着唐朝的制度。③

明清时期，收养制度在唐律的基础上有所发展，主要是逐渐放宽对嗣子宗亲身份的限制。明清律规定：“无子者许令同宗昭穆

① 参见姜鑫：《中国古代的收养契约及收养关系》，载《兰台世界》2015 年第 15 期，第 8 页。

② 参见［唐］杜佑：《通典》（第 29 卷），中华书局出版社 2008 年版，第 893 页。

③ 参见姜鑫：《中国古代的收养契约及收养关系》，载《兰台世界》2015 年第 15 期，第 8 页。

相当之侄承继，先尽同父周亲，次及大功、小功、缌麻，如俱无，方许择立远房及同姓为嗣。”明律规定：“其乞养异姓义子以乱宗族者杖八十，若以子与异姓人为嗣者罪同，其子归宗。”但《明律·户律·户役》所附条例对上述规定有所变通：“无子立嗣，除依法令外，若继子不得于所后之亲，听其告官别立；其或择立贤能及所亲爱者，若于昭穆伦序不失，不许宗族指以次序告争。”清朝又有两项补充：其一，设立兼祧制。《清律·户律》规定：“如可继之人亦系独子，而情属同父周亲，两厢情愿者，取具族甘结，亦准其继承两房宗祧。”其二，在旗人中允许立异姓亲属（姑舅甥侄）为嗣。雍正十二年曾定例，许八旗无嗣之人依程序继立异姓亲属为嗣。乾隆五年户部奏准旗人专例：“如实无昭穆相当之人，准继异姓亲属，取县参佐及族长、族人、生父列名画押印甘各结，送部准其承继。”①

## 二、我国近代的收养制度立法研究

新中国成立前，我国进行的《民法典》编纂主要有以下几部，其中均对收养制度有所涉及：

一是1911年《大清民律草案》。1840年鸦片战争后，中国的政治法律制度、社会经济、阶层结构以及国际地位都发生了重大变化。清政府决定实行新政、进行修律，期望借此延续其国祚并收回治外法权。② 民律草案初稿于1910年起草完成，后经修改于1911年9月编纂完成，其第一次打破了中华法系民法的传统，是中国民法史上第一部按照欧陆民法原则和理念起草的民法典。③ 1911年《大清民律草案》共分为五编1569条，其中亲属编分为七

① 刘伟：《清代福州府列女群体角色管窥——基于地方志的史学分析》，福建师范大学2010年硕士学位论文，第64页。

② 参见张晋藩主编：《中国民法通史》，福建人民出版社2003年版，第1104页。

③ 参见杨立新：《百年中的中国民法华丽转身与曲折发展——中国民法一百年历史的回顾与展望》，载《河南省政法管理干部学院学报》2011年第3期，第2-3页。

章，第四章为“亲子”，规定了“嗣子”这一节（第四节）。嗣子是为有继承权嫡子的自称。在中国封建宗法家族制度下，男子无子者可以选定同宗辈分相当的男性为嗣子，以传宗接代、承继祖业，此即为立嗣或“过继”。承继人称为嗣子或“过继子”，立嗣人称为嗣父母或“过继父母”。嗣子与嗣父母之间发生拟制血亲关系，嗣子取得嫡子的法律地位，有继承宗祧、继承遗产的权利。学者戴炎辉认为，立嗣为“承继宗祧之收养”；戴东雄认为，“收养目的最先系因应宗族或家族血统继承之需要而产生……我国旧社会之立嗣为此期收养的典型”。[①] 但1911年《大清民律草案》规定的“立嗣”制度并非完全等同我国现行的收养制度，二者在主体、权能等方面存在差异，其被视为我国现行收养制度的“前身”。

二是1926年《民国民律草案》。北洋政府执政以后，军阀混战，但清末以来开启的法律现代化事业并没有中断。1925年，《民国民律草案》总则编、债编和物权编起草完成，1926年又相继完成了亲属编和继承编，即该草案正式完成五编制，共1522条。[②] 其中，亲属编分为七章，第四节为“亲子”，其下分别规定了“嗣子”（第五节）和“养子”（第七节）一节。“已婚之成年男子，无前条所定之继承人者，得立宗亲中亲等最近之兄弟之子为嗣子。”[③] “三岁以下遗弃小儿，被人收养，或以义男名义人异姓人家为人子者，为养子。”[④] 虽然《民国民律草案》中的“养子”与现行法“养子女”的概念有所区别，但在该草案中，收养已与传统立嗣概念相区分，具有了近现代收养主体无须具备同姓身份之

① 戴东雄：《论我国收养法之现代化》，载《亲属法论文集》，台湾东大图书股份有限公司1988年版，第362页。

② 参见杨立新：《百年中的中国民法华丽转身与曲折发展——中国民法一百年历史的回顾与展望》，载《河南省政法管理干部学院学报》2011年第3期，第4页。

③ 参见《民国民律草案》第1308条。

④ 参见《民国民律草案》第1217条。

特点。

三是1931年《中华民国民法》。1929年至1931年，国民政府先后颁布实施了民法总则、物权、债、亲属和继承五编，完成了《中华民国民法》。《中华民国民法》共1225条，由国民党中央政治会议分编制定、分期公布。该法典颁布实施共历时三年，亲属编于1930年12月公布，1931年5月5日施行，具体共分为七章，其中第三章为“父母子女”。该章规定了收养制度，没有具体分节，第1072条至1083条分别规定了收养制度的概念、主体、条件、效力和终止等内容。就具体内容而言，第1072条规定了收养制度的概念，以及收养他人之子女为自己子女时收养人与被收养人形成养父母子女关系。第1073条至1076条规定了收养制度的条件，包括年龄要求、共同收养之合意、配偶同意被收养等。第1077条至1078条规定了养父母子女间的权利义务关系，除法律另有规定外，与婚生子女相同，并从收养者之姓。第1079条规定了收养制度的订立方式，以书面方式为之，但自幼抚养为子女者，不在此限。第1080条至1083条规定了收养制度的终止及法律效力，具体分为双方同意终止和单方宣告终止。

### 三、新中国成立后的收养制度立法研究

新中国成立后，我国收养制度立法可以分为以下几个阶段：

一是1992年之前的收养立法。1992年之前，我国没有统一的收养立法。这一阶段，我国尚未建成完整的法律体系，正处于法治建设初期。有学者提出，从这一阶段的立法规范来看，有关收养制度的条款和处理办法被规定于最高人民法院的司法解释、个案批复及1950年《婚姻法》中。例如，1950年《婚姻法》第13条规定了养子女与养父母间适用父母子女间的权利和义务关系，但是缺少收养关系的成立、效力和终止等问题的详细规定。在实务中，主要依据司法部下发的部门规章或最高人民法院复函等文件来调整或规范收养行为。例如，最高人民法院于1979年6月5

日发布了《最高人民法院关于办理过继和收养关系公证的通知》，于1965年4月2日发布了《最高人民法院司法行政厅关于收养子女公证问题的函》。

二是1992年至1998年的收养立法。为维护收养关系当事人的权利、保护合法的收养关系，1991年12月29日第七届全国人民代表大会常务委员会第二十三次会议通过了1992年《收养法》，该法于1992年4月1日起正式施行，意味着第一部集中规范我国收养关系的法律文件正式出台。该法共计34条，分为总则、收养关系的成立、收养的效力、收养关系的解除、法律责任和附则六章。该法实施之时，我国正处于大力贯彻、执行“一孩”政策之时，受该政策推广普及之需要，《收养法》在对收养条件的规定上设置了严格的限制。但囿于当时的立法环境，1992年《收养法》也存在一定不足。具体表现为：一方面，该法制定时我国对收养制度的学术研究有限，因此部分收养制度缺失，如试收养期等。另一方面，该法制定时促进家庭和谐、稳定亲子关系是收养立法的主要目的，因此受保障亲子关系稳定及保护儿童最大利益原则的考量，此阶段收养立法仅承认了完全收养，并没有规定不完全收养制度。但不可否认的是，1992年《收养法》对于明确我国收养关系、规范民间收养行为具有重要意义。

三是1998年之后的收养立法。后来，1992年《收养法》依据1998年11月4日《关于修改〈中华人民共和国收养法〉的决定》进行了修改，该决定由第九届全国人民代表大会常务委员会第五次会议通过。修正之后的原《收养法》基本沿用了1992年《收养法》之规定，总体结构仍为六章，但在内容上作了部分调整，主要表现为以下几个方面：增加了“保障被收养人和收养人合法权益”的基本原则；收养人的条件新增一条“未患有在医学上认为不应当收养子女的疾病”；收养人的年龄由35周岁降至30周岁；新增了特殊收养条款，收养孤儿、残疾儿童或弃婴等可以不受收养人无子女和收养一名子女的限制。在收养程序方面，1992年

《收养法》规定了收养登记、书面协议或书面协议兼公证三种方式，原《收养法》修改了收养登记方式，仅保留了收养登记一种形式，以加强国家公权力的监督和干预。有学者提出，相比于1992年《收养法》，原《收养法》概括起来进行了三方面的修改：其一，1992年《收养法》收养目的过于片面，而修改之后的原《收养法》当事人各方的利益得到兼顾，基本原则更加全面；其二，收养途径有所扩大，收养条件相应放宽，收养人的年龄与被收养儿童的条件等方面的限制均有所宽松；其三，监督力度明显增强，收养程序渐趋严谨，彻底实现了由书面协议、收养登记或书面协议兼公证“三元化”向“一元化”的转变，保证了收养行为的公证与客观。①

新中国成立以来，民法典的编纂亦一直受到我国的高度重视。2015年之前，我国共经历了四次法典编纂的历程，在第四次编纂的民法典草案中，收养制度作为独立一编回归民法典。这四次法典编纂历程分别为：

一是1954—1956年的《民法典》编纂工作。全国人大常委会法制委员会于1954年组织起草了新中国第一次《民法典》编纂工作。到1956年，第一部民法典草案完成。该草案在结构上分为总则、所有权、债、继承四编，共525个条文。该草案将亲属法排除在外，原因在于，其在立法体例和内容方面继受了1922年的《苏俄民法典》。因此，形成了婚姻法与民法典草案相分离的立法体例。

二是1962—1964年的《民法典》编纂工作。1962年，第二次民法典起草工作由全国人大常委会组织进行，并最终完成了“中华人民共和国民法草案（试拟稿）”。该草案在内容方面，继续将亲属、继承等民事法律规范排除在外，但又借鉴和吸收了税收、

① 参见王歌雅：《关于我国收养立法的反思与重构》，载《北方论丛》2000年第6期，第55-56页。

预算等方面的内容。在立法体例方面，也采取了不同于《德国民法典》《苏俄民法典》等域外立法例的全新体例，形成了总则、所有权和财产流转三编制。如此立法的原因可能在于，这一时期我国与苏、美等国家关系紧张，因而希冀走出一条不借鉴域外立法而有中国特色的立法道路。

三是1979—1982年的《民法典》编纂工作。改革开放以后，中国开始向社会主义市场经济转型，受此影响，民法典的编纂问题再次被提上议程。由全国人大常委会法制委员会号召，实务界专家和高校学者组成的民法起草小组于1979年成立。1980年8月，民法起草小组完成了“中华人民共和国民法草案（征求意见稿）”。之后经历多次修改，又分别完成了多版本草案。最终的“民法典草案（第四稿）”由民法的任务、基本原则、民事主体、财产所有权、合同、智力成果权、财产继承权及其他规定八编构成，共465条。

四是1998—2002年的《民法典》编纂工作。2002年“民法典草案”由负责起草的民法专家于2002年4月完成。具体而言，第一编为“总则”、第二编为“物权法”、第三编为“合同法”、第四编为“人格权法”、第五编为“婚姻法”、第六编为“收养法”、第七编为“继承法”、第八编为“侵权责任法”、第九编为“涉外民事关系的法律适用法”。在该民法典草案中，原《收养法》作为独立一编进入民法典。但该草案的特点为：第一，更像各部法律的汇编。例如，将原《收养法》基本不变地作为该民法典草案的第六编，名称仍为“收养法”，而非“收养编”或“收养法编”。第二，在以往法典编纂的基础上，新增了“涉外民事关系的法律适用法”这一编。该民法典草案的不足之处在于，法律汇编气息较重，立法完善性和法典内部的体系性还有待进一步改进。2002年12月22日，“民法草案（征求意见稿）”提交第九届全国人大常委会进行第一次审议，并向社会公布以广泛征求修改意见，这也是我国第一部提交审议的民法典草案。[①]

总结分析我国古代、近代和新中国成立后各阶段收养制度的演进特征，本书得出以下结论：

首先，我国古代收养制度的特征之一表现为，禁止收养异姓养子作为嗣子，但允许收养3岁以下异姓养子，称之为乞养。例如，西周时期的“并继别人之大宗”即指收养兄弟之子为养子；西汉魏晋时期主张“同宗为后”，即没有儿子的家庭可以收养同宗兄弟的儿子为养子以继承宗祧，禁止“异姓相养”；唐朝律令规定收养的要素之一，即立嗣以同宗辈分相当者为限，禁养异姓之男。总之，一般情况下，在中国古代的收养制度中，养子可以分为两种：一种是养异姓子为后嗣者，国家不认可，并且会治罪；另一种是养同宗之子为继嗣者，国家认可。这种规定的目的是巩固宗法世袭制度，维护大小宗族血统上的延续性，避免发生“氏族失真，宗盟乱叙，争夺衅作，迭兴词讼”。[②] 但是，特殊情况下，我国古代收养制度也允许收养异姓子女，但须符合一定条件。例如，我国古代的乞养制度。根据《唐律·户婚》规定：“其遗弃小儿年三岁以下，虽异姓，所收养，即从其姓。”并且，我国古代此种禁止收养异姓之规定在实际发展中有所松动。例如，魏晋唐宋时期的法律较为严格地限制异姓相养，而到了明清时期已在一定程度上准继异姓亲属。但综观西周至清代末期，禁止异姓养子为嗣是贯穿于我国古代收养制度发展的一项重要特征。

其次，我国近代注重民法典的起草工作，收养制度的特征主要表现为，在立法体例上其是民法典的组成部分之一，但在立法内容上仍具有一定滞后性。我国近代分别起草了1911年《大清民律草案》、1926年《民国民律草案》和1931年《中华民国民法》。

---

① 参见杨立新：《百年中的中国民法华丽转身与曲折发展——中国民法一百年历史的回顾与展望》，载《河南省政法管理干部学院学报》2011年第3期，第16页。

② 参见姜鑫：《中国古代的收养契约及收养关系》，载《兰台世界》2015年第15期，第8-9页。

这些民法典均涉及收养的相关内容，但1911年《大清民律草案》和1926年《民国民律草案》仍沿用“嗣子”这一概念。例如，1911年《大清民律草案》第四章为“亲子”之下规定了“嗣子”一节（第四节）。1926年《民国民律草案》规定：“已婚之成年男子，无前条所定之继承人者，得立宗亲中亲等最近之兄弟之子为嗣子。”这些规定仍主要继受于我国清末立法，收养制度并没有取得较大发展。

再次，我国现代收养制度的特征主要表现为两方面：一是收养法取得长足进步，在主体、内容和程序等方面的规定均在逐步细化完善。1992年之前，我国并没有系统的收养立法，这一时期指导收养法律行为的依据主要为我国《婚姻法》和最高人民法院的司法解释以及个案批复。该阶段收养立法虽然相对粗糙，但明显较为开放和宽容，对于达成合意，未经登记或备案的收养行为或者收养成年人的行为，均予以认可。而1992年《收养法》极大地规范了我国的收养法律行为，确立了收养法成为单行法的立法体例，并且在总则、收养关系的成立、收养的效力、收养关系的解除和法律责任等方面均取得了长足的进步，对于规范民间收养行为具有重要意义。二是完善收养立法与尝试编纂民法典工作并行。新中国成立以来，我国一方面紧抓立法完善工作，另一方面于1954—1956年、1962—1964年、1979—1982年和1998—2002年分别进行了多次系统编纂民法典的尝试。这也为本次我国《民法典》编纂中收养制度的体系和内容完善，提供了一定借鉴。

最后，对比上述中外收养制度各阶段的演进历程，域外收养法和我国收养法的发展特点也存在一定区别，主要表现为以下三方面：一是中外收养制度的源起不同。域外国家收养制度的源起较为多样，有传承手工艺、变相实现土地买卖、宫廷女奴送养子女的需求和继承帝位等多种因素。而中国收养制度的源起较为单一，主要为宗祧继承制下的祭祀、继承等需求。二是中外收养制度对于是否可以收养女性的态度不同。域外国家对于收养女性问题更为宽容，在《李比特—伊什塔尔法典》和《埃什嫩那法典》中，出现可以收养女性学徒和收养宫廷女奴的女儿之情形。而中国的立嗣、祭奠需求要求被收养人主要以男性为主，被收养人的性别相对单一。三是中外收养制度成立的限制要求不同。域外古代收养制度对养子女的来源多没有限制，可以来自同姓、同宗或本家族之外的人，也可以是成年男子。而我国古代收养制度强调，除乞养外禁止收养异姓养子为嗣，否则将遭受刑罚，如“养异姓男者，徒一年；与者，笞五十”（《唐律疏议·户婚》）。

# 第三章　收养制度的立法体系研究

“科学的知识之所以不同于其他知识，特别是日常知识，主要在于其更为彻底的体系性。”[①] 民法的立法理念对收养法的立法体系有所影响。立法者将法条逻辑地、呈体系地置入民法典，形成内在关联的有机体系，本身就体现了法的科学性。[②] 前文已述，我国已经过了四次《民法典》编纂历程，分别是 1954—1956 年、1962—1964 年、1979—1982 年、1998—2002 年四个阶段。但是由于各种原因，我国立法机关和学者普遍认为新中国成立初期，我国立法基础较为薄弱，系统编纂民法典的时机尚不成熟。因此，我国民事立法采取了成熟一部颁布一部的立法进路。受这一立法思路及新中国成立初期民众对婚姻法规范的迫切需要之影响，1950 年 4 月 13 日中央人民政府委员会第七次会议率先通过了 1950 年《婚姻法》。该部《婚姻法》的颁布时间较早，因此相关的理论研究深度有限，这在一定程度上导致了其法律体系存在瑕疵。我国收养制度成为独立于《婚姻法》的单行法模式与《婚姻法》此

① Paul Hoyningen-Huene, *Systematicity: The Nature of Science*, Oxford: Oxford University, 2013, p. 15.

② Steininger, *Die Jurisprudenz auf Erkenntnissuche*, NJW, 2015. pp. 1072-1073.

种立法的架构不完善有一定关系。[①] 这也导致了原《婚姻法》与《收养法》“分而治之”，出现了两条立法进路。

## 第一节 收养制度立法体系研究的契机与意义

### 一、我国《民法典》编纂对收养制度立法体系的影响

民法的法典化，是指按照一定的体例结构与价值理念，立法机关将民事法律规范等一系列制度编纂在一起的过程，民法典是民法法典化的最终表现形式。“法典化是现今多数国家正在进行的且进展良好的立法活动。”[②] 首先，法典化是立法机关编纂民法典的过程，其目的是制定出一部完整、系统的民法典。其次，民法法典化是价值体系和逻辑体系的和谐、统一，是按照一定体例结构和价值理念编纂法律的活动。再次，民法法典化是完整、系统的法律形式，表现出不断发展的法律态势。18 世纪后期，民法法典化成为一种重要的法律发展趋势，于近代法典化运动达到最辉煌的时期。就法典的体系而言，有学者概括了“法典”一词所应具备的三项要素：形式、内容和特征。民法典体系是由具有内在逻辑联系的制度和规范所构成的，由具有内在一致性的价值所组合的体系结构。[③] “民法典的制定乃基于法典化的理念，即将涉及民众生活的私法关系，在一定原则之下作通盘完整的规范。”[④] 系统性是法典化的生命，法典的系统性要求各项制度应按照一定的

---

① 参见夏吟兰：《民法典体系下婚姻家庭法之基本架构与逻辑体例》，载《政法论坛》2014 年第 5 期，第 147 页。

② MichaEl Milo, Jan Lokin, Jan M Smits ( eels. ), *Tradition, Codification and Unification* ( 1*st edition* ), Intersentia, 2014, p. 239.

③ 参见王利明：《民法典体系研究》（第二版），中国人民大学出版社 2012 年版，第 6-7 页。

④ 王泽鉴：《民法总则》，中国政法大学出版社 2001 年版，第 22 页。

体系被编纂在一起。而编纂出一部具有完整体系的民法典，须注重形式的一致性、内在的一致性、逻辑上的自足性和内容上的全面性。而我国《民法典》对收养法体系的影响，主要表现为以下两方面：一是法典编纂为我国收养法立法体系上回归民法典提供了良好契机；二是解法典化与再法典化现象对我国《民法典》之外的收养法律在立法体系上独立存在提供理论依据。

（一）我国《民法典》为收养法回归民法典提供良好契机

我国《民法典》是成文法的最高形式，是调整民事关系按照一定的体系编排的一系列制度和规范的集合。绝大多数大陆法国家都有自己的民法典，其常被称为法典法系或民法法系。[①] 大多数学者认为，法典化是肇始于近现代的现象。[②] 18 世纪思想启蒙运动兴起，在其影响下社会发展出新的理念与思潮，这对当时欧洲国家的经济、政治、社会及法律等众多领域产生了重要影响。相应的，这种思潮也被应用到国家的政治生活中，欧洲大陆自 19 世纪开始掀起了法典化运动的浪潮。19 世纪，受思想启蒙运动之影响，欧洲大陆各国掀起了法典化运动的浪潮，民法之法典化俨然已成为世界民法发展的重要立法趋势。在此期间制定的绝大多数民法典，具有资产阶级自由主义、理性主义自然法与国家监督主义的思想。目前，民法的法典化俨然已成为世界民法发展的潮流之一，这也是普通法系区别于大陆法系的重要特征。

1978 年中国共产党第十一届三中全会确立了我国逐步实施市场经济，实行对外开放、对内改革的政策，为我国民法典的编纂提供政策上的支持。1979 年到 1982 年间，我国曾完成了“中华人民共和国民法草稿”。至 1982 年 6 月，立足于我国现实国情，我国立法进程采取“成熟一批制定一批”的单行法模式。随后，一系

---

① 参见王利明：《论民法典的体系化与民法学教育》，载《中国法学教育研究》2008 年第 4 期，第 1 页。

② 参见石佳友：《民法法典化对的方法论问题研究》，法律出版社 2007 年版，第 3 页

列民事单行法相继出台，如《中华人民共和国民法通则》（以下简称我国《民法通则》）、《中华人民共和国民事诉讼法》（以下简称我国《民事诉讼法》）等。1992年，我国经济体制进一步深化改革理念，对我国民法典的制定具有重要影响，制定民法典再次被提上议程。2014年“加强市场法律制度建设，编纂民法典”战略决策的提出，奠定了21世纪我国编纂民法典的基本法律路径。对此，有学者提出，我国《民法典》对我国民法学理论体系具有重要影响，主要体现为：一是促进民法学价值体系的完善；二是促进民法学学科的体系化；三是促进民法学理论研究的深化；四是提升民法学的现代化，回应中国的现实需求，彰显时代精神和时代特征；五是促进民法解释学的发展。[①] 笔者认为，我国编纂民法典具有重要的形式意义和实质价值。一方面，立法者以一定的法典体例构建法律的逻辑路线，便于民众更高效、更精准地掌握法律体系的脉络，可以避免民众在繁多的法律文件中寻找法律依据或司法解释。另一方面，民法典通常体现了一个国家的立法进程与现状，进而在该国领域内形成的民法典具有一定的立法目标、价值取向和制度功能。相对于单行法，一部完整的民法典更具有权威性及价值宣言的功能。

对于本次法典编纂过程中的立法体系，主要的争议焦点包括人格权立法与我国《民法典》体例、债法总则的存废、民商合一的立法路径选择等问题。[②] 但并没有对收养法是否应该回归民法典进行过多讨论，原因在于，21世纪初期，针对收养法的立法体系

① 参见王利明：《民法典编纂与中国民法学体系的发展》，载《社会科学文摘》2019年第7期，第66页。

② 参见江平：《人格权立法与民法典编纂体例》，《北京航空航天大学学报》2018年第1期，第1-2页；黄家镇：《论民法典编纂中债法总则的存废——以德国潘德克顿法学的法源思想与体系构造方法为视角》，载《现代法学》2018年第6期，第29-42页；于海涌：《分解融合是民法典编纂中民商合一的现实路径选择——以〈商法通则〉的立法建议为中心》，载《法治研究》2018年第4期，第3-9页。

问题在我国学者间曾引起广泛讨论。彼时，我国学者多主张维持现行单行法的立法体例。原《收养法》自颁布以来即独立于婚姻家庭法之外，我国仍沿用此立法体例是具有历史基础的。收养制度成为单行法有利于法律制度的完善，其立法条文可以更为详细，并且无须受我国《民法典》立法体系影响。而在本次我国《民法典》编纂过程中，我国学者对收养法立法体系之认识发生了转变，认为收养是亲子关系形成的原因之一，应是我国《民法典》不可分割的组成部分。[①] 我国《民法典》为收养立法回归提供了一个良好契机。对此，也有学者指出，我国《收养法》自新中国成立以来，一直以单行法的形式独立存在。尽管历经修改，也仍然没有改变其单行法的立法模式。如今，我国民众社会观念与收养观念已发生变化，如何凭借我国《民法典》契机进一步完善我国的收养制度，是我国《民法典》的重要使命之一。[②]《收养法》回归婚姻家庭编，将实现婚姻家庭法律体系的完整性、统一性和协调性。[③]

（二）体系性促使收养制度选择性回归民法典

我国法院审理收养案件的法律依据主要有四种：一是我国《民法典》“婚姻家庭编”中的收养法律条文。2020 年 5 月 28 日，十三届全国人大三次会议表决通过了《民法典》，自 2021 年 1 月 1 日起施行。其是规范我国民间收养行为、指导司法审判最主要的法律依据。二是行政法规。1999 年经国务院批准，民政部第 14 和 15 号令分别发布了《收养登记办法》和《外国人收养登记办法》。

---

① 参见夏吟兰：《民法典体系下婚姻家庭法之基本架构与逻辑体例》，载《政法论坛》2014 年第 5 期，第 147 页；杨立新：《对修订民法典婚姻家庭编 30 个问题的立法建议》，载《财经法学》2017 年第 6 期，第 20 页等。

② 参见王歌雅：《〈民法典・婚姻家庭编〉的编纂策略与制度走向》，载《法律科学》2019 年第 6 期，第 94 页。

③ 参见夏吟兰：《婚姻家庭编的创新和发展》，载《中国法学》2020 年第 4 期，第 69-70 页。

其以原《收养法》为制定依据，对于在程序方面规范我国民众的收养行为、补充完善我国收养制度具有重要意义。三是部门规章。为规范我国民间收养行为，司法部和民政部相继颁布了多个规章。例如，2000年颁布了《司法部关于贯彻执行〈中华人民共和国收养法〉若干问题的意见》，进一步阐释了办理收养公证及其他公证的相关问题。其中需要说明的是，有的规章已经失效，但绝大部分仍然有效。例如，根据《最高人民法院关于废止部分司法解释（第十三批）的决定》，自2019年7月20日起，《最高人民法院关于贯彻执行民事政策法律若干问题的意见》不再适用，但此前如果有关案件的判决、裁定是依据这些司法解释作出的其仍然有效。四是请示答复。最高人民法院的请示答复虽然不是法律渊源，但是其在20世纪90年代左右，对于指引收养行为司法审判活动具有较为重要的意义。例如，自1987年起，最高人民法院相继发布了《最高人民法院关于生母已将女儿给人收养而祖母要求领回抚养孙女应否支持问题的批复》《最高人民法院关于毛玉堂与毛新国的收养关系能否成立的复函》等多个文件。原则性条款充斥中国民事基本法，民事制度在实际运作中又林林总总散见于部门法中，一些部门立法由于本位主义和权力观念影响，如鲁莽的野牛闯入民法的田园，使民事立法失去统一法理统摄，严重破坏了民法原有的基本原则和结构。[1] 而我国《民法典》的体系性特征，决定了并非所有与收养有关的法律条文均可以纳入《民法典》。立法者如金字塔一般沉默的时代已一去不复返，立改废释并举成为当下塑造科学立法的重要路径。[2]

一方面，民事法律关系的私法属性以及我国《民法典》的体系性要求，意味着强行法属性较明显的相关规定不能进入民法典。

---

① 参见王涌：《私权的分析与构建：民法的分析法学基础》，北京大学出版社2019年版，第412页。

② 参见刘艳红：《以科学立法促进刑法话语体系发展》，载《学术月刊》2019年第4期，第95页。

我国规范收养法律行为需要较多的强行性规范。强行性规范与任意性规范相对，是指展示国家强制使当事人所必须遵守，不随当事人自己的意思表示而变更的法律规范。强制性规范所调整的是当事人与社会公共之间的利益关系及当事人与国家之间的利益关系。[①] 我国收养法律制度中之所以存在强行性规范，原因在于，收养法律行为具有身份性、伦理性与道德性，法律需要兼顾当事人的权利以及社会公共利益。在一定程度上，当事人不能像成立财产关系那样实现意思自治。在收养法律行为中，当事人意思自治的空间有所限缩。[②] 国内收养立法不同法律位阶所体现的法律属性有所不同。除我国《民法典》“婚姻家庭编”中的收养法律条文外，其他的行政法规或部门规章表现出较为明显的强行法特征，主要表现为国家介入收养关系、规范收养登记行为。例如，为了加强收养登记档案的规范化管理，更好地为收养工作服务，2003年民政部与国家档案局公布了《收养登记档案管理暂行办法》。再如，为了促进社会福利事业的健康发展，加强对社会福利机构的管理，2015 年我国修改了《社会福利机构管理暂行办法》。民法典的私法属性决定了并非所有收养法律规范均可以被编入其中，强行法性质明显的《收养登记档案管理暂行办法》等法律文件中的条文即应被排除在外，未来民法典之外的收养制度规范仍有较为广阔的研究空间留待民事特别法来规定。

另一方面，民法典的实体法非程序法特征，意味着程序性的收养法律规范不能进入民法典。法典化并不是汇编、汇集、重整或改进现有法律，像从前罗马、西班牙法律汇编或德意志法律改

---

① 参见赵超：《公私法双重视角下强制性规范研究》，吉林大学 2017 年硕士学位论文，第 4 页。

② 参见宋夏瀛洁：《论人身法律行为制度——兼论人身法律行为中的意思自治与国家干预》，中国社会科学院 2017 年博士学位论文，第 109 页。

革,[①] 而是通过新的体系化和创造性范式来构建一种协调系统。体系化研究方法的第一步就是依据一定标准对欲类型化之“抽象事物”进行分类，按照一定的内在逻辑将所涉法律部门规范化，通过方法和步骤进一步指导框架中相关内容的完善。我国《民法典》“婚姻家庭编”在规定收养制度的同时，并非要将原《收养法》完全纳入其中，只是纳入其与婚姻家庭关系十分密切的实体性规范，而将其中的程序性规制（如收养登记）排除在外，留待民事特别法来规定。具体而言，原《收养法》之外大量存在的程序性规范，如《收养登记办法》《外国人收养登记办法》等，可在我国《民法典》之外制定单行法予以规定。如果将大量的程序性规范纳入民法典，将使民法典的内容显得过于庞杂。这也符合我国《民法典》实体法与程序法分离的总体思路。[②]

（三）解法典化与再法典化对收养制度立法体系的影响

我国在编纂民法典的同时，也须重视第二次世界大战后域外国家的解法典化及再法典化现象。20 世纪中后期，受战争、经济发展和社会生活变化等多种因素的影响，主要大陆法系国家的民法典都相应地受到一定挑战。这些新变化与诉求反映到法律层面，又引起了新的立法需求，致使在民法典之外产生了大量的特别法。最终在民法典之外形成了独立运行的“微系统”，对民法的特定案件和领域进行调整，以克服民法典体系的局限性，应对社会变迁伴随产生的新的法律需求。随着这些特别立法调节在程度上的加深和范围上的扩大，民法典逐步被边缘化，有失去其私法中心法律地位的可能，这一现象在理论上被称为解法典化。它一度被视为大陆法系民法典的危机，甚至被人断言为“终结法典命运的首

---

① F. Wieacker, *Historia del Derecho Privado de la Edad Moderna* , Francisco Fernandez Jardontrans, 1957, p. 292.

② 参见王利明:《民法典体系研究》（第二版），中国人民大学出版社 2012 年版，第 487 页。

要因素”。[①] 域外大陆法系国家也认识到了这一问题，为解决民法典之外分散立法的困境，主要大陆法系国家通过对本国的民法典进行整体修改或在局部整合特别立法的方式，对本国民法典进行完善，这一现象称为再法典化。

从解法典化到再法典化，主要大陆法系国家的民法典不仅适应了社会变迁的需要，也较好地维持了以民法典为中心的私法格局。这一立法转变，也为我国《民法典》收养制度的回归及完善提供了一定的参考。首先，法典化之后的我国《民法典》可能也会遭遇解法典化的挑战，原因在于，社会变迁必然使得新的社会问题和特别立法出现。我国《民法典》必须事先做好当民法典出现解法典化现象以后如何通过民法典自身的规范设置整合特别立法预留对接的管道，及如何解决因社会变迁导致的原属于法典调整的特定领域和案件类型无法继续适用民法典规范的情形。其次，我国《民法典》在一定程度上带有若干再法典化的色彩，我国《民法典》的编纂须考虑将这些司法解释或特别法整合其中。[②] 域外国家编纂法典后发生的解法典化及再法典化现象，也意味着我国回归民法典的收养法尽管取得了一定的立法进步，但并非可以一劳永逸。曾被誉为“优等计算机”“金线精制品”的《德国民法典》也错误频频，[③] 德国人引以为傲的纯粹形式主义也无法一直保持纯粹，呈现出碎片化特征。社会发展所伴随产生的新社会问题可能会冲击民法典中的收养法律，进而在民法典体制外出现再立法的需求。为应对这一问题，收养立法应注重抽象原则与详细规定间的协调统一，这是我国立法技术和立法能力的一项重要

① Wencelas J. Wagner, *Codification of Law in Europe and the Codification Movement in the Middle of the Nineteenth Century in the United States*, Maurer Faculty, 1993, pp. 337-339.

② 瞿灵敏：《从解法典化到再法典化：范式转换及其中国启示》，载《社会科学动态》2017 年第 12 期，第 5、12 页。

③ Rudolph von Jhering. *Scherz und Ernst in der Jurisprudenz: Eine Weihnachtsgabe für das Juristiche Publikum*, Leipzig 1884.

体现。

## 二、收养制度立法体系研究的意义

法典构成一个整体系统，自身又包含其他相互协调的次级整体，[①] 其第一必备形式要素就是系统化属性，可以说“民法体系化”的最佳方式就是“民法典体系化”。我国《民法典》编纂过程中的立法体系争议，主要包括人格权立法与《民法典》立法体例、债法总则存废、民商合一立法路径选择等问题。[②] 而目前对收养制度回归“婚姻家庭编”已达成基本共识，面向新世纪的高质量法典，必然包括系列规范群组，具有学科全面特征。收养制度法律条文从体系上、内容上融入法典，立法者将法条逻辑呈体系地置入我国《民法典》，形成内在有机关联，本身就体现了法的科学性。法学家边沁作为功利主义哲学的奠基人，积极主张法典应成为社会引擎，他提出：“民法典应当建立在给大多数人最大幸福这一基本原则基础上，它应当覆盖整个私法领域。”[③] 但是，贯穿法典编纂形式要素的价值，收养立法在体系上融入法典的维度为何？域外已出现的解法典化问题，体系回归后的收养立法又将怎样应对才能游刃有余，既实现制度规范性表达又具有弹力特征？这些都是立法体系不得不回应的重要问题。

### （一）收养制度外部立法体系研究的意义

有学者指出，婚姻家庭法独立成编以后，可以使得整个民法

---

① Jean Carbonnier, *Droit civil*, *Intoduction*, PUF, 2000, p. 12.

② 参见江平：《人格权立法与民法典编纂体例》，载《北京航空航天大学学报》2018 年第 1 期，第 1-2 页；黄家镇：《论民法典编纂中债法总则的存废——以德国潘德克顿法学的法源思想与体系构造方法为视角》，载《现代法学》2018 年第 6 期，第 29-42 页；于海涌：《分解融合是民法典编纂中民商合一的现实路径选择——以〈商法通则〉的立法建议为中心》，载《法治研究》2018 年第 4 期，第 3-9 页。

③ Jeremy Bentham, *Principles of the Civil Code*, Vol 1 of the Bowring Edition of Bentham's Works, 1843, Dumont's Introduction, p. 1.

典更富于体系性，更好地处理民法总则与分则的关系。[①] 但是，在我国《民法典》制定过程中，关于原《收养法》应如何回归还存在一定争议，主要有收养制度应作为独立一编、收养制度应作为婚姻家庭编下的独立一章和收养制度应作为亲子关系下的独立一节这三种观点。

第一种观点主张，收养制度回归我国《民法典》，其立法体系应为独立一编。20 世纪 90 年代后期，在完善社会主义法律体系和建设社会主义市场经济体制目标的指导下，1998 年 3 月全国人大常委会重新组建民法典起草小组，再次启动了民法典起草工作。"民法典草案"由负责起草的民法专家于 2002 年 4 月完成。具体而言，第一编为"总则"，第二编为"物权法"，第三编为"合同法"，第四编为"人格权法"，第五编为"婚姻法"，第六编为"收养法"，第七编为"继承法"，第八编为"侵权责任法"，第九编为"涉外民事关系的法律适用法"。在该民法典草案建议稿中，收养制度是作为独立一编回归民法典的。但笔者认为，目前无论是从理论基础出发，还是从法典编纂各编的体系协调性出发，该种观点的发声可谓日渐衰落。

第二种观点主张，收养制度回归我国《民法典》，其立法体系应为婚姻家庭编下的独立一章。该观点强调我国收养制度不应与婚姻家庭法分离，应该回归我国《民法典》，但无须单独成为一编。主要理由是：其一，收养法与婚姻家庭法的分离从逻辑上而言，是对整体婚姻家庭制度的割裂。[②] 其二，婚姻家庭法学界认为收养制度是调整发生拟制父母子女关系的法律规则，收养制度长期以来一直被认为是婚姻家庭法律制度的一部分，而不是独立于

① 参见［日］星野英一：《私法中的人》，王闯译，中国法制出版社 2004 年版，第 4 页。

② 参见陈苇主编：《外国婚姻家庭法比较研究》，群众出版社 2006 年版，第 333、379 页。

婚姻家庭法的民事法律制度。[①] 我国学者也多主张，收养法律制度应属于婚姻家庭法编之组成部分，而不是独立作为一编。例如，王利明认为，将收养法作为民法典一编的做法，违背了民法典编纂以“法律关系为中心”的整体思路，因为收养制度是婚姻家庭制度的一部分，它不具有独立成编的理由，主要原因在于：第一，收养的法律后果就是要产生拟制的血亲关系，它也是形成家庭关系的重要手段；第二，收养法独立成编必然要求民法典设置大量程序性规范，这不符合民法典以实体法为主体的思路，且必然与分则的其他部分内容出现不协调；第三，婚姻家庭法应当形成自己的完整体系，这就要求将收养法纳入其中，以构成婚姻家庭法的完整体系。[②]

第三种观点主张，收养制度回归我国《民法典》，其立法体系应为亲子关系下的独立一节。我国有较多学者持此种观点。例如，夏吟兰认为，在我国《民法典》之体系完善方面，应将收养法作为婚姻家庭法的一部分，视为确认建立亲子关系的法律路径之一，列于父母子女关系之后，以体现亲子关系与收养关系之间的逻辑性。[③] 冉克平认为，收养与父母子女关系具有种属关系，本质上属于拟制血亲关系，在体系上不应被置于离婚之后，从而导致其与家庭关系相隔离。在立法体系上，将收养与“结婚”“离婚”等法律关系相并列，是我国原《收养法》作为单行法长期独立于婚姻家庭法之外的不利后果。[④] 杨立新认为，所有的收养法规则都是亲

---

① 参见龙翼飞：《关于民法草案中人格权法、婚姻法、收养法和继承法的立法思考》，载《法学杂志》2003 年第 3 期，第 24 页。

② 参见王利明：《民法典体系研究》（第二版），中国人民大学出版社 2012 年版，第 487 页。

③ 参见夏吟兰：《民法典体系下婚姻家庭法之基本架构与逻辑体例》，载《政法论坛》2014 年第 5 期，第 147 页。

④ 参见冉克平：《论〈民法典婚姻家庭编（草案）〉的体系、内容及其完善》，载《武汉大学学报（哲学社会科学版）》2019 年第 6 期，第 150 页。

子关系的规则，因此应将原《收养法》的规则纳入婚姻家庭编。具体作为亲子关系发生的一种具体情形，放在亲子关系一章当中规定。[①]

对于上述争议问题的探讨，即研究收养制度外部立法体系的意义有两个方面：其一，有助于提升我国《民法典》的体系性特征；其二，具体分析收养制度应如何回归民法典，是作为民法典中的独立一编、婚姻家庭编下的独立一章抑或是亲子关系下的独立一节，对这些问题的研究为原《收养法》回归我国《民法典》在立法体例上提供了基本定位。

（二）收养制度内部立法体系研究的意义

一方面，收养制度内部立法体系的研究，为法律完善提供了基本框架。体系化研究方法的第一步就是依据一定的标准对欲类型化之“抽象事物”进行分类，这为法律、法规的制定或制度的完善提供了基本框架，并有助于进一步指导框架中相关内容之完善，将具体分类在内容上进一步充实。收养制度的内部立法体系，与其具体的立法条文息息相关。有的国家以收养制度的类型作为内部立法体系的划分依据，此种分类方式的优势之一是能更好地突出收养制度的类型化特征。例如，《德国民法典》收养制度具体分为“未成年人收养”和“成年人收养”，《葡萄牙民法典》收养制度具体分为“一般规定”“完全收养”和“不完全收养”。

根据不同的分类标准，收养行为可以划分为不同的种类。蒋新苗在《国际收养法律制度研究》一书中提出，国际收养行为可以分为七类，分别是：①生前收养与死后收养；②法定收养与事实收养；③共同收养与单独收养；④公法收养与私法收养；⑤秘密收养与公开收养；⑥完全收养与不完全收养；⑦国内收养与国

① 参见杨立新：《对修订民法典婚姻家庭编30个问题的立法建议》，载《财经法学》2017年第6期，第20页。

际收养。[①] 陈苇在其主编的《婚姻家庭继承法学》一书中，根据不同的分类标准，将我国收养行为分为四种类型：第一，以收养的效力为准，根据收养关系成立后被收养人与亲生父母间的亲子关系是否解除，可将收养分为完全收养与不完全收养。第二，以收养的对象为标准，可将收养分为对未成年人的收养与对成年人的收养。对未成年人的收养，是指以未成年人为收养对象的收养。对成年人的收养，是指以成年人为收养对象的收养。第三，以收养人人数为标准，可将收养分为共同收养与单独收养。共同收养，是指已婚夫妇双方共同对被收养人进行的收养。这是世界各国立法所普遍规定的基本类型。单独收养，是指收养人单独一人的收养，包括单身的无配偶者所为的收养和已婚夫妻之一方单独所为的收养两种情况。第四，以收养的形式为标准，可将收养分为法定收养和事实收养。法定收养，是指严格依照法律规定的实质要件和形式要件成立的收养。事实收养，是指仅于事实上形成养父母子女关系而欠缺法定形式要件的收养。[②] 而我国的收养制度以法律行为发展过程为划分依据，分为“收养关系的成立”“收养的效力”和“收养关系的解除”。我国《民法典》中的收养制度沿用原《收养法》的内部立法体系。但相比与域外立法中的“不完全收养”“成年人收养”等类型相比，我国《民法典》仍仅有未成年人收养这一种类型，如何凸显收养制度的类型化特征仍然是需要解决的问题之一。

另一方面，对收养制度内部立法体系的研究，有助于各法律部门间的相互协调与内部条文的和谐统一。法律体系考察的一项重要益处在于掌握法律制定中各种类别之间的关系，如递进式或并列式，也更便于民众快速准确地查找或掌握法律条文。一是如

---

① 参见蒋新苗：《国际收养法律制度研究》，法律出版社 1999 年版，第 9-13 页。

② 参见陈苇主编：《婚姻家庭继承法学》（第二版），高等教育出版社 2018 年版，第 130 页。

何正视我国《民法典》收养制度的内部立法体系与原《收养法》的立法体系。原《收养法》作为单行法，有“总则”“附则”等章节。回归我国《民法典》后的收养立法，在原《民法总则》的统筹指导下，其内部立法体系相较于现行法必然发生一定变化。二是如何兼顾收养制度立法条文与我国《民法典》其他法律条文的体系协调性。从前文对收养制度基本原则的分析可以看出，由原《收养法》的五原则变为三原则，即最有利于被收养人原则、保障被收养人和收养人的合法权益原则、禁止借收养名义买卖未成年人原则。究其原因，盖因兼顾了我国《民法典》“总则编”基本原则的统筹性，考虑了法典编纂的体系完整与协调一致性。而这种立法条文间的体系协调性不仅仅体现在基本原则方面，更应贯彻于收养制度立法的各个方面。

## 第二节　中外收养制度立法体系的考察与评析

民法法典化，是具备能力、天赋兼“艺术家”性质般的立法者按照一定的体例结构（以社会科学为支撑）与价值理念（以求准确反映社会现实），将民事法律规范等一系列制度进行阐释，编纂、囊括与规范世俗的过程。在私法领域，法典化与启蒙运动蕴含的理性主义思潮密切关联，并在当代被认为是立法理性的首要手段。[①] 近代以来，明晰和简化法律的诉求越来越突出，处于革新化进程中，不断发展的国家将其作为规范公共行动及法律体系性表达的核心方法与理性路径。从历史维度上看，这样一个问题被反复思考：立法学到底是一门艺术，还是一门学科？为指导大陆法系国家进行法典编纂及立法审视工作，尽力使其具有整合范式体例的理性主义思潮，学者针对法学阶梯与学说汇纂式立法模式，

① 参见石佳友：《民法典与社会转型》，中国人民大学出版社 2018 年版，第 356 页。

分别提出过我国《民法典》编纂过程应具备的检视要素，以回应法思想与法形式的合理性问题。本节对中外收养制度立法体系进行考察与评析，以待了解立法体系特色如何实际作用于我国《民法典》、检验于具体制度，体现法理论与法实践的相互契合。

## 一、域外收养制度立法体系的考察与评析

域外大陆法系国家立法例和我国学者建议稿的相关规定，为我国《民法典》实施后收养制度立法体系的进一步研究提供了一定的借鉴。本书主要分析了法国、阿根廷、日本、德国、瑞士、菲律宾、埃塞俄比亚和葡萄牙这八个大陆法系国家的收养制度立法体系。对于我国民法典之系统编纂工作，不仅立法机关进行了积极探索，我国学者也提供了丰富的学术研究成果。对我国学者建议稿中收养制度立法体例的考察，本书主要分析了“梁稿”“王稿”和“徐稿”。

### （一）域外收养制度立法体系的考察

《法国民法典》的内容共由五卷构成，分别为“人”“财产及所有权的各种限制”“取得财产的各种方法”“担保”和“适用于马约特岛的规定”。而第一卷“人”又分为十三编，分别为“民事权利”“身份证书”“住所”“失踪”“婚姻”“离婚”“亲子关系”“收养子女”“亲权”“未成年与解除亲权”“成年以及受法律保护的成年人”“受监护的未成年人与成年人的概括财产的管理”和“紧密关系民事协议与姘居”，即从收养制度的外部立法体系来看，其位于与“婚姻”“亲子关系”相并列的第八编“收养子女”。从内部立法体系来看，《法国民法典》收养制度进一步分为三章，分别是第一章“完全收养”、第二章“简单收养”、第三章“有关收养亲子关系的法律冲突以及国外宣告的收养在法国的效力”，即法国收养制度的内部立法体系仍以收养的类型为依据，分为完全收养和简单收养等类型。

《阿根廷共和国民法典》的内容共由五卷构成，分别为“人”

"民事关系中的对人权""物权"和"物权和对人权的共同规定"。而该法典中的家庭关系共分为十四题，分别为"婚姻""亲子关系""亲权""收养""亲属及亲等""亲属之间的权利和义务""监护""可成为监护人之人""监护的指派""监护之管理""监护的终止方式""监护的账目""保佐"和"未成年人之公共职权机构"，即从收养制度的外部立法体系来看，其位于与"婚姻""亲子关系"相并列的第四题"收养"。从内部立法体系来看，《阿根廷共和国民法典》收养制度进一步分为五节，分别为第一节"一般规定"、第二节"完全收养"、第三节"简单收养"、第四节"无效和登记"、第五节"在外国成立的收养的效果"，即阿根廷收养制度的内部立法体系仍以收养的类型为依据，分为完全收养和简单收养等类型，辅之以收养行为的无效和登记、外国成立的收养等类型。

《日本民法典》的内容共由五编构成，分别为"总则""物权""债权""亲属"和"继承"。而"亲属"编之下又分为七章，分别是"总则""婚姻""父母子女""亲权""监护""保佐及辅助"和"扶养"。其中，收养制度为第三章"父母子女"下的第二节"收养子女"，即从收养制度的外部立法体系来看，其是亲属法律关系的组成部分，具体为父母子女关系的构成内容之一。从内部立法体系来看，《日本民法典》收养制度又进一步分为五个部分，分别是第一分节"收养的要件"、第二分节"收养的无效及撤销"、第三分节"收养的效力"、第四分节"收养关系的解除"和第五分节"特别收养"。日本收养制度的内部立法体系是以收养行为的发生阶段为依据进行区分的。

《德国民法典》的内容共由五编构成，分别为"总则""债务关系法""物权法""亲属法"和"继承法"。其中，"亲属法"编共分为三章，分别是第一章"民法上的婚姻"、第二章"亲属"、第三章"监护、法律上的照管、保佐"。从收养制度的外部立法体系来看，收养制度为第二章"亲属"下的第七节，即收养制度是亲属法律关系的构成内容之一。从内部立法体系来看，《德国民法典》收养制度的内部体系分为两目，分别为第一目“未成年人收养”和第二目“成年人收养”，即德国收养制度的内部立法体系以收养的类型为依据，分为未成年人收养和成年人收养这两种并列的类型。

《瑞士民法典》的内容共由四编构成，分别为“人法”“家庭法”“继承法”和“物权法”。而“家庭法”编下分为三分编，分别为“夫妻”“父母”和“成年人的保护”。在“父母”分编下又具体分为三章，分别是“亲子关系的确立”“亲子关系的效力”和“家庭”。其中，收养制度是“亲子关系的确立”一章下的具体内容，即从收养制度的外部立法体系来看，其作为独立一节，是亲子关系的确立方式之一。从内部立法体系来看，《瑞士民法典》收养制度进一步分为六部分，分别是“未成年人的收养”“成年人的收养”“收养的效力”“收养的程序”“收养无效之诉”和“收养中介活动”，即瑞士收养制度的内部立法体系有两个分类依据：“未成年人的收养”“成年人的收养”是依据收养的类型区分的；而“收养的效力”“收养的程序”“收养无效之诉”等则是依据收养行为的发展阶段予以区分的。

《菲律宾民法典》的内容共由四编构成，分别为“人”“财产、所有权及其限制”“取得所有权的不同方式”和“债与合同”。“人”编之下又分为十六题，分别是“民事人格”“国籍和住所”“婚姻”“法定别居”“夫妻之间的权利和义务”“夫妻之间的财产关系”“家庭”“父权和亲子关系”“扶养”“葬礼”“亲权”“子女的照管和教育”“姓的使用”“不在”“准治产和成年年龄”和“民事登记”。而菲律宾的收养制度被规定于“亲权”一题，是“亲权”之下的具体一章，即从收养制度的外部立法体系来看，其是亲子关系的组成部分之一。从内部立法体系来看，《菲律宾民法典》“收养”一章之下没有进一步详细分类，这与该法典中收养制度条文较少有一定关系。

《埃塞俄比亚民法典》的内容共由五编构成，分别为“人”“家庭与继承”“物”“债”和“合同分则”。而“家庭与继承”编中的家庭部分又分为十二章，分别是“血亲和姻亲关系的一般规定”“婚约”“婚姻的缔结”“对违反婚姻要件的处罚”“结婚的效力”“婚姻的终止”“婚姻的证明”“非法同居”“结婚、离婚和同居案件中的争议”“亲子关系”“收养”和“生活保持义务”，即从收养制度的外部立法体系来看，其位于与“婚姻的缔结”“亲子关系”相并列的第十一章“收养”。从内部立法体系来看，《埃塞俄比亚民法典》“收养”一章之下也没有进一步详细分类，盖因相关法律条文较少。

《葡萄牙民法典》的内容共由五卷构成，分别为“总则”“债法”“物法”“亲属法”“继承法”。而“亲属法”卷又进一步分为五编，分别是“一般规定”“结婚”“亲子关系”“收养”“扶养”。从收养制度的外部立法体系来看，其是与“结婚”“亲子关系”相并列的一编，即第四编“收养”。从内部立法体系来看，《葡萄牙民法典》“收养”一编又具体分为三章，分别是第一章“一般规定”、第二章“完全收养”、第三章“不完全收养”。可见，葡萄牙收养制度的内部立法体系以收养的类型为依据，主要分为完全收养和不完全收养这两种类型。

### （二）域外收养制度立法体系的评析

#### 1. 域外收养制度外部立法体系的评析

法学阶梯式民典编纂，强调人与物的区分及对应权利保护。法国对古罗马法典中最具体系化因素的《法学阶梯》最感兴趣，并且借助这一著作体系实现了法国民法体系的构建。[①] 盖尤斯的《法学阶梯》归纳并整理了调整庞大社会事务的民法规范，从中提炼出民法的三个最核心、也最为重要的因素：人、物和权利。他

① 参见薛军：《优士丁尼法典编纂中“法典”的概念》，载徐国栋主编：《罗马法与现代民法》，中国法制出版社 2001 年版，第 35 页。

提出，民法首先要解决的就是人的问题，涉及人身权利、人的人格以及人的婚姻家庭等最基本的关系问题。第二个要素是规定法律上的物。罗马背靠大海，但无法将浩瀚海洋作为民法上的物；而客观世界的物，至关重要如太阳者也不能成为民法上的物。盖尤斯对物进行了细致分析，提出公法意义上的物和民法意义上的物的区分理念。第三个核心因素是法律上的权利，是一个比较抽象的概念，盖尤斯将其明确定义为人支配物的法权基础。权利存在取得和消灭的问题，也存在遭受损害的可能，而损害涉及救济问题，又进一步生成损害赔偿。[①] 多内鲁斯（Donellus）在其所著的《市民法评注》中也试图根据“人—物—诉讼”的方式论述法学阶梯式民法典编纂所涉及的材料。此后，被誉为“法国民法典之父”的多马（Domat）和鲍蒂埃（Pothier）在著作中又进一步阐述了该范式。[②]

不同于《法国民法典》，为保证从古罗马法文本中得到最全面的规范援引，德国对古罗马法的继受以追求全面为基本目标。这样，德国很自然地选择了古罗马诸法中最具有全面特征的《学说汇编》为继受对象。[③] 该体系的基本特点是，确立了以支配权和请求权、物权和债权的法律性质相互区分的民法概念体系，建立了以法律关系学说作为基本线索的民法编制逻辑和系统理论。[④] 学说汇纂式民法典编纂，更强调法形式与法内容的相互协调。法律规范呈现一种严密的逻辑体系，按照从种到属、从一般到具体的逻辑形式进行侧重式构建。“法典化是现今多数国家正在进行的且进

① 参见孙宪忠：《论民法典贯彻体系性科学逻辑的几个要点》，载《东方法学》2020 年第 4 期，第 19 页。

② P. Ungari, *Per la Storia Dell' idea di Codice*, in Quaderni Fiorentini, Milano, 1972, p. 218.

③ 参见薛军：《批判民法学的理论建构》，北京大学出版社 2012 年版，第 242 页。

④ KonradZweigert, Hein Koetz, *Einfuehrung in die Rechtsvergleichung*, 3 Auflage, J. C. B. Mohr, 1996, p. 130.

展良好的立法活动”，[1] 至新中国成立后，“法典”一词已逐步发展成为必备“形式”“内容”与“特色”要素的“总分”逻辑体系。王利明教授指出，就其形式，法典是一个整体，汇聚了处于分散状态的多个部分；就其内容，法典“由法律的全部、主要或者是部分渊源所组成”；就其特征，法典“促进了法律对象对于法律的理解”。[2]

综观上述八个国家民法典之立法体系，从收养制度的外部立法体系来看：一方面，收养制度均是这些国家民法典的组成部分之一，对于民法典的体系完整具有不可分割性。反观我国 1992 年《收养法》和原《收养法》，从颁布之初至后续修改，均作为单行法独立于婚姻立法长期存在，一定程度上割裂了原《婚姻法》的体系完整度，为立法之不足。而此次我国已经完成的《民法典》系统编纂工作，为原《收养法》回归婚姻家庭法，进而统一成为我国《民法典》的重要组成部分提供了良好契机，并促进其体系协调。另一方面，根据收养制度与亲子关系的具体立法安排，这些域外立法例中收养制度的外部立法体系主要有两种立法模式。

第一种立法模式，是收养制度在立法位置上与亲子关系相并列，法国法、阿根廷法、埃塞俄比亚法和葡萄牙法均是此种立法模式。例如，《法国民法典》收养制度与“婚姻”“亲子关系”相并列，具体为第八编“收养子女”；《阿根廷共和国民法典》收养制度与“婚姻”　“亲子关系”相并列，具体为第四题“收养”；《埃塞俄比亚民法典》收养制度与“婚姻的缔结”“亲子关系”相并列，具体为第十一章“收养”；《葡萄牙民法典》收养制度与“结婚”“亲子关系”相并列，具体为第四编“收养”。需说明的

---

① MichaEl Milo, Jan Lokin, Jan M Smits (eels.), *Tradition, Codification and Unification* (*1st edition*), Intersentia, 2014, p. 239.

② 王利明:《民法典体系研究》(第二版)，中国人民大学出版社 2012 年版，第 6-7 页。

是，“收养”之前的具体称谓有所区别，有的以“编”进行划分，有的以“题”或“章”进行划分，这与各国《民法典》分类用语各有特色有一定关系，但就立法立体编排的共性来看，这些国家民法典中的收养制度均具有与亲子关系相并列的立法地位。

第二种立法模式，是收养制度在立法位置上从属于亲子关系，是亲子关系的组成部分之一。日本法、德国法、瑞士法和菲律宾法属于此种立法模式。例如，《日本民法典》收养制度是“父母子女”一章下的第二节，为父母子女关系的构成内容之一；《德国民法典》收养制度是“亲属”章下的第七节；《瑞士民法典》收养制度是“亲子关系的确立”一章下的第四节；《菲律宾民法典》收养制度被规定于“亲权”一题，是“亲权”之下的具体一章。需说明的是，这些国家收养制度具体隶属章节的名称有一定差异，有的称为“父母子女”，有的称为“亲属”“亲子关系的确立”或“亲权”，但这些国家均认为，收养制度是亲属关系缔结的重要方式之一，应是亲属法律关系之下的重要内容。

目前，我国《民法典》确立了收养制度回归的基本定位，具体是作为独立的第五章，与第三章“家庭关系”相并列。但是，我国也有学者提出，收养制度在立法体系上应是亲子关系或家庭关系的组成部分，而非并列关系。例如，冉克平提出，收养关系与父母子女关系具有种属关系，收养本质上属于拟制血亲关系，在体系上置于离婚之后将导致其与家庭关系相隔离。在立法体系上，将“收养”与“结婚”“离婚”等法律关系相并列，是我国原《收养法》作为单行法长期独立于原《婚姻法》之外的不利后果。[①] 对于此观点，从域外立法例考察情况来看，尽管理论上收养应是亲属关系缔结的重要方式之一，但域外仍有较多国家的收养制度在立法体例上是与亲子关系相并列的，而非隶属关系，如法

① 参见冉克平：《论〈民法典婚姻家庭编（草案）〉的体系、内容及其完善》，载《武汉大学学报（哲学社会科学版）》2019年第6期，第150页。

国法、阿根廷法、埃塞俄比亚法和葡萄牙法。这为我国收养关系具有独立成章的立法体例提供了一定的参考和依据。

2. 域外收养制度内部立法体系的评析

“法律体系是一个国家各个法律部门组成的具有内在联系的有机统一体。”①从这些域外国家民法典收养制度的内部立法体系来看，主要有三种立法模式：

第一种立法模式，以收养制度的类型，即横向法律逻辑作为内部立法体系的划分依据。现代社会收养制度的主要类型有：完全收养和不完全收养，未成年人收养和成年人收养，单独收养和共同收养，法定收养和事实收养，国内收养和跨境收养，一般收养和特别收养。持此种立法模式的国家有法国、德国和葡萄牙。例如，《法国民法典》收养制度进一步分为三章，分别是第一章“完全收养”、第二章“简单收养”、第三章“有关收养亲子关系的法律冲突以及国外宣告的收养在法国的效力”；《德国民法典》收养制度的内部体系分为两目，分别为第一目“未成年人收养”和第二目“成年人收养”；《葡萄牙民法典》中“收养”一编又具体分为三章，分别是第一章“一般规定”、第二章“完全收养”、第三章“不完全收养”。

第二种立法模式，以收养制度的发展阶段和类型结合作为内部立法体系的划分依据。收养行为的缔结到终止一般经历收养要件、收养成立、收养效力和收养解除等发展阶段。持此种混合标准立法模式的国家有阿根廷、瑞士和日本。例如，《阿根廷共和国民法典》收养制度进一步分为五节，分别为第一节“一般规定”、第二节“完全收养”、第三节“简单收养”、第四节“无效和登记”、第五节“在外国成立的收养的效果”。阿根廷收养制度的内部立法体系仍以收养的类型为依据，分为完全收养和简单收养等

① 马绍春：《关于建立有中国特色社会主义法律体系的指导思想》，载《学习与思考》1998年第5期，第28页。

类型，辅之以收养行为的无效和登记、外国成立的收养等类型。再如，《瑞士民法典》收养制度进一步分为六部分，分别是“未成年人的收养”“成年人的收养”“收养的效力”“收养的程序”“收养无效之诉”和“收养中介活动”。瑞士收养制度的内部立法体系有两个分类依据，“未成年人的收养”“成年人的收养”是依据收养的类型区分的，而“收养的效力”“收养的程序”“收养无效之诉”等则是依据收养行为的发展阶段予以区分的。而《日本民法典》收养制度进一步分为五个部分，分别是第一分节“收养的要件”、第二分节“收养的无效及撤销”、第三分节“收养的效力”、第四分节“收养关系的解除”和第五分节“特别收养”。前一至四分节是以收养制度的发展阶段为依据进行划分的，具体的类型特征体现在第五分节“特别收养”中。

第三种立法模式，对收养制度的内部立法体系不作进一步具体分类。以上域外立法例中，菲律宾和埃塞俄比亚采取此种立法模式。《菲律宾民法典》和《埃塞俄比亚民法典》“收养”一章之下没有进一步详细分类，究其原因，主要是这些法典收养制度条文较少。

## 二、我国学者建议稿收养制度立法体系的考察与评析

### （一）我国学者建议稿收养制度立法体系的考察

为推进我国《民法典》的制定，我国学者已经先后撰写了多部学者建议稿。毕竟，“在法典化前夜，民法法系里的英雄首先是立法者、法学家”。[①] “梁稿”亲属法编由第六十八章至七十六章构成，分别是第六十八章“通则”、第六十九章“亲属”、第七十章“结婚”、第七十一章“夫妻关系”、第七十二章“离婚”、第七十三章“父母子女”、第七十四章“收养”、第七十五章“扶

① ［美］艾伦·沃森：《民法法系的演变及形成》，李静冰、姚新华等译，中国法制出版社 2005 年版，第 236 页。

养”、第七十六章“监护与照顾”。从“梁稿”收养制度的外部立法体系来看，第七十四章“收养”与“离婚”“父母子女”等相并列，即“梁稿”收养制度具有与“父母子女”相并列、独立成章的立法体例。而从收养制度的内部立法体系来看，“梁稿”第七十四章“收养”又具体分为四部分，分别为“一般规定”“收养关系的成立”“收养的效力”和“收养关系的解除”。

“王稿”婚姻家庭编共分为七章，分别是第一章“通则”、第二章“结婚”、第三章“夫妻”、第四章“离婚”、第五章“父母子女”、第六章“收养”、第七章“扶养”。从“王稿”收养制度的外部立法体系来看，第六章“收养”与“离婚”“父母子女”等相并列，即“王稿”收养制度也具有与“父母子女”相并列、独立成章的立法体例。而从收养制度的内部立法体系来看，“王稿”第六章“收养”之下也具体分为四部分，分别为“一般规定”“收养的成立”“收养的效力”和“收养的解除”。

“徐稿”亲属法一题共分为五章，分别是第一章“一般规定”、第二章“亲子关系”、第三章“扶养和生活保持”、第四章“家”、第五章“家庭暴力的防治与救助”。第二章“亲子关系”又由六节构成，分别是第一节“一般规定”、第二节“婚生亲子关系”、第三节“非婚生亲子关系”、第四节“亲子关系的效力”、第五节“收养”、第六节“亲权”。从“徐稿”收养制度的外部立法体系来看，收养制度为第二章“亲子关系”的第五节，即其是亲子关系的组成部分之一。而从收养制度的内部立法体系来看，第五节“收养”又进一步分为三部分，分别是“收养的成立”“收养的效力”和“收养的终止”。

### （二）我国学者建议稿收养制度立法体系的评析

首先，从我国学者建议稿收养制度的外部立法体系来看，梁慧星、王利明等学者认为，收养制度应位于亲属法编或婚姻家庭编中，即其是我国《民法典》的重要组成部分。具体根据收养制度与亲子关系的立法安排，我国学者建议稿收养制度的外部立法体系主要有两种立法模式：一是收养制度在立法位置上与亲子关系相并列，上文的“梁稿”和“徐稿”是此种立法模式。例如，“梁稿”第七十四章“收养”与“父母子女”章等相并列，“王稿”第六章“收养”也与“父母子女”章相并列。二是收养制度在立法位置上从属于亲子关系，是亲子关系的组成部分之一。上文的“徐稿”是此种立法模式。例如，“徐稿”收养制度为第二章“亲子关系”的第五节。

其次，从我国学者建议稿收养制度的内部立法体系来看，“梁稿”“王稿”和“徐稿”均以收养制度的发展阶段，即纵向法律逻辑作为内部立法体系的划分依据。例如，“梁稿”第七十四章“收养”之下具体分为四部分，分别是“一般规定”“收养关系的成立”“收养的效力”和“收养关系的解除”；“王稿”第六章“收养”之下也具体分为四部分，分别为“一般规定”“收养的成立”“收养的效力”和“收养的解除”；而“徐稿”第五节“收养”之下具体为三部分，分别是“收养的成立”“收养的效力”和“收养的终止”。从收养制度的内部立法体系来看，我国三份学者建议稿具有较多相似之处，均以纵向法律逻辑作为划分依据，并分为“收养的成立”“收养的效力”等部分。但三份学者建议稿也存在一定差异，具体表现为：一是“梁稿”和“王稿”的收养制度有“一般规定”一节，而“徐稿”没有。二是“梁稿”和“王稿”中有“收养关系的解除”一节，而“徐稿”则规定了“收养的终止”。之所以存在这些差异，盖因与这三份学者建议稿参考的立法例有一定关系。“王稿”和“梁稿”收养制度在很大程度上继受了原《收养法》之规定，因此这两份建议稿具有较多的相似之处；而“徐稿”在立法体例和内容上较多地参考了瑞士、智利等域外民法典，这导致其与前两份建议稿在收养制度的立法体例方面存在一定差异。

最后，就收养制度的立法体例问题，我国学者建议稿与域外立法例既存在相似之处，也有一定区别。二者的相似之处表现为，各建议稿和域外立法例的收养制度均是其民法典的组成部分。而二者不同之处主要表现在内部立法体系方面，域外立法例收养制度的类型化特征要略强于我国学者建议稿。上述国家民法典中有关收养制度内部立法体例的三种立法模式，以收养制度的类型，即横向法律逻辑作为内部立法体系划分依据的立法例，其收养法的类型特征较为明显。例如，法国收养制度分为“完全收养”和“简单收养”，德国收养制度分为“未成年人收养”和“成年人收养”，葡萄牙收养制度分为“完全收养”和“不完全收养”。即使是以收养制度的发展阶段和类型结合作为内部立法体系划分依据的国家，其收养法的类型化特征也较为明显。例如，阿根廷收养制度分为“完全收养”和“简单收养”，瑞士收养制度分为“未成年人的收养”和“成年人的收养”。在引进、衰落与复兴中，中国民法继受了潘德克顿法学，但从某些角度反观我国婚姻立法，令人担忧的是，起草者们有时候欠缺对于家庭制度重要性的必要敏感。[①] 反观我国学者建议稿收养制度之内部立法体系，是以法律行为的发展阶段即纵向法律逻辑将其具体分为“收养关系的成立”“收养的效力”和“收养关系的解除”等。其类型特征不及于上文考察的法国、德国、葡萄牙和阿根廷等域外立法例。我国收养法之内容主要关注未成年人收养，而对成年人收养和不完全收养等内容关注不足，这可能也与我国收养法立法体系的类型化特征体现不充分有一定关系。

① 参见石佳友：《民法典与社会转型》，中国人民大学出版社 2018 年版，第 36 页。

## 第三节 我国《民法典》收养制度的立法体系研究

改革开放以来，我国已建立起较为完备的适应我国社会主义初级阶段的法治模式，以及与社会主义根本任务相一致的立法体系。与法律内容相并列的立法体系问题，是我国收养制度法典化进程中不可避免且必须回应的问题之一。其也是衡量我国收养制度法典化是否合情合理，是否具有系统化基础、条理性特征的重要标准之一。探究我国《民法典》收养制度之立法体系，具有重要的立法意义。本书对收养制度的体系研究，主要分为外部立法体系和内部立法体系两部分。

### 一、我国《民法典》收养制度的外部立法体系研究

#### （一）收养制度回归民法典的理论基础

前文已阐述，对于收养制度是否应该回归我国《民法典》曾有争议，目前我国学者对收养法应是民法典的必要内容之一已达成共识。从本次我国《民法典》制定情况来看，各草案建议稿均确立了原《收养法》应回归《民法典》的基本路径。笔者赞同此种立法模式，原因在于：

一方面，通过上文对域外立法例的考察不难发现，收养制度均包含在民法典中。例如，《德国民法典》收养制度为第二章“亲属”下的第七节；《意大利民法典》人及家庭编共分为十四章，其中第八章为“养子女收养”。而在我国学者建议稿中，无论“王稿”“梁稿”或“徐稿”，收养制度均是民法典建议稿的组成内容之一。这为收养制度回归我国《民法典》提供了一定的制度基础。

另一方面，收养制度回归我国《民法典》是编纂体系化的客观要求。“当代中国60多年来的民事立法采用的是实用主义立场，

最先制定的是《婚姻法》，在改革开放之后制定了《继承法》和《民法总则》。"[①] 这样的立法体例在一定程度上割裂了民法典逻辑体系的严密性，可能出现各种矛盾，使民法各个部门法的内容不相衔接。也正是基于此原因，有学者主张应抛弃此种松散型的立法转而制定一部统一、完整的民法典。[②] 原《收养法》独立于《婚姻法》是受苏联立法模式和收养立法颁布晚于《婚姻法》等现实情况影响，有其历史局限。本次正值我国《民法典》编纂，为原《收养法》突破历史局限、回归《民法典》提供良好契机。如果此次仍坚持收养制度独立于我国《民法典》，一方面将导致我国《民法典》欠缺收养制度之立法内容，在体系上有所欠缺；另一方面我国收养制度也将错过回归《民法典》的时代机遇。

（二）收养制度应规定于亲属编而非独立成编

在确立收养制度应回归我国《民法典》的基础上，关于原《收养法》应如何回归《民法典》仍存在争议。2002 年的"民法典草案"共分为九编，其中第五编为"婚姻法"、第六编为"收养法"、第七编为"继承法"，即该民法典草案中，收养法与我国婚姻法、继承法在体系上相并列，独立成为一编。其立法理由可能在于原《收养法》条文较多，独立成编能更好凸显其法律地位，并且从各编条文的数量上来看相对均衡。但是，随着我国立法体系研究的进一步深化，上述立法体例发生了变化。自全国人大常委会法制工作委员会民法室起草的《中国人民共和国民法婚姻家庭编（草案）（2017 年 9 月 26 日室内稿）》起，我国收养制度便确立了回归婚姻家庭法的立法思路。2018 年 9 月至 2019 年 12 月相继公布的"草案一审稿"至"草案四审稿"，在外部立法体系上也保持了这一立法体例。我国《民法典》婚姻家庭编共分为五章，

① 杨立新主编：《中国百年民法典汇编》，中国法制出版社 2011 年版，第 37 页。

② 参见杨立新：《百年中的中国民法华丽转身与曲折发展——中国民法一百年历史的回顾与展望》，载《河南省政法管理干部学院学报》2011 年第 3 期，第 16 页。

第一章为“一般规定”、第二章为“结婚”、第三章为“家庭关系”、第四章为“离婚”、第五章为“收养”，即收养制度隶属于“婚姻家庭编”之组成部分，改变了原《收养法》完全独立于原《婚姻法》的立法体例，确立了收养制度回归民法典的基本思路。对此，有学者提出，收养作为一种极其特殊的民事法律关系，单独作为一编与其他基本的民事法律关系并列，违背了基本法理学和科学体系设置的基本原则。[①]

对于以上分歧，笔者认为，我国收养制度应该规定于婚姻家庭编中，而非独立成编。原因在于：一方面，在上述域外立法例和我国学者建议稿中，多数收养制度规定于亲属法编或人与家庭编，而不是与亲属法相并列；另一方面，收养行为作为缔结拟制血亲关系的途径之一，其内容应是亲属编必不可少的组成部分。那么，原《收养法》条文较多，成为亲属编下的一章是否会导致与其他“结婚”章、“离婚”章的条文数量不均衡？我国《民法典》的体系协调统一具有重要意义，但《民法典》体系化的最终落脚点仍然是为法典内容完善服务，收养制度回归亲属编具有理论依据。收养是在本无父母子女关系的自然人之间通过法律拟制的方法，创设身份的法律行为。从民事法律行为的本质来看，收养与缔结婚姻具有相似性，均是形成拟制血亲关系的途径，也应是亲属法的必备内容之一。而亲属法是我国《民法典》的重要组成部分，相应地确立了收养制度应回归《民法典》的立法地位。具体应为婚姻家庭编的组成部分，而非独立成编。

## 二、我国《民法典》收养制度的内部立法体系研究

对前文域外立法例和我国学者建议稿的内部立法体系的考察，为我国《民法典》的编纂提供多条参考路径。在域外立法中，多

① 参见杨遂全：《中国之路与中国民法典：不能忽视的100个现实问题》，法律出版社2005年版，第49页。

以收养制度的类型作为内部立法体系的划分依据。例如，《法国民法典》收养制度具体分为“完全收养”“简单收养”和“有关收养亲子关系的法律冲突以及国外宣告的收养在法国的效力”，《葡萄牙民法典》收养制度具体分为“一般规定”“完全收养”和“不完全收养”。这种以收养制度的类型作为内部立法体系划分依据的方式，为我国收养制度之法典化提供了一定的研究思路。而我国原《收养法》及学者建议稿多以收养法律行为的发展阶段作为内部立法体系的划分依据，分为一般规定、收养关系的成立、收养的效力、收养关系的解除几个阶段。例如，“梁稿”第七十四章“收养”的内部立法体系具体分为“一般规定”“收养关系的成立”“收养的效力”和“收养关系的解除”。

从本次我国《民法典》立法情况来看，收养制度分为“收养关系的成立”“收养的效力”和“收养关系的解除”，基本与原《收养法》和学者建议稿中的立法体例保持一致。但不同于原《收养法》，为了确保我国《民法典》不是各个部分内容的简单拼凑而是一个体系完备的整体，伴随收养制度单行立法模式的结束，在具体结构设计上，不再设立“总则”部分，原《收养法》“法律责任”和“附则”这两部分的内容也应予以删除。[①] 鉴于法律的历史性、延续性与民族性，笔者认为，我国《民法典》收养制度以“收养关系的成立”“收养的效力”和“收养关系的解除”为内部立法体系较为合理。原《收养法》颁布至今已三十年，取得了较好的法律效果。其内部立法体例基本沿用了原《收养法》的立法体例，符合立法传统，避免了“推倒重来”的立法模式，减少了立法难度。但须注意的是，相比于域外立法以收养制度的类型为内部立法体系，我国收养制度内部立法体系的类型化特征稍显不足，这可能也是我国《民法典》中仅有未成年人收养，缺少

① 参见李俊：《略论民法典中收养制度的设计》，载《甘肃政法学院学报》2006年第1期，第70页。

成年人收养制度，对特殊收养研究也不尽充分的原因之一。新时期，应在收养制度现有内部立法体系的基础上，通过立法条文强化我国收养制度的类型化特征，以满足不同群体的收养需求，这也是我国《民法典》实施后仍需要解决的重要问题之一。

# 第四章　未成年人收养制度研究

## 第一节　原《收养法》未成年人收养的立法及司法考察

未成年人收养，是指以未成年人为收养对象的法律行为，[①] 其在我国也是一项逐步发展并日趋完善的法律制度。1950 年《婚姻法》明确规定，非婚生子女、收养子女与婚生子女的社会地位平等，这具有十分重要的意义，有利于保障未成年被收养人的合法权益。1981 年施行的《婚姻法》明确规定，收养关系成立时子女与生父母之间的权利义务关系随即解除。我国的收养是一种完全收养，并且对事实收养问题也有涉及。该法虽然强调了“国家保护合法的收养关系”，但对于收养成立的程序、条件及收养关系的解除等方面规定得不够具体。之后 1992 年《收养法》颁布，这是我国第一部现代意义上专门调整收养关系的法律。随着经济发展、人权理论进步与我国法律体系的不断健全，新时期我国收养立法越加重视对未成年人权益的保护，逐步形成了与国际法治接轨的良好发展态势。我国《民法典》在法治建设进程中具有里程碑意

① 陈苇主编：《婚姻家庭继承法学》（第二版），高等教育出版社 2018 年版，第 130 页。

义，也深刻蕴含未成年人最大利益和未成年人利益优先等理念，并提供了多角度、全方位的保障。[①] 而本节主要对原《收养法》中的未成年人收养制度的立法及司法现状进行考察，主要分为以下三部分：第一部分从收养关系的成立、收养的效力和收养关系的解除三个方面入手，考察了原《收养法》未成年人收养制度的立法现状；第二部分考察了原《收养法》未成年人收养制度的司法现状；第三部分评析了原《收养法》未成年人收养制度存在的不足。

### 一、原《收养法》未成年人收养制度的立法考察

原《收养法》共分为六章：第一章为“总则”、第二章为“收养关系的成立”、第三章为“收养的效力”、第四章为“收养关系的解除”、第五章为“法律责任”、第六章为“附则”。原《收养法》中的条文，除亲属间的收养和收养继子女等对被收养人年龄有一定特殊规定外，其余均是针对不满 14 周岁未成年人的收养，主要可以分为收养关系的成立、收养的效力和收养关系的解除这几个方面。蒋新苗教授在《中瑞收养法的差异化与趋同化溯源》一文中，从收养成立的实质要件、收养成立的形式要件、收养效力和收养关系解除这四个方面，详细分析了原《收养法》与瑞士法的差异化与趋同化问题。[②]

一是收养关系的成立。一方面，关于收养实质要件，原《收养法》从一般收养条件和特殊收养条件两个方面对收养主体资格进行了规定。一般情况下，被收养人须是生父母有特殊困难无力抚养的子女、丧失父母的孤儿或找不到生父母的弃婴和儿童，且须是“不满十四周岁的未成年人”。收养人想要收养子女须具备一

① 郭开元：《论〈民法典〉与最有利于未成年人原则》，载《中国青年社会科学》2021 年第 1 期，第 118 页。

② 参见蒋新苗：《中瑞收养法的差异化与趋同化溯源》，载《时代法学》2020 年第 3 期，第 3-12 页。

定的条件以满足被收养人的最大利益以及健康成长要求。例如，收养人须未患有禁止收养的疾病，具有教育抚养被收养人的能力，且在收养时满足年满30周岁无子女等条件。送养人的资格也有一定的限制，有特殊困难无力抚养子女的生父母、社会福利机构和孤儿的监护人有送养孤儿的权利。而特殊收养行为突破了上述收养各方主体的限制，即对原《收养法》第4条至第6条的规定有所突破。另一方面，关于收养程序要件，原《收养法》第15条至第16条规定，收养行为经依法登记后方能成立。涉及的公权力部门主要有三方：首先，收养必须向县级以上人民政府民政部门办理收养登记；其次，当事人各方或者一方要求办理收养公证的，应当到公证部门办理收养公证；再次，对于依法成立的收养关系，公安部门应当依据相关规定配合被收养人办理户口登记。另外，收养关系的成立，目前学界尚存较多争议问题。例如，关于涉外收养的成立方面，有学者指出，尽管我国已初步构建了规范涉外收养的冲突法、程序法和实体法规范，但依然存在诸多制度缺陷。[①] 再如，《事实收养关系的司法认定与处理机制》等文章对于民众不遵守收养关系成立规定而导致的事实收养问题，也多有探讨。[②] 原《收养法》中，人权保护在与法秩序博弈中处于弱势地位，有对民事主体本体地位重视不够之嫌，以及为了维护法秩序而牺牲个人收养权利的立法倾向。

二是收养的效力。首先，原《收养法》第23条规定了收养的拟制和解销效力。收养的拟制效力，是指收养产生新的由法律确认的亲子关系及其他亲属间权利义务关系的效力。自收养关系成立之日起，发生两方面的拟制效力：一方面，养父母与养子女间的关系拟制成为生父母子女关系并适用其规定；另一方面，养父

① 参见蒋新苗：《我国涉外收养关系成立实质要件法律适用规范的重构》，载《时代法学》2019年第6期，第1页。

② 参见张如曦等：《事实收养关系的司法认定与处理机制》，载《人民司法》2010年第6期，第21-24页。

母的近亲属与养子女间的关系拟制成为子女与生父母的近亲属间的关系。而收养的解销效力，是指拟制亲子关系及其他亲属关系产生时原亲子关系一并归于消灭。自收养关系成立之日起，发生两方面的解销效力：一方面，生父母与被收养子女的关系解销；另一方面，生父母的其他近亲属与被收养子女间的关系解销。其次，原《收养法》第 24 条规定了收养关系成立后养子女姓氏的选择权，养子女在协商一致的基础上可以保留原姓，也可以随养父或者养母的姓。最后，我国收养的效力只存在有效和无效之分，原《收养法》第 25 条确立了收养无效的认定标准。违反原《收养法》规定或原《民法通则》第 55 条之规定的收养行为自始无效。而关于保守收养秘密条款，有学者提出，这一规则忽视了被收养人的需求，只关注收养人和送养人的意愿，依然是传统的秘密收养原则的再现。①

三是收养关系的解除。原《收养法》第 26 条至第 30 条对解除收养关系的程序、条件和法律后果等方面作出了明确规定。首先，养父母与成年养子女关系恶化而无法共同生活的，可以协议解除收养关系；送养人与收养人也可以协议解除收养协议，但若被收养的未成年人已满 10 周岁，解除协议应征得该未成年人的同意。其次，收养关系当事人就解除收养关系无法达成一致的，可以通过诉讼程序解决该纠纷。再次，原《收养法》第 29、30 条分别从财产和人身两个方面规定了解除收养关系的法律后果。收养关系解除，结束拟制亲子关系。视被收养人是否成年，养子女与其生父母之间的解销效力是否恢复也有所区别：被收养人未成年的，基于“儿童最大利益原则”的要求，该未成年的被收养人与生父母自动恢复亲子关系；被收养人已成年的，基于意思自治原则，亲子关系是否恢复由成年养子女与生父母协商确定。最后，

---

① 参见蒋新苗：《中瑞收养法的差异化与趋同化溯源》，载《时代法学》2020 年第 3 期，第 10 页。

关于解除收养关系的法律责任，原《收养法》第31条规定了遗弃幼儿、拐卖儿童以及出卖亲生子女的法律责任。另外，最高人民法院的司法解释《关于贯彻执行民事政策法律若干问题的意见》第30条明确规定："养父母发现所收养的子女有生理缺陷，或有其他病症，要求解除收养关系的，一般不予解除，但生父母在送养时有意隐瞒的，可予解除。"①

## 二、原《收养法》未成年人收养制度的司法考察

### （一）不适法的未成年人收养之具体类型考察

1. 违反实质要件的未成年人收养

原《收养法》除个别条款外，均是针对未成年人收养制度所作的规定。原《收养法》施行之后，在审判实践中，违反收养实质要件的收养行为被认定为无效，具体包括被收养人不符合条件、送养人不符合条件等情形。

第一，送养人不符合条件。根据原《收养法》第5条之规定，有特殊困难无力抚养子女的生父母可以作送养人，送养人不符合送养条件的收养行为无效。例如，在"任某甲、吴某某等与金某甲、金某乙收养关系纠纷"一案中，审理法院认为，该案被告，即送养人任某甲、吴某某婚后生育包括被收养人任某乙在内共二子，子女人数并不多，被告任某甲、吴某某又共同投资经营上海某废旧物资回收站至今，有相应的经济来源，二人作为生父母并无充分证据证明其有特殊困难导致无力抚养任某乙的情形，故被告任某甲、吴某某送养任某乙的行为不符合法律规定。②

第二，收养人不符合条件。根据原《收养法》第6条之规定，收养人应当年满30周岁，收养人不符合条件的收养行为无效。例

① 孟刚：《最新婚姻家庭法律典型案例丛书：抚养、赡养、收养、监护》，吉林人民出版社2001年版，第88页。

② 参见上海市第二中级人民法院（2016）沪02民终3541号民事判决书。

如，在“方某财与方某贞确认收养关系纠纷”一案中，审理法院认为，该收养行为发生在1993年4月，关于收养关系效力的问题，应适用1992年4月1日起施行的《收养法》的相关规定来进行认定、裁判。该案收养人在收养被收养人时不满30周岁，收养行为违反了原《收养法》第6条的规定，故收养人的收养行为无效。①

2. 违反形式要件的未成年人收养

我国对原《收养法》颁布实施之后的事实收养行为普遍不予承认。例如，在“钟某兴等与周某香收养关系纠纷”一案中，审理法院认为，由于钟某兴夫妇与周某香之间未办理正式的收养手续，根据原《收养法》第15条之规定，收养关系经依法登记方能成立。尽管周某香的户口登记在钟某兴夫妇名下，周某香也一直随两人共同居住生活多年，但钟某兴夫妇与周某香之间并未形成法律意义上的收养与被收养关系。② 再如，在“王某、朱某离婚纠纷”一案中，审理法院同样依据原《收养法》第15条，认为该案中王某、朱某未办理收养朱某航的登记手续，不具备收养关系成立的法定条件，王某、朱某与朱某航之间不具备法定养父母与养子女的权利义务关系。③

审理法院普遍不承认原《收养法》颁布实施之后的事实收养行为，但个别法院的审判结果也存在例外。例如，在“陈某2、陈某3继承纠纷”一案中，审理法院认为，1994年汤某珍为秦某办理了落户申请等材料，之后汤某珍在生前所立的三份遗嘱中均明确秦某系其“收养的孙女”，并对秦某的抚养问题进行了安排，虽然未办理正式的收养手续，但秦某与汤某珍已形成事实上的收养关系。根据《最高人民法院关于贯彻执行〈中华人民共和国继承法〉若干问题的意见》（以下简称我国《执行继承法的意见》）

① 参见四川省广安市中级人民法院（2016）川16民终694号民事判决书。
② 参见广东省韶关市中级人民法院（2018）粤02民终2188号民事判决书。
③ 参见安徽省淮南市中级人民法院（2019）皖04民终825号民事判决书。

第 22 条“收养他人为养孙子女，视为养父母与养子女的关系的，可互为第一顺序继承人”的规定，原判决认定秦某享有继承权并无不当。[①] 再如，在“邵某杰、陈某林与崔某凤夫妻收养关系纠纷”一案中，审理法院认为，崔某凤夫妻于 1998 年 9 月抱走了送养人邵某杰、陈某林所生的女婴崔某月，始终未能在法律规定的期限内办理登记手续。关于收养关系是否成立的问题，崔某凤夫妇抱养崔某月后，虽未签订收养协议、办理收养登记，但将崔某月抚养至今，崔某月已经成年且明确表示不同意改变目前的身份及亲属关系，故一、二审法院未支持送养人邵某杰、陈某林请求确认崔某凤夫妇与崔某月之间收养关系不成立的请求。[②]

同时，对于违反程序要件的收养行为之效力问题，不同级别的法院间也存在一定的分歧。例如，在“刘某显与刘某确认收养关系纠纷”一案中，一、二审法院认为，1992 年 6 月刘某显夫妇收养了刘某，并为刘某在县公安局某派出所办理了户籍登记，户籍记载显示刘某系户主刘某显夫妇的长女。刘某显夫妇收养刘某后，未到民政部门办理收养登记。刘某随刘某显夫妇一起生活、成长至刘某显配偶逝世。审理法院判决，驳回刘某显的诉讼请求，该收养关系是依法成立的。后原告不服，提起上诉。再审法院认为，1992 年《收养法》第 15 条第 1 款规定，收养孤儿、弃婴和儿童须向民政部门登记。结合原《收养法》第 24 条的规定，在该案中，刘某显夫妇收养弃婴刘某的时间为 1992 年 6 月，系在前述法律规定施行之后发生的收养，应受该法律规定的约束。刘某显夫妇收养弃婴却未到民政部门办理收养登记的行为违反法律规定，该收养行为应当被认定为无效。[③]

针对事实收养问题，我国学界历来争议较大。原《收养法》

① 参见云南省高级人民法院（2019）云民申 530 号民事裁定书。
② 参见江苏省高级人民法院（2018）苏民监 598 号民事裁定书。
③ 参见重庆市高级人民法院（2017）渝民再 273 号民事判决书。

不承认事实收养的法律意义在于遵守法律规定、统一审判实践和维护司法权威。根据原《收养法》第15条之规定，收养行为经依法登记后方能合法成立。有学者提出，事实收养有很大的缺陷，易产生各种矛盾纠纷，成立时间也难以确定，并因难以规制极容易出现收养人不适格进而有损被收养人权益的情况。[①] 还有学者提出，“从社会价值上看，事实收养使遗弃儿、孤儿及生活无法得到有效保障的儿童感受到了家庭的温暖，也使部分不符合收养法规定条件的不孕不育家庭变得完整”。[②] 笔者认为，目前很难将事实收养问题作“一刀切”的立法规定。原因在于，私自抱养问题一直是我国社会现实存在且立法不得不回应的法律症结。有学者曾对私自抱养问题进行调研：2001年中国农村地区收集到的549例抱养中仅有1/3及时办理了收养登记。[③] 2015年人口在50万左右的县级行政区域中存在的私自收养为十几例至几十例不等。[④] 审判实践也普遍贯彻该规定。但从上文案例不难发现，仍有少数法院认定原《收养法》颁布实施后的事实收养行为有效，更注重追求当事人间的权益保护衡平。前文的“邵某杰、陈某林与崔某凤夫妻收养关系纠纷”一案，认定原《收养法》颁布实施后的该事实收养行为有效可能更符合案件的公正，因此审理法院运用其他法律条文尽可能地贯彻了公平原则。尽管收养关系被认定为无效，但养父母对被收养人抚养较多的，可以请求补偿收养期间支付的抚养、教育等费用；被收养人对养父母扶养较多的，可以依原《继承法》第14条之规定酌情继承遗产。在上述“邵某杰、陈某

① 参见王利明：《中国民法典学者建议稿及立法理由——人格权编·婚姻家庭编·继承编》，法律出版社2005年版，第326页。

② 匡俊：《事实收养研究》，载《上海政法学院学报（法治论丛）》2014年第6期，第40-41页。

③ 参见杨彦：《关于“中国农村抱养子女”的调查报告》，载《人口与经济》2004年第1期，第63页。

④ 参见李晓华、吴春燕：《搞好摸底排查，减少现阶段国内公民私自收养存量》，载《中国社会报》2015年11月16日，第2版。

林与崔某凤夫妻收养关系纠纷”一案中，审理法院突破法律限制以寻求结果公正。

3. 违反原《民法通则》相关规定的收养行为

根据我国原《民法通则》第55条之规定，行为人意思表示真实、具有相应的民事行为能力、不违反法律或者社会公共利益，是民事法律行为有效应当具备的条件。依据原《收养法》第25条之规定，违反原《民法通则》相关规定的收养行为无效，审判实践也积极贯彻该条文的规定。例如，在“吴某平与吴某芳分家析产纠纷”一案中，审理法院认为，意思表示真实是民事法律行为生效的必备条件，原《收养法》也规定违反我国原《民法通则》第55条的收养行为无效，即收养双方应当存在真实的形成收养关系的意思表示。鉴于涉案收养关系实质是为顶替工作而形成的，双方不存在建立真实收养关系的合意，故即便双方形成了形式上的收养关系，该收养行为也因意思表示不真实而无效。①

（二）我国未成年人收养制度司法实践的评析

“介绍与群众息息相关的、引人关注的、聚焦社会目光的司法案例，提高基层百姓的法治意识，引导人们对不法行为说“不”，强化人民群众对于法治的信任和法治精神的信仰，促进全社会形成维护宪法权威、尊重法律、维护公平正义的法治氛围。”② 通过对上文相关案例的梳理可知，我国司法机关对未成年人收养的审判实践，一方面取得了一定成就，另一方面也存在一定审判分歧。

1. 未成年人收养制度司法实践取得的成就

（1）准确把握收养的效力

一方面，审判实践较准确地把握了收养关系成立后，被收养人与亲生父母之间的关系。原《收养法》第23条规定了收养关系

---

① 参见江苏省南通市中级人民法院（2018）苏06民终4384号民事判决书。

② 柳五：《司法实践越到一线越有活力》，载《吉林日报》2021年6月30日，第24版。

成立后的拟制及解销效力。根据我国《执行继承法的意见》第19条之规定，被收养人对生父母扶养较多的，可以酌情继承遗产。可见，收养关系依法成立后，被收养人与生父母的权利义务关系解除，但对生父母扶养较多的，可以酌情分得适当遗产。例如，在“张某6等与张某8等分家析产纠纷”一案中，审理法院认为，该案争议的焦点为其继承了养父母的遗产后，是否有权继承其生父母的遗产。根据我国《执行继承法的意见》第19条之规定，该案中的被收养人虽然主张其对生母吴某尽了较多赡养义务，但对此未能提供充分有效的证据予以证明，故被收养人上诉提出继承生父母遗产的请求缺乏事实与法律依据，审理法院对此不予支持。①

另一方面，即使收养行为无效，在审判实践中审理法院也最大限度地运用其他条款，以实现权利的公平救济。主要体现在以下两个方面：一是收养关系无效，但养父母对被收养人抚养较多的，可以请求补偿收养期间支付的抚养、教育等费用。例如，在“王某明、贾某霞与周某某确认收养关系纠纷”一案中，原告周某某的非婚生子王某惠与被告王某民、贾某霞之间的收养行为因未在民政部门办理收养登记手续，应属无效，故二被告应将代为抚养的原告非婚生子王某惠交由原告自行抚养。抚养期间所支出的抚养费用应由原告酌情补偿6万元。② 二是收养关系无效，但被收养人对养父母扶养较多的，可以依原《继承法》第14条酌情继承遗产。例如，在“冯某1、冯某2、冯某3继承纠纷”一案中，审理法院认为，该案争议的焦点是冯某3可否分得冯某5、何某的遗产以及分配份额的问题。在该案中，冯某3主张其是冯某5、何某的养子女。但法院审理后查明，冯某3并未与冯某5、何某到民政部门办理过收养登记手续，但其却被登记在了冯某5的户口簿上，

① 参见北京市第一中级人民法院（2019）京01民终7550号民事判决书。

② 参见陕西省榆林市中级人民法院（2017）陕08民终2095号民事判决书。

具体身份为侄子，故双方并未形成法律上的收养关系。但冯某5、何某在众多侄子中，唯独将冯某3的户籍迁入家中。证人郭某、何某证称，冯某3对两位被继承人承担了扶养责任。同时，冯某3也提交了相关证据证明其操办了两位被继承人的丧葬事宜。故此，冯某3对冯某5、何某生前有负责照顾、扶养，在两人去世后参与处理丧葬事宜，一审法院认为，其并不是冯某5、何某的养子女，但根据我国原《继承法》第14条的规定，冯某3可以适当分得两人的遗产。[①]

（2）程序问题达成一致

有关收养案件的程序问题，审理法院严格区分不予受理、行政诉讼和民事诉讼之间的关系。一方面，确认收养关系的案件人民法院不予受理。例如，在“陈某济与牛某林遗嘱继承纠纷”一案中，审理法院认为，根据《最高人民法院关于人民调解协议司法确认程序的若干规定》第4条第2款之规定：“有下列情形之一的，人民法院不予受理：（一）不属于人民法院受理民事案件的范围或者不属于接受申请的人民法院管辖的；（二）确认身份关系的；（三）确认收养关系的；（四）确认婚姻关系的。”确认身份关系不属于人民法院受理民事案件的范围，故对于陈某济提出的确认收养关系的上诉请求，人民法院不予受理。[②]

另一方面，只有在收养登记存在行政行为违法时，提起行政诉讼才是适宜的，否则应提起民事诉讼程序以解决收养纠纷。例如，在“王某某、王某君民政行政管理”一案中，审理法院认为，2001年6月王某革与上诉人王某君向被上诉人某某市民政局申请对其夫妻二人收养王某某进行收养登记，并按照规定提交了全部申请材料。被上诉人某某市民政局依据《中国公民收养子女登记办法》的规定对王某革和上诉人王某君申请收养登记的材料进行

① 参见广东省广州市中级人民法院（2019）粤01民终9628号民事判决书。
② 参见山东省济南市中级人民法院（2019）鲁01民终7856号民事裁定书。

审查，并为王某革、王某君办理收养王某某的收养登记，不存在行政行为违法。且王某革、王某君收养王某某的行为是否符合收养法之规定，属于民事范畴，可以另行提起民事诉讼。[①] 可见，在一些案件中，尽管有的当事人通过提起行政诉讼以确认收养行为无效，但审理法院在查明无行政错误时，将引导当事人通过民事诉讼程序解决纠纷。

2. 未成年人收养制度的司法实践存在的分歧

（1）收养纠纷的诉讼主体存在一定分歧

关于收养关系的成立问题，我国审判实践也存在一定分歧，主要体现在收养纠纷的诉讼主体方面。目前，审判实践中主要有两种观点：

一是收养纠纷的起诉主体限于收养人、被收养人和送养人。例如，在“刘某贵等与林某某等收养纠纷”一案中，审理法院认为，作为收养关系纠纷的当事人只能是送养人、收养人、被收养人及符合法律规定作为送养人的社会福利机构，在该案中，刘某贵、刘某珍等虽为刘某祥的兄弟姐妹，但并非是刘某祥与林某某收养关系的当事人，故不能作为涉案收养关系纠纷的适格主体。[②]

二是收养纠纷的起诉主体不仅限于收养人、被收养人和送养人，还包括其他利害关系人。例如，在“武某柏、武某梦确认收养关系纠纷”一案中，争议焦点是利害关系人黄某芬请求确认武某柏收养武某梦行为无效的民事纠纷。审理法院认为，我国法律对请求确认收养行为无效的主体没有进行限定，即所有认为收养关系的效力与其存在法律上利害关系的主体，只要其起诉符合我国《民事诉讼法》第 119 条规定的起诉条件，均应得到受理。在该案中，起诉确认双方收养关系无效的是黄某芬，其作为收养人武某柏的母亲，在武某柏死亡后，作为第一顺序法定继承人，请

① 参见山东省烟台市中级人民法院（2017）鲁 06 行终 367 号行政判决书。

② 参见四川省高级人民法院（2016）川民申 300 号民事裁定书。

求对武某柏收养武某梦行为的合法性进行确认，与其利益存在直接利害关系，符合我国《民事诉讼法》第 119 条规定的原告资格。①

笔者认为，我国应明确有关收养纠纷的诉讼主体问题，与案件有利害关系的当事人均可以成为案件的诉讼主体。该观点亦符合我国《民事诉讼法》第 119 条之规定，即起诉应具备的条件包括：有明确的被告，有具体的诉讼请求和事实、理由，原告是与本案有直接利害关系的公民、法人和其他组织，属于人民法院受理民事诉讼的范围和受诉人民法院管辖四个方面。在上述“刘某贵等与林某某等收养纠纷”一案中，刘某贵、刘某珍等为收养人刘某祥的兄弟姐妹，如果其作为收养人的兄弟姐妹与案件审理结果有利害关系，也可以作为原告提起诉讼。如果将收养纠纷的诉讼主体仅限定为收养人、送养人和被收养人，恐主体较窄。

（2）收养关系是否恶化存在一定分歧

关于当事人间的收养关系是否恶化，不同法院的认定也存在一定分歧。例如，在“王某甲与王某乙、陈某解除收养关系纠纷”一案中，审理法院认为，2012 年 1 月陈某、王某乙与王某甲多次发生矛盾，陈某向“110”报警。某派出所出警并作出警记录，内容为：家中养子殴打陈某妻子，陈某、王某甲系父子关系，双方为财产发生矛盾争吵等。一审法院判决，解除王某乙与王某甲之间的收养关系；但驳回了陈某要求与王某甲解除收养关系的诉讼请求，认为陈某与王某甲之间的收养关系尚未恶化。② 在该案中，被收养人王某甲与陈某、王某乙发生纠纷，并殴打陈某妻子。陈某、王某乙为夫妻，审理法院仅认定王某乙与王某甲关系恶化，应予解除收养关系，但对陈某也主张与王某甲解除收养关系的主

① 参见云南省文山壮族苗族自治州中级人民法院（2018）云 26 民终 852 号民事判决书。

② 参见江苏省高级人民法院（2014）苏审二民申字第 201 号民事裁定书。

张没有支持，未免有失偏颇。原因在于，王某甲作为养子因财产纠纷多次与养父母发生争吵，并殴打养母，从情节上应该认定收养人与被收养人关系已经恶化。并且，面对陈某、王某乙夫妻双方均要求与被收养人解除收养关系之请求，人民法院仅支持养母王某乙与王某甲解除收养关系，不支持养父陈某与王某甲解除收养关系，将收养关系割裂化，不利于维护夫妻关系和谐以及保障收养人的合法权益。

而在“赵某富、赵某梓解除收养关系纠纷”一案中，赵某富以养女赵某梓不尽赡养义务为由，要求解除收养法律关系。二审人民法院以赵某富没有其他子女，解除收养关系不利于老人今后生活为由驳回了赵某富的诉讼请求。但是，再审审理法院认为，赵某梓自出生三天后即被赵某富与田某君夫妇收养，赵某富多年投入大量心血将赵某梓抚养成人，起初双方关系尚可，但自田某君病逝后双方矛盾频发，关系不断恶化。赵某梓本应从生活上、经济上、精神上给予赵某富一定的照顾和关怀，但二人之间却产生了经济纠纷和多起诉讼。根据原《收养法》第 27 条之规定，应当认定双方关系恶化，无法共同生活。二审法院以赵某富没有其他子女，解除收养关系不利于老人今后生活为由驳回赵某富的诉讼请求没有法律依据。并且该判决实质上违背了收养人赵某富意欲解除收养法律关系之真实意愿，未尊重其意思自治，不利于保护老年人的合法权益。①

（3）对年老收养人扶养费的把握存在一定分歧

我国法院对年老收养人扶养费的把握存在差异，有的法院判决给付年老收养人每月 200 元的生活费，而有的法院在年老收养人有工资的基础上仍判决给予年老收养人每月 2000 元的生活费，差异较大。例如，在“李某周、李某伟赡养纠纷”一案中，审理法院认为，李某伟、李某秋现年事已高，生活不便，李某周作为李

---

① 参见吉林省高级人民法院（2015）吉民申字第 1958 号民事裁定书。

某伟、李某秋的养子，对养父母应承担赡养义务，该义务包含对其经济上的供养、生活上的照料以及精神上的慰藉等，故对李某伟、李某秋要求李某周给付赡养费的诉讼请求予以支持。参照当地的实际生活水平，酌情确定李某周每月给付李某伟、李某秋赡养费200元为宜。在该案中，李某伟、李某秋年事已高，仅享受农村最低生活保障补助金，被收养人与李某伟、李某秋距离较远，照顾不到二老，因此给付两位收养人每月200元的生活费。① 笔者认为，该案确定的扶养费数额偏低。而在“冯某与冯某某解除收养关系纠纷”一案中，该案收养人即原告主张现无住房，日常靠租赁房屋居住生活，退休金为每月4000元左右，不足以维持其生活开支。审理法院认为，考虑到原告冯某年事已高，虽有退休金，但无固定住所，在外靠租房居住，生活成本较高，且无其他子女照顾，故双方在解除收养关系后，被告冯某某应于每月1号向原告支付当月生活费2000元，从判决生效后次月起执行，以减轻原告的生活压力。在该案中，收养人为国企退休干部，退休金有4000余元，尽管收养人租房需要一定费用，但审理法院判决被收养人给付每月2000元扶养费，数额偏高。且被收养人冯某某家庭条件有限，也有子女需要抚养，每月2000元的赡养费对其家庭也是一项较重的经济负担。

## 第二节 域外未成年人收养制度的考察与评析

本节主要对域外未成年人收养制度进行考察与评析，具体考察了法国、阿根廷、日本、德国、瑞士、菲律宾、埃塞俄比亚和

① 参见云南省红河哈尼族彝族自治州中级人民法院（2019）云25民终226号民事判决书。

葡萄牙这八个国家的民法典，以期为我国未成年人收养制度的完善提供域外立法借鉴。

## 一、域外未成年人收养制度之考察

### （一）法国未成年人收养制度

关于法国的未成年人收养制度，本书主要从收养人、被收养人和收养的同意这三个方面进行介绍。首先，关于收养人，《法国民法典》规定，夫妻共同收养的条件是双方均满 28 周岁或者结婚超过 2 年，没有别居，得请求收养子女。而单身收养的条件是任何年满 28 周岁的人。一般情况下，收养人与被收养人的年龄应当相差 15 周岁以上。① 其次，关于被收养人，《法国民法典》规定，下列未成年人可以被收养：一是国家收容的弃儿，二是经宣告属于符合条件的被抛弃的儿童，三是父与母或亲属会议已经有效同意送养的儿童。② 具体而言，在完全收养中，收养人已接纳被收养人至少已经 6 个月，且年龄不满 15 周岁的儿童，始允许收养；在简单收养中，无论被收养人的年龄如何均允许简单收养，即未满 18 周岁的未成年人，均是可以被简单收养的。③ 最后，关于收养的同意，《法国民法典》规定，收养的同意主要包括以下四种情况：第一种情况是，在儿童已对父母双方确立亲子关系的情况下，送养应经父母双方同意；第二种情况是，在儿童仅对生父母中一方确立亲子关系时，送养由该方表示同意；第三种情况是，父母双方均丧失亲权且处于不能表达自己意思的状态或儿童的父母均已死亡的，由亲属会议对送养表示同意；第四种情况是，法院宣告儿童为弃儿时，应委托社会援助儿童机构、收容儿童或受委托照管儿童的机构或个人，行使对该儿童的亲权。④

---

① 参见《法国民法典》第 343、343-1、344 条。

② 参见《法国民法典》第 347 条。

③ 参见《法国民法典》第 345、360 条。

④ 参见《法国民法典》第 348、348-1、348-2、350 条。

法国收养制度中具体的未成年人保护措施，主要体现为以下三方面：一是援助儿童机构或收养事务机构的介入。《法国民法典》规定，除收养人与被收养人之间有包括第六亲等在内的血亲或姻亲关系之外，只有在儿童已经实际交由社会援助儿童机构或经批准的收养事务机构的情况下，始能有效同意收养不满2周岁的儿童。[①] 二是家属会议的介入。《法国民法典》规定，由国家收容的弃儿，在其父母并未同意送养时，得由该弃儿家庭的亲属会议同意送养。[②] 三是收养的程序问题。《法国民法典》规定，由大审法院审查收养是否符合儿童的利益，是否具备法律规定的收养条件。在收养人有直系尊血亲的情况下，法院还应审查收养子女是否影响家庭生活。[③]

（二）阿根廷未成年人收养制度

关于阿根廷的未成年人收养制度，本书主要从收养人、被收养人和收养的同意这三个方面进行介绍。首先，关于收养人，《阿根廷共和国民法典》规定，符合法律规定的要件者，不问其婚否均可以成为收养人，但其应以不容置疑的方式证明其在请求庇护职责之前至少5年内在本国持续居住，且收养人至少应比被收养人大18岁。但下列人员不得成为收养人：一是直系尊血亲收养直系卑血亲，二是未满30岁之人，三是兄弟姐妹收养兄弟姐妹。[④] 其次，关于被收养人，《阿根廷共和国民法典》规定，只能针对下列未成年人成立完全收养：一是失去父母的孤儿；二是亲子关系未被证实的未成年人；三是该未成年人被置于社会救济机构，且父母在1年内完全未予理会，或者精神上、物质上的遗弃显明而持续，且此种状态已由司法机关证实；四是其父母已通过司法程序明确表示将该未成年人移交收养；五是其父母已被剥夺亲权。不

① 参见《法国民法典》第348-5条。

② 参见《法国民法典》第349条。

③ 参见《法国民法典》第353条。

④ 参见《阿根廷共和国民法典》第312、315条。

符合上述条件的未成年人，只可以被简单收养。[①] 最后，关于收养的同意，《阿根廷共和国民法典》规定，收养成立前收养人应在一段时间内将被收养儿童处于其庇护之下，该庇护的授予应传唤未成年人的双亲，由他们同意以收养为目的之庇护职责的授予。[②]

阿根廷收养制度中具体的未成年人保护措施，主要体现在以下五方面：一是收养未成年人的程序问题。《阿根廷共和国民法典》规定，应依收养人的请求，对未解除亲权的未成年人进行收养的，以司法判决的形式进行。[③] 二是规定了一定的试收养期间。《阿根廷共和国民法典》规定，收养人应在不少于6个月但不多于1年的期间里将未成年人处于其庇护之下，该期间应由法官确定。庇护的授予，应由未成年人住所地或该未成年人被遗弃已在裁判上被证实之地的法官或法庭为之。[④] 三是规定了法官、未成年人咨询机构等公共职权机构的参与，而这种介入贯穿于收养前的庇护（试收养环节）和收养之诉两个环节。首先，在收养成立前的庇护中，法官、未成年人咨询机构等公共职权机构须有所介入。《阿根廷共和国民法典》规定，收养人有直系卑血亲时，并不妨碍收养，但在此情形下，可由法官或法庭在适格的未成年人咨询机构的参与下，听取此等直系卑血亲的意见。在收养成立前的庇护中，法庭应对收养人进行个人了解；根据未成年人的需要和利益，在公共职权机构的有效参与下，参考为此目的而咨询的技术组的意见，从而对收养人的个人条件、年龄和能力进行了解。[⑤] 其次，在收养之诉中，法官、未成年人咨询机构等公共职权机构也应介入。《阿根廷共和国民法典》规定，法官或法庭应根据未成年人的年龄和个人状况，在认为适当时，依照其享有的权利对其本人以及其他

---

① 参见《阿根廷共和国民法典》第325条。
② 参见《阿根廷共和国民法典》第317条。
③ 参见《阿根廷共和国民法典》第311条。
④ 参见《阿根廷共和国民法典》第316条。
⑤ 参见《阿根廷共和国民法典》第314、317条。

任何有利于其利益之人进行听证；法官或法庭应考虑收养人的生活能力及其个人品行而评定收养是否对未成年人有利；法官或法庭可明令采取其认为适当的证明措施或调查措施，未成年人之公共职权机构亦可对此提出要求；法官或法庭应在一切情形下对未成年人的最优利益进行评定。[①] 四是规定依据未成年人的最大利益，可成立简单收养制度。《阿根廷共和国民法典》规定，在对未成年人最为有利时，或在当事人依有根据的动因而请求时，法官或法庭可准许简单收养。[②] 五是规定域外收养中的未成年人权利保护。《阿根廷共和国民法典》规定，依照被收养人的住所地法而在外国成立的收养，可以在符合该法典规定的要件时转化为完全收养制，此时收养人和被收养人应证明该关系并给予同意；被收养人未成年的，未成年人之公共职权机构应介入。[③]

（三）日本未成年人收养制度

关于日本的未成年人收养制度，本书主要从收养人、被收养人和收养的同意这三个方面进行介绍。首先，关于收养人，《日本民法典》规定，已达成年者可以收养子女。有配偶者应与配偶共同收养未成年的养子女，并应经其配偶同意。[④] 但在日本的特别收养中，未达25岁者不得为养父母。如果将为养父母的夫妻一方未达25岁，但已达20岁时，不在此限。[⑤] 其次，关于被收养人，《日本民法典》规定，不得把尊亲属或年长者收养为子女。一般情况下，未满18周岁的未成年人可以被不完全收养，但在日本的特别收养中，提出请求时达6岁的，不得为养子女。如果其未满8岁且于6岁前连续受将为养父母者监护时，不在此限。[⑥] 最后，关于

① 参见《阿根廷共和国民法典》第321条。

② 参见《阿根廷共和国民法典》第330条。

③ 参见《阿根廷共和国民法典》第340条。

④ 参见《日本民法典》第792、795条。

⑤ 参见《日本民法典》第817之四条。

⑥ 参见《日本民法典》第793、817之五条。

收养的同意，《日本民法典》规定，将成为养子女者系未满15岁者时，其法定代理人可以代其承诺收养；法定代理人为前款承诺，如另有成为养子女者的父母且系应对其实行监护者时，应得到其同意。在日本的特别收养中，应经将为养子女者的父母同意，但是父母有恶意遗弃、虐待或有显著危害及将为养子女利益的行为或不能表示其意思时，不在此限。[①]

日本收养制度中具体的未成年人保护措施，主要体现在以下两个方面：一是在收养未成年人的程序方面，《日本民法典》规定，收养未成年人时，须取得法院的许可。[②] 二是在特别收养方面，为子女利益的特别必要性，方可成立特殊收养。《日本民法典》规定，父母对待被收养子女的监护有显著不能克服困难时，在最有利于子女利益的情况下，可以成立特别收养关系。[③]

（四）德国未成年人收养制度

关于德国的未成年人收养制度，本书主要从收养人、被收养人和收养的同意这三个方面进行介绍。首先，关于收养人，《德国民法典》规定，一般情况下一对夫妻应共同收养子女，配偶一方必须已满25岁，配偶另一方必须已满21岁；未婚者只能单独收养子女，必须已满25岁。[④] 其次，关于被收养人，《德国民法典》规定，在收养人和子女之间可期待形成父母子女关系且有利于子女最大利益情形时，未成年人可被准许收养。[⑤] 最后，关于收养的同意，《德国民法典》规定了四种情形：第一种情形是子女的允许，收养中子女的允许是必要的。一般情况下，应由子女自行给予允许，但子女未满14岁或为无行为能力时，由其法定代理人给予允

---

① 参见《日本民法典》第797、817之六条。

② 参见《日本民法典》第798条。

③ 参见《日本民法典》第817条之七。

④ 参见《德国民法典》第1741条第2款、1743条。

⑤ 参见《德国民法典》第1741条第1款。

许。[1] 第二种情形是家庭法院的代为同意，监护人或保佐人无令人信服的理由而拒绝允许或同意的，家庭法院可以代为允许或同意。父母一方以其行为表明对子女漠不关心，持续不断地严重违反其对子女的义务时，根据子女的申请，可由家庭法院代替父母该方给予同意。[2] 第三种情形是子女父母的允许，父母的允许对于收养子女是必要的，该项允许仅在子女出生后满8周岁才能给予。父母一方长期不能作出表示或其居所长期不明的，其允许是不必要的。[3] 第四种情形是配偶的允许，对于配偶一方单独收养子女，配偶另一方的允许是必要的；对于收养已婚的人，其配偶的允许是必要的。[4]

德国收养制度中具体的未成年人保护措施，主要体现在以下三个方面：一是原则性地规定，收养应有利于子女最大利益原则，有害于子女最大利益的收养行为不得成立。《德国民法典》规定，收养人和子女之间能够形成父母子女关系，且收养有利于子女最佳利益的，收养是可准许的；收养与待收养人的子女或收养人的子女的压倒性利益相抵触，或待收养人的利益有受到收养人的子女危害可能时，收养不能成立，但财产法上的利益不应是决定性的。[5] 二是收养关系的废止也应有利于子女最大利益原则。《德国民法典》规定，废止收养关系会显著危害被收养子女最佳利益时，收养关系不得予以废止，但收养人的压倒性利益可能危害到收养关系的情况除外。[6] 三是规定一定的试收养期间。《德国民法典》规定，收养的宣告应在收养人已照料待收养子女一段期间后方能

---

① 参见《德国民法典》第1746条。

② 参见《德国民法典》第1746、1748条。

③ 参见《德国民法典》第1747条。

④ 参见《德国民法典》第1749条。

⑤ 参见《德国民法典》第1741、1745条。

⑥ 参见《德国民法典》第1761条。

发生。[①]

（五）瑞士未成年人收养制度

关于瑞士的未成年人收养制度，本书主要从收养人、被收养人和收养的同意这三个方面进行介绍。“中国与瑞士的收养法都具有明显的大陆法系特征，在长期的历史发展过程中，各自形成了自己的一套独特的体系。”[②] 首先，关于收养人，《瑞士民法典》规定，已婚者一般情况下只能共同收养子女，夫妻双方须已结婚5年或已满35岁；未婚者年满35岁后可单独收养子女。并且预期的收养人须至少已教育、照顾被收养人满一年。[③] 其次，关于被收养人，《瑞士民法典》规定，有理由认为收养关系的建立在有利于子女健康成长的情况下，该未成年人可以被收养，且养子女年龄上至少应比养父母小16岁。[④] 最后，关于收养的同意，《瑞士民法典》规定了三种情形：一是被收养子女的同意，如果养子女有判断能力，收养必须征得其同意。二是未成年人保护机构的同意，被收养人处于监护之状态，即使被收养人具有判断能力，也必须征得未成年人保护机构之同意，才可以进行收养。[⑤] 三是生父母的同意，收养子女必须征得其生父母之同意；该同意须向生父母或子女住所地或居住地的未成年人保护机构声明，并记录在案。[⑥]

瑞士收养制度中具体的未成年人保护措施，主要体现在以下五个方面：一是收养应遵循有利于被收养人的基本原则。《瑞士民法典》规定，收养应有利于被收养人，且不会使收养人的其他子女因收养而受到不公正待遇。二是规定了至少一年的试收养期限，

---

① 参见《德国民法典》第1744条。

② 蒋新苗：《中瑞收养法的差异化与趋同化溯源》，载《时代法学》2020年第3期，第1页。

③ 参见《瑞士民法典》第264、264a、264b条第1款。

④ 参见《瑞士民法典》第264、265条第1款。

⑤ 参见《瑞士民法典》第265条第2、3款。

⑥ 参见《瑞士民法典》第265a条。

《瑞士民法典》规定，收养人能证明其对被收养人已抚养和教育至少一年，同时，依各方面情事可认为其与被收养人成立亲子关系。[①] 三是收养未成年人的程序问题。《瑞士民法典》规定，收养关系成立前应调查收养人和被收养人的健康和人格，收养人的收养动机、经济状况、教育能力，收养人和被收养人间的相互关系等情况。在全面调查所有重要情况，必要时应征询专家意见后，方能宣告收养。[②] 四是儿童保护机构的介入。《瑞士民法典》规定，监护人收养被监护人时，被监护人纵有判断能力，仍须取得儿童保护机构的同意。[③] 五是收养居间的监督。《瑞士民法典》规定，联邦对收养居间行使监督权；以收养居间为业者，或者因职业关系而为收养居间者，须取得官方许可，但儿童保护机构为收养居间者，不在此限；对以嗣后收养为目的之子女养育负有责任的州主管机关，在收养条件的审核和监督的执行等事项上，负有参与义务。[④]

（六）菲律宾未成年人收养制度

关于菲律宾的未成年人收养制度，本书主要从收养人、被收养人和收养的同意这三个方面进行介绍。首先，关于收养人，《菲律宾民法典》规定，拥有完全民事权利的成年人都可以为收养行为。但下列人员不能进行收养：一是有正统子女、经准正的子女、经认领的私生子女或法律拟制的私生子女的人；二是对于被监护人，在其账目说明被最终准许之前的监护人；三是未经他方配偶同意的已婚人；四是非居民的外国人；五是菲律宾共和国与其政府断绝外交关系的外国人；六是犯有牵涉卑鄙道德的刑事犯罪的任何人，但以被判处的刑罚是 6 个月或超过 6 个月的监禁为限。[⑤]

---

① 参见《瑞士民法典》第 264 条。

② 参见《瑞士民法典》第 268a 条。

③ 参见《瑞士民法典》第 265 条。

④ 参见《瑞士民法典》第 269c 条。

⑤ 参见《菲律宾民法典》第 334、335 条。

其次，关于被收养人，《菲律宾民法典》规定，如果收养人长于被收养人16岁，任何人都可以被收养，即使是成年人。但下列人员不能被收养：一是未经他方配偶书面同意的已婚者；二是菲律宾共和国与其政府断绝外交关系的外国人；三是已被收养的人。① 最后，关于收养的同意，《菲律宾民法典》规定，下列人员对于收养的书面同意是必要的：一是年满14岁的被收养人；二是父母、监护人或对将被收养人负有责任的人。②

《菲律宾民法典》对收养中未成年人权益的保护有所涉及。例如，《菲律宾民法典》规定：首先，禁止涉及卑鄙道德的刑事犯罪的任何人作为收养人，但以被判处的刑罚是6个月或超过6个月的监禁为限；其次，收养年满14周岁的人应征得其书面同意；最后，赋予被收养人如同是收养人的正统子女一样的同等权利义务。③ 但在现代收养制度中，儿童权利保护的内涵和保护手段得到不断的丰富和发展，一是《菲律宾民法典》没有明确规定收养行为应以儿童最大利益原则为基础，二是其对收养中未成年人权益的保护手段仍较为传统，仅规定收养应登记于地方民事登记簿，④ 缺少收养关系成立前的监督、管控和收养关系成立后的监督环节，是为立法之不足。

（七）埃塞俄比亚未成年人收养制度

关于埃塞俄比亚的未成年人收养制度，本书主要从收养人、被收养人和收养的同意这三个方面进行介绍。首先，关于收养人，《埃塞俄比亚民法典》规定，在一般情况下，已婚者应经配偶同意共同收养子女，当收养由配偶双方共同进行时，只要求配偶一方已成年；任何成年人都可以为收养。⑤ 其次，关于被收养人，《埃

---

① 参见《菲律宾民法典》第337、339条。

② 参见《菲律宾民法典》第340条。

③ 参见《菲律宾民法典》第335、340、341条。

④ 参见《菲律宾民法典》第346条。

⑤ 参见《埃塞俄比亚民法典》第797、798条。

塞俄比亚民法典》规定，收养协议得在收养人与被收养的孩子之间人为地创立。除此之外，刚受孕的胎儿也可以被收养。[1] 最后，关于收养的同意，《埃塞俄比亚民法典》规定了三种同意的情形：第一种情形是，当孩子的父母亲都在世并且此等事实为人所知时，收养得由其表示同意；第二种情形是，当其中一方死亡、失踪、不为人知其有无或不能表达其意志时，得尽可能由其最近的尊亲属代表，收养得由后者表示同意；第三种情形是，如果孩子无可作出其同意的尊亲属，亲属会议的同意为必要。[2]

埃塞俄比亚收养制度中具体的未成年人保护措施，主要体现在以下三个方面：一是收养应遵循有利于被收养人的基本原则。《埃塞俄比亚民法典》规定，除非存在收养的充分理由并且对被收养的孩子有利，不发生收养。[3] 二是程序方面，收养须得到法院批准。《埃塞俄比亚民法典》规定，收养协议必须得到法院批准，否则无效。法院在作出决定前，如果被收养孩子已满 10 周岁的，得听取他自己的意见；如果被委托照管被收养孩子的人未事先对收养表示同意，得听取其对收养的意见。[4] 三是亲属会议在未成年人权益保护方面起到一定作用。《埃塞俄比亚民法典》规定，收养须得到被收养孩子的父母同意；如果孩子无可作出该同意的尊亲属，则须得到相关亲属会议的同意。[5]

（八）葡萄牙未成年人收养制度

关于葡萄牙的未成年人收养制度，本书主要从收养人、被收养人和收养的同意这三个方面进行介绍。首先，关于收养人，《葡萄牙民法典》规定，得作出完全收养之人包括：无司法裁判分居及分产或事实分居的夫妻两人均年逾 25 岁，结婚逾 4 年，在两人

---

① 参见《埃塞俄比亚民法典》第 796、799 条。

② 参见《埃塞俄比亚民法典》第 803 条。

③ 参见《埃塞俄比亚民法典》第 805 条。

④ 参见《埃塞俄比亚民法典》第 804 条。

⑤ 参见《埃塞俄比亚民法典》第 803 条。

均年逾25岁时，方可完全收养。年逾30岁的单身者也可以作出完全收养。[①] 而年逾25岁之人，得作出不完全收养。[②] 其次，关于被收养人，《葡萄牙民法典》规定，得被完全收养或不完全收养之人包括：在向法院提交收养请求书时待被收养人应未满15岁；在向法院提交请求书时，如涉及之人未满18岁及亲权尚未解除，且其在未满15岁时已被交托予收养人时，亦得被收养。[③] 最后，关于收养的同意，《葡萄牙民法典》规定，收养须经下列人员之同意：一是12岁以上之待被收养人；二是收养人之未司法裁判分居及分产之配偶；三是待被收养人之父母；四是直系血亲尊亲属、三亲等内旁系血亲或监护人，当其在待被收养人之父母死亡后，照顾并与其共同生活者。[④]

葡萄牙收养制度中具体的未成年人保护措施，主要体现在以下五个方面：一是收养应遵循有利于被收养人的基本原则。《葡萄牙民法典》规定，收养旨在实现儿童的较高利益，系基于正当理由，会对待被收养人带来实际好处，能合理推测收养人与被收养人之间将建立一种类似亲子关系之情况，且收养对收养人之其他子女或对待被收养人之子女未造成不公平之牺牲时，并方可作出收养宣告。二是规定了至少1年的试收养期限。《葡萄牙民法典》规定，待被收养人应由收养人照顾一段合适的时间，以评估是否适宜成立收养关系。[⑤] 三是关于收养未成年人的程序问题。《葡萄牙民法典》规定，收养关系须通过法院判决而设定；收养程序须附以一项社会报告，调查内容尤其应包括收养人照顾及教育待被收养人之能力、收养人之家庭及经济状况、收养人及待被收养人

① 参见《葡萄牙民法典》第1979条。

② 参见《葡萄牙民法典》第1992条。

③ 参见《葡萄牙民法典》第1980条。

④ 参见《葡萄牙民法典》第1981条。

⑤ 参见《葡萄牙民法典》第1974条。

之健康状况、人格以及收养人要求收养之理由。[①] 四是规定将待收养人交托他人应优先考虑未成年人之权益。《葡萄牙民法典》规定，基于将来之收养，当因为出现以下任一情况，而导致未成年人不存在亲子关系或父母子女之间的感情受到损害时，则法院得将其交托予其他夫妻、自然人或机构；在确认上款所规定之情况时，法院应优先考虑未成年人之权利及利益。[②] 五是注重保护被收养人之财产权利。《葡萄牙民法典》规定，宣告收养之判决通知后30日内，收养人应向法院提交被收养人之财产关系，若判决认为有此必要者；法院应检察院、被收养人本身或其原父母之申请而要求收养人提交管理账目时，收养人应在被收养人成年或解除亲权后2年内作出该等行为。[③]

## 二、域外未成年人收养制度之评析

通过对比以上域外立法例中的未成年人收养制度，本书得出以下结论：

一是域外立法普遍规定收养应有利于未成年人利益的基本原则。“国外的立法模式和立法内容，主要从肯定方面、否定方面两个维度规定判断‘儿童利益最大化’的具体标准。”[④] 在我国有关儿童保护的理论研究中，多数学者将“the Best Interests of Child”翻译为“儿童最大利益原则”。[⑤] 20世纪初期，随着人权运动的蓬勃发展，国际立法愈加重视对儿童权利的保护。国际联盟第五届

---

① 参见《葡萄牙民法典》第1973条。

② 参见《葡萄牙民法典》第1978条。

③ 参见《葡萄牙民法典》第2002、2002-A条。

④ 郭开元：《论〈民法典〉与最有利于未成年人原则》，载《中国青年社会科学》2021年第1期，第124页。

⑤ 参见王雪梅：《儿童权利论——一个初步的比较研究》，社会科学文献出版社2018年版，第51页；吴鹏飞：《儿童权利一般理论研究》，中国政法大学出版社2013年版，第130页。

大会在1924年通过了《日内瓦儿童权利宣言》，它是第一份专门保护儿童权利的重要国际文件。之后，《儿童权利宣言》《儿童权利公约》等文件又相继颁布。受未成年人权益保护思潮之影响，国际收养立法中也普遍确立了优先保护未成年人利益的基本原则。例如，《德国民法典》第1741条规定，收养应有利于子女最佳利益；《瑞士民法典》第264条规定，收养应有利于被收养人，且不会使收养人的其他子女因收养而受到不公正待遇；《葡萄牙民法典》第1974条规定，收养旨在实现儿童的较高利益。

二是关于收养成立的程序，较多域外国家采取了法院审查主义。关于收养成立的程序主要有登记主义和法院审查主义两种方式。收养登记主义的法律效率要高于审查主义，法律成本也相对较低。但是，收养审查主义对收养情况的把握更为清楚，包括收养人是否适格、该收养行为是否符合未成年人的最大利益等。也正是基于此，域外较多国家对未成年人收养的成立采取了审查主义。例如，《阿根廷共和国民法典》第311条规定，对未解除亲权的未成年人的收养，应依收养人的请求，通过司法判决的形式进行。《日本民法典》第798条规定，收养未成年人时，须取得法院的许可。但也有个别国家坚持收养成立应采取登记主义，如《菲律宾民法典》第346条规定，收养应登记于地方民事登记簿。

三是普遍规定试收养制度。试收养期，是指给符合收养条件的收养当事人一段共同生活的收养磨合期。该制度的立法目的在于，在收养正式成立前为收养人和被收养人的真正相处提供时间，以维护双方的共同利益，使被收养人顺畅融入收养人家庭。[①] 具体而言，对于被收养人，通过试收养期可以让被收养人与收养人培养感情，试收养结束后表达其是否愿意与被收养人继续相处、共同生活的真实意愿；对于收养人，也可以检验其与被收养人是否

① 王歌雅：《〈民法典·婚姻家庭编〉的编纂策略与制度走向》，载《法律科学（西北政法大学学报）》2019年第6期，第95页。

能够融洽相处，能够缔结符合双方意愿的和睦收养关系。域外立法基于保护收养中未成年人利益之需求，多对试收养制度有所规定。例如，《阿根廷共和国民法典》第316条规定，收养人应在不少于6个月但不多于1年的期间里将未成年人处于其庇护之下，该期间应由法官确定；《德国民法典》第1744条规定，仅在收养人已照料待收养子女一段适宜期间后，收养始得予以宣告；《瑞士民法典》第264条规定，收养人能证明其对被收养人已抚养和教育至少1年，同时依各方面情事可认为其与被收养人成立亲子关系。

四是较为详细地规定了公权力机构介入未成年人收养的过程与方式。收养中对未成年人权益的保护仅仅通过家庭之保障是远远不够的，在人权运动与未成年人权益保护思潮的影响下，域外国家也逐步认识到，在父母死亡、失踪或责任缺位情况下，国家、社会机构等主体在未成年人保护中的重要法律地位。[①] 域外公权力组织机构对未成年人权益的保护，主要体现为以下三方面：第一，法庭或法官在收养行为中积极履职，主动审查收养人是否具有收养能力、身心是否健康，是否能够有利于被收养人之健康成长。例如，《阿根廷共和国民法典》第317条规定，在收养成立前的庇护中，法庭应对收养人个人进行了解；第321条规定，法官或法庭应根据未成年人的年龄和个人状况，在认为适当时，依照其享有的权利对其本人以及其他任何有利于其利益之人进行听证；法官或法庭应考虑收养人的生活能力及其个人品行而评定收养是否对未成年人有利；法官或法庭可明令采取其认为适当的证明措施或调查措施。第二，未成年人咨询机构或专家的介入。例如，《瑞士民法典》第268a条规定，收养关系成立前应调查收养人和被收养人的健康和人格，收养人和被收养人间的相互关系，收养人的收养动机、经济状况、教育能力和家庭关系以及抚养关系的发展等情况。在全面调查所有重要情况，必要时应征询专家意见后，方

① 张文显：《二十世纪西方法哲学思潮研究》，法律出版社2006年版，第96页。

能宣告收养。《阿根廷共和国民法典》第314条规定，收养人有直系卑血亲时，并不妨碍收养，但此情形，可由法官或法庭在适格的未成年人咨询机构的参与下，听取此等直系卑血亲的意见。第三，未成年人保护机构的介入。例如，《阿根廷共和国民法典》第340条规定，依照被收养人的住所地法而在外国成立的收养，被收养人为未成年的，未成年人之公共职权机构应介入；《瑞士民法典》第265条规定，监护人收养被监护人时，被监护人纵有判断能力，仍须取得儿童保护机构的同意。

五是部分域外立法在收养制度中的未成年人权益保护方面，规定了一些具有特色的条款。“儿童是有自己观点的人，不是还没有形成自己看法的人（not-yet opinion），而是还没有创设意义的人（meaning-maker）。”[①] 例如，《埃塞俄比亚民法典》规定了亲属会议在未成年人权益保护方面起到的一定作用。第803条规定，收养须得到被收养的孩子的父母同意；如果孩子无可作出该同意的尊亲属，则须得到相关亲属会议的同意。再如，《葡萄牙民法典》提出了保护被收养人之财产权利的特色条款。第2002条规定，宣告收养之判决通知后30日内，收养人应向法院提交被收养人之财产关系，若判决认为有此必要者；第2002-A条规定，法院应检察院、被收养人本身或其原父母之申请而要求收养人提交管理账目时，收养人应在被收养人成年或解除亲权后2年内作出该等行为。另外，收养关系成立后，依据亲生父母与养子女之间的权利义务关系是否解除，收养可以分为完全收养与不完全收养。在域外立法例中，较多国家以完全收养为主要模式，但也有个别国家以不完全收养为主要模式。例如，《日本民法典》的一般收养为不完全收养，而特殊收养是与亲生父母解除收养关系的完全收养模式。尽管目前域外立法有完全收养占主导地位的发展趋势，但域外国

---

① Eugeen Verhellen, *Convention on the rights of the Child Background*, *Motivation*, *Strategies*, *Main Themes*, E. Verllen and Grant Publishers, 2000, p. 12.

家根据未成年人最大利益原则，除完全收养外多作了特殊规定。例如，《日本民法典》第817条之七规定，在父母监护成为养子女的人有显著困难或者不适当及其他有特别事由的情形，从子女利益考虑认为有特别必要时，准予成立特别收养关系。《阿根廷共和国民法典》第330条规定，在对未成年人最为有利时，或在当事人依有根据的动因而请求时，法官或法庭可准许成立简单收养。

## 第三节　我国学者建议稿未成年人收养制度的考察与评析

本节对我国学者建议稿中的未成年人收养制度进行考察与评析。有关我国学者建议稿中的未成年人收养制度，本书以“王稿”“徐稿”和“梁稿”为蓝本进行考察，并在分析各建议稿异同的基础上，对其中未成年人保护的相关规定予以分析。

### 一、我国学者建议稿未成年人收养制度之考察

#### （一）“王稿”未成年人收养制度

关于“王稿”的未成年人收养制度，本书主要从收养人、被收养人和送养人这三个方面进行介绍。首先，关于收养人，“王稿”规定，年龄在30周岁以上50周岁以下，无子女且有扶养教育被收养人之能力的自然人可以收养子女，但收养人有下列情形之一的，不得收养：一是曾被剥夺亲权的；二是曾因虐待、遗弃或家庭暴力被判决解除过收养关系的；三是患有在医学上认为不应当收养子女的疾病；四是本人或者配偶被宣告为无民事行为能力或者限制民事行为能力人的；五是10年之内有故意犯罪行为的；六是法律规定的其他情形。[1] 其次，关于被收养人，“王稿”规定，

① 参见“王稿”第480条。

查找不到生父母的弃婴和儿童、父母双亡的孤儿和生父母有特殊困难无力扶养的子女，这些群体在未满 14 周岁之时，是可以被收养的。[①] 最后，关于送养人，“王稿”规定了三类送养主体，分别是有特殊困难无力抚养子女的生父母，孤儿的监护人，对孤儿、弃婴和儿童进行收容和教育的社会福利机构。[②]

“王稿”收养制度中具体的未成年人保护措施，主要体现在以下三个方面：一是规定收养应有利于被收养人健康成长的基本原则。“王稿”规定，收养应当有利于被收养人的健康成长。[③] 二是收养程序方面，在登记主义的基础上增加了说明和征询职能。“王稿”规定，收养关系当事人应当亲自向县级民政部门办理收养登记。在登记前，办理登记的民政部门应当向收养关系当事人说明收养行为的意义和效力，并征询收养关系当事人的意见。[④] 三是成立或解除收养应征得 10 周岁以上未成年人之同意。“王稿”规定，收养年满 10 周岁以上的未成年人，须征得被收养人的同意；被收养人未成年的，送养人可以协议解除收养关系，但养子女年满 10 周岁以上的，应当征得本人的同意。[⑤]

### （二）“徐稿”未成年人收养制度

关于“徐稿”的未成年人收养制度，本书主要从收养人、被收养人和收养的同意这三个方面进行介绍。首先，关于收养人，“徐稿”规定，年满 30 周岁、有抚养教育被收养人的能力且未患有医学上认为不应当收养子女之疾病者，得收养子女。[⑥] 其次，关于被收养人，“徐稿”规定，未满 18 周岁的丧失父母的孤儿、查找不到生父母的弃婴和儿童、生父母有特殊困难无力扶养的子女，

---

① 参见“王稿”第 478 条。
② 参见“王稿”第 479 条。
③ 参见“王稿”第 474 条。
④ 参见“王稿”第 491 条。
⑤ 参见“王稿”第 490、497 条。
⑥ 参见“徐稿”第三分编第 185 条。

这些未成年人可以被收养。但直系卑血亲不可被收养。① 最后，关于收养的同意，“徐稿”规定，送养人送养和收养人收养须双方自愿，被收养人年满10周岁的，应征得本人同意。②

“徐稿”收养制度中具体的未成年人保护措施，主要体现在以下三个方面：一是成立收养须征得10周岁以上的被收养人之同意。“徐稿”规定，收养人收养和送养人送养，须双方自愿。被收养人年满10周岁的，应征得本人同意。③ 二是规定了试收养期间。“徐稿”规定，在正式的收养关系成立前，收养人可试收养被收养人3个月。④ 三是规定了民政局对介绍收养机构的监督职能。但是，“徐稿”没有规定收养应以保护未成年人的最大利益为原则，是为其立法之不足。

（三）“梁稿”未成年人收养制度

关于“梁稿”的未成年人收养制度，本书主要从收养人、被收养人和送养人这三个方面进行介绍。首先，关于收养人，“梁稿”规定，年满30周岁、无子女且有抚养教育被收养人能力的自然人可以为收养行为。⑤ 其次，关于被收养人，“梁稿”规定，丧失父母的孤儿、查找不到生父母的弃婴和儿童、生父母有特殊困难无力抚养的子女，这些主体未满14周岁时可以被收养。⑥ 最后，关于送养人，“梁稿”规定，有特殊困难无力抚养子女的生父母、孤儿的监护人、社会福利机构或者民政部门，这些主体可以成为未成年人的送养人。⑦

---

① 参见“徐稿”第三分编第187、189条。
② 参见“徐稿”第三分编第184条。
③ 参见“徐稿”第三分编第184条。
④ 参见“徐稿”第三分编第190条。
⑤ 参见“梁稿”第1837条。
⑥ 参见“梁稿”第1835条。
⑦ 参见“梁稿”第1836条。

“梁稿”收养制度中具体的未成年人保护措施，主要体现在以下三个方面：

一是规定了收养应有利于被收养人健康成长的基本原则。“梁稿”规定，收养应当有利于被收养人的健康成长。其认为，实行收养的目的，是使被收养人健康成长，即使丧失父母的孤儿、查找不到生父母的弃婴以及出于某些原因不能接受父母抚养教育的未成年人，也能够在收养人的抚养、教育、照顾、保护下健康成长。[①] 二是规定了试收养期间。“梁稿”规定，被收养人为未成年人的，在办理收养登记之前，送养人与收养人可以协商约定适当的试收养期。其认为，试收养只是送养人与收养人协商确定的一个期限，试养期间并不产生收养的法律效力；试养期满当事人双方或一方不愿意的，可以不订立收养协议。但“梁稿”该条规定的试收养期间为当事人“可以约定”而非“应该约定”，其法律效果可能会在一定程度上受到减损。[②] 三是规定了成立或解除收养应征得10周岁以上被收养人之同意。“梁稿”规定，收养10周岁以上的未成年人，应当征得被收养人的同意；收养人与送养人双方协议解除收养关系的，如养子女为年满10周岁以上的未成年人，应当征得养子女的同意。[③]

## 二、我国学者建议稿未成年人收养制度之评析

我国学者建议稿中关于未成年人收养权益之保护，首先，普遍规定了收养应有利于被收养人的基本原则。除“徐稿”对此没有涉及外，“王稿”和“梁稿”均规定，收养应有利于被收养人健康成长的基本原则。其次，普遍规定了试收养期间。除“王稿”对此没有规定外，“徐稿”和“梁稿”均规定，在正式的收养关系

---

① 参见“梁稿”第1831条。
② 参见“梁稿”第1846条。
③ 参见“梁稿”第1848、1856条。

成立前可以进行试收养。但“徐稿”和“梁稿”的不同之处在于，“徐稿”中试收养期间为固定的3个月，而“梁稿”中试收养期间由送养人与收养人协商确定。最后，多规定特殊情况应征得10周岁以上被收养人之同意。对此，三份学者建议稿的区别在于，“王稿”和“梁稿”规定在成立收养或解除收养时，均应征得10周岁以上被收养人之同意；但“徐稿”仅规定，成立收养须征得10周岁以上的被收养人之同意，对于解除收养的情况没有进行该方面限制。

关于收养制度中未成年人权益之保护，域外立法例和我国学者建议稿的相同点表现为，对收养应有利于儿童最大利益的基本原则，多有所规定。例如，《德国民法典》第1741条规定，收养应有利于子女最佳利益；《瑞士民法典》第264条规定，收养应有利于被收养人，且不会使收养人的其他子女因收养而受到不公正待遇；《葡萄牙民法典》第1974条规定，收养旨在实现儿童的较高利益。在我国学者建议稿中，“梁稿”第1831条规定，收养应当有利于被收养人的健康成长。在立法中明确规定收养应以儿童最大利益为基本原则，为保护未成年人权利提供法律依据，成为指导收养行为的基本准则，是为各国收养制度发展过程中取得的重要立法进步。

关于收养制度中未成年人权益之保护，域外立法例和我国学者建议稿的不同点表现为，域外立法例比我国学者建议稿的相关规定要更加具体。在域外立法例中，《阿根廷共和国民法典》和《瑞士民法典》对收养制度中未成年人之权益保护均较为详细。例如，《阿根廷共和国民法典》从五方面具体保护收养中的未成年人权益：一是收养未成年人的程序应通过司法判决的形式进行；二是规定一定的试收养期间；三是规定法官、未成年人咨询机构等公共职权机构的参与，而这种介入贯穿试收养环节和收养之诉两个环节；四是规定依据未成年人的最大利益，可成立简单收养制度；五是规定了域外收养中的未成年人权利保护。而在我国学者建议稿中，收养制度对未成年人权益的保护仍仅限于原则性的条款，即规定收养应以被收养人的最大利益为原则。在收养程序、试收养期限和未成年人咨询、帮扶机构等公共职权机构的参与方面，与《阿根廷共和国民法典》和《瑞士民法典》等还有一定差距。

具体而言，与域外相关立法例比较，我国学者建议稿对未成年人收养保护之不足主要表现为：一是在收养的程序方面，我国学者建议稿均规定收养经由民政部门登记后成立。而这种登记主义主要对提交材料进行形式审查，对于收养人的实际情况、是否有利于被收养人健康成长等情况缺乏实际地调查与了解，不利于保护未成年人的利益。但“王稿”在收养程序方面，于登记主义的基础上增加了说明和征询职能。例如，“王稿”第 491 条规定，在登记前，办理登记的民政部门应当向收养关系当事人说明收养行为的意义和效力，并征询收养关系当事人的意见。此种登记之外的征询职能仍然以询问为主，并没有对收养中的实际情况和条件依职权进行调查，其所起到的实际效果仍较为有限。二是缺少公权力机关的监督。公权力对未成年人收养缺乏监督不仅表现为程序上缺少审核，还表现为对收养的过程缺乏监督，不利于及时发现收养中对未成年人的侵害行为，可能使被收养人长期遭受不利益而无法得到救助。三是缺少专家、儿童咨询机构等主体的介入。对于收养人是否心理健康适于收养、收养人与被收养人是否能够和谐相处等专业问题，适当引入专家、儿童咨询机构等主体参与其中，并听取其意见是极为必要的。但是我国的三份学者建议稿对于该部分主体介入收养关系，切实帮助未成年人等方面均没有涉及，是为立法之不足。

# 第四节　我国《民法典》未成年人收养制度的考察与评析

## 一、我国《民法典》未成年人收养制度的立法成就

王利明在《民法典体系研究》一书中强调，在当前，从中国实际出发，我国《民法典》更应当着重把握以下重要方针：一是认真总结我国民事立法经验，二是认真总结司法审判经验和生活习惯，三是注重吸收民法学发展的最新成果。[①] 究竟应当如何构建较为科学、合理的《民法典》之制度立法体系，更好地保护未成年人、无行为能力和限制行为能力成年人的权益，值得我们进一步深入研究。[②] 通过分析研究 2018 年 9 月至 2019 年 12 月相继公布的“草案一审稿”至“草案四审稿”及 2021 年 1 月 1 日正式施行的《民法典》，相比于原《收养法》，我国《民法典》的收养制度立法在以下五方面取得了立法成就：

一是更加全方位贯彻收养中的“儿童最大利益原则”，新增收养评估条款。我国《民法典》第 1105 条规定，县级以上人民政府民政部门应当依法进行收养评估。“此款虽行文简约却内涵丰富：收养评估是由收养登记机关借助专业资源针对收养个案作出具体研判。增设该程序将使我国收养法律机制融入更加显著的社会化元素：明确实质审查、引入专业资源、加强国家干预。”[③] 为了加

① 参见王利明：《民法典体系研究》，中国人民大学出版社 2008 年版，第 167-168 页。

② 参见陈苇、李艳：《中国民法典之监护制度立法体系构建研究》，载《西南政法大学学报》2017 年第 2 期，第 79 页。

③ 邓丽：《收养法的社会化：从亲子法转向儿童法》，载《法学研究》2020 年第 6 期，第 52 页。

强收养登记管理，规范收养评估工作，保障被收养人的合法权益，根据我国《民法典》又具体制定了《收养评估办法（试行）》。

二是扩大了被收养人的范围。根据原《收养法》第4、7、14条之规定，在一般情况下，被收养人只能是不满14周岁的未成年人，在继父母收养继子女或（华侨）收养三代以内同辈旁系血亲子女的情况下，可以不受被收养人须不满14周岁之限制。但根据2018年9月“草案一审稿”第872条及我国《民法典》第1093条之规定，孤儿、弃婴等符合条件的未成年人可以被收养。相当于扩大了被收养人的范围，由须为不满14周岁的未成年人扩大至符合条件的不满18周岁的未成年人均可成为被收养人。

三是收养制度条文根据其他法律法规的变化有所调整。计划生育，即按人口政策有计划地生育子女，于1982年9月被定为基本国策，同年12月被写入宪法，是我国长期坚持的一项基本国策。计划生育的主要内容及目的是：提倡少生、优生、晚婚、晚育，从而有计划地控制人口。2001年《人口与计划生育法》第18条规定：“国家提倡一对夫妻生育一个子女，鼓励公民晚婚晚育。”2015年12月27日，《关于修改〈中华人民共和国人口与计划生育法〉的决定》由第十二届全国人民代表大会常务委员会第十八次会议通过，其第18条倡导一对夫妻生育两个子女。随着我国“二胎”政策的放开，我国收养制度条文也随之改变，表现为被收养人的条件和收养人的数量这两方面。原《收养法》第6条规定，收养人须无子女，而我国《民法典》第1098条转变为收养人可以无子女或者只有一名子女；原《收养法》第8条规定，收养人只能收养一名子女，而我国《民法典》第1100条转变为有一名子女的收养人可收养一名子女，无子女的收养人可以收养两名子女。

1986年4月12日，第六届全国人民代表大会第四次会议修订通过了我国《民法通则》。在本次我国《民法典》编纂过程中，为给其他各编的修订提供基本指导，我国率先对《民法通则》进行修改，于2017年3月15日通过了《民法总则》。而收养制度条文根据我国《民法典》“总则编”的规定亦有所调整。第一，明确规定违反我国《民法典》“总则编”的民事法律行为无效。原《收养法》第25条规定，违反《民法通则》第55条的收养行为无效。我国《民法典》第1113条规定，违反总则编关于民事法律行为无效条款的收养行为无效。其二，《民法总则》中降低了无民事行为能力人的年龄，我国收养制度也随之进行了修改。原《收养法》第11、26条规定，养子女年满10周岁的，无论是成立还是解除收养关系均须征得其同意，而我国《民法典》第1104、1114条规定，养子女年满8周岁，无论是成立还是解除收养关系就得征得其同意。这些立法条文的变化体现了《民法典》编纂协调一致的特点，是为立法之进步。

四是注重我国《民法典》用语的准确性。2019年6月“草案二审稿”、2019年10月“草案三审稿”和2019年12月“草案四审稿”相继公布。相比于一审稿，“草案二审稿”“草案三审稿”和“草案四审稿”更注重法典编纂用语的准确性。例如，“草案二审稿”将一审稿第872条“查找不到生父母的儿童”修改成“查找不到生父母的未成年人”；将基本原则中的禁止买卖“儿童”修改为禁止买卖“未成年人”。“未成年人”是一个法律概念，它的界限是明确的，是由法律直接规定的，具有规范性、明确性、法定性的特点。“儿童”一词在联合国《儿童权利公约》中指的是“18岁以下的任何人，除非对其适用之法律规定成年年龄低于18岁”。[1] 但我国法律体系中并没有关于“儿童”概念的准确界定。将部分用语中的“儿童”修改成“未成年人”，表明法典编纂用语更为准确。再如，“草案一审稿”第892条规定，违反本法规定的收养行为无效。一审稿沿用了原《收养法》中的条款，但收养制度进入民法典成为婚姻家庭编的内容后，继续使用“违反本法”

① 郭勤、刘士心、张森：《未成年人司法制度理念之界定与比较研究》，载王牧：《犯罪学论丛》（第四卷），中国检察出版社2006年版，第248页。

规定的收养行为无效显然不准确。“草案二审稿”第892条将此修改为，“违反本编”规定的收养行为无效。

五是对收养人的条件有所完善。“草案一审稿”第877条基本沿用了原《收养法》对收养人的四项基本要求，分别为：有抚养、教育和保护被收养人的能力；无子女或者只有一名子女；未患有在医学上认为不应当收养子女的疾病；年满30周岁。[①]“草案二审稿”在此四项要求的基础上，新增了一项条件：收养人须“无不利于被收养人健康成长的违法犯罪记录”。我国《民法典》对收养人的条件新增一项规定，也是为了使收养人更为适格，以保障被收养人的健康成长。对于本次民法典草案中收养制度的上述变化，有学者给予了高度评价：我国对收养制度的内容有所完善，总体上，我国《民法典》“婚姻家庭编”更关注制度走向，更注重体系协调、更关注编纂策略、尊重主体需要、矫正社会排挤、更关注立法基点、维护公平正义。[②] 但也有学者指出其仍存在一定不足：总体上比较注重法的延续性，而在推动制度发展方面，还有待进一步努力，主要表现在引入不完全收养和成年收养、完善收养成立制度、完善收养的效力和完善收养关系的解除这几个方面。[③]

## 二、我国《民法典》未成年人收养制度的立法不足

总结域外立法例和我国学者建议稿中的相关规定，我国收养制度已确立了儿童最大利益的基本指导原则，这是其立法之进步。但与《阿根廷共和国民法典》《瑞士民法典》等域外立法相对比，我国收养制度中的未成年人权益保护仍存在一定不足，主要表现

① 参见王博勋：《民法典婚姻家庭编草案二审：这些亮点值得关注》，载《中国人大》2019年第13期，第32页。

② 参见王歌雅：《〈民法典·婚姻家庭编〉的编纂策略与制度走向》，载《法律科学（西北政法大学学报）》2019年第6期，第83页。

③ 参见周友军：《我国民法典编纂中收养制度的完善》，载《广东社会科学》2019年第4期，第247-252页。

在缺少试收养期间的相关规定，收养的程序缺少对实质内容的了解，缺少公权机构与社会组织的介入、监督与帮扶这三方面。

（一）缺少试收养期间的相关规定

“养父母及儿童对收养冲突行为的心理将直接决定收养质量。”① 试收养制度的立法目的在于，在收养正式成立前为收养人和被收养人的真正相处提供时间，以维护双方的共同利益。域外立法例和我国学者建议稿中，基于保护收养中未成年人利益之需求，多对试收养制度有所规定。例如，《阿根廷共和国民法典》第316条规定，收养人应在不少于6个月但不多于1年的期间里将未成年人处于其庇护之下，该期间应由法官确定。我国学者建议稿中，“徐稿”规定试收养期间为固定的3个月，“梁稿”的试收养期间由送养人与收养人协商确定。而我国民法典各版草案却对试收养制度没有涉及。

在我国《民法典》编纂过程中，有学者曾发表建议，民政部门在确认收养关系成立前，应安排试收养被收养人6个月的试收养期。试收养期结束后应对该试收养行为进行评估，认为当事人间适合共同生活的，民政部门予以登记；认为被收养人与收养人不适合共同生活的，被收养人应当被送回民政部门。② 给予双方一定的相互适应期，建立试收养制度，主要是考虑到收养关系对当事人生活有较大影响，有利于减少收养家庭不和谐因素，避免因互相不适应造成对未成年人的伤害。但是，目前各版本草案建议稿及正式施行的《民法典》对这一制度均没有涉及。这不利于为收养人与被收养人在收养关系正式成立前营造一个相互适应、了解的前提基础，尤其不利于保护未成年人之权利，不利于充分听取收养过程中未成年人之意愿，是我国立法之不足。

① 李秀华：《改革与完善收养人条件的立法进路》，载《中华女子学院学报》2019年第1期，第26页。

② 参见《增设婚姻唯一住所共同居住权，增设试收养制度》，载 http://www.sohu.com/a/323796390_120055580，最后访问日期：2019年12月12日。

（二）收养的程序缺少对实质内容的了解

“对收养成立在形式要件上的要求有两种不同的类型：一是收养须依司法程序而成立。二是收养须依行政程序而成立。”① 在域外立法例中，未成年人收养多采取司法审查主义的成立模式，即由法院对是否成立收养关系进行实质审查。例如，《阿根廷共和国民法典》第311条规定，对未解除亲权的未成年人的收养，应依收养人的请求，通过司法判决的形式进行；《日本民法典》第798条规定，收养未成年人时，须取得法院的许可。根据1999年《收养登记办法》第5条之规定，欲办理收养登记的收养人应当提交以下材料：一是收养子女的申请书；二是居民身份证、户口簿及其复印件；三是收养人本人所在单位人事部门或者所在街道办事处出具的家庭、婚姻、年龄状况和能抚养教育被收养人的能力证明；四是婚姻状况证明及其复印件；五是县级以上医院出具的不孕不育诊断证明；六是计划生育办公室出具的婚姻、子女状况证明；七是收养三代以内的同辈旁系血亲子女的应提供三代以内同辈旁系血亲证明，华侨收养得提供华侨身份证明。

对此，有学者提出，我国对收养主体是否具备相应条件和法定资质仅进行书面材料上的审核而不是实质考察。② “现行收养审查机制流于形式。因民政部门审查往往限于审查当事人证件、书面材料是否齐备且符合条件，至于收养目的是否合法，收养合意是否真实，收养是否有利于儿童成长均不得而知，收养审查流于形式。”③ 还有学者提出，收养制度的形式审查存在很大弊端，一是形式审查为诸多违法收养行为甚至刑事犯罪留有空间。例如，

① 王利明主编：《中国民法典学者建议稿及立法理由·人格权编、婚姻家庭编、继承编》，法律出版社2005年版，第491页。

② 参见赵川芳：《试论儿童收养中存在的问题及对策》，载《中国青年政治学院学报》2014年第5期，第27页。

③ 雷明光主编：《中华人民共和国收养法评注》，厦门大学出版社2016年版，第20页。

通过各种手段获取虚假材料实则为贩卖儿童而收养子女的违法犯罪行为。二是未考察当事人提交材料的真实性，不利于完全确定收养主体在实质上是否符合法定条件。这可能导致不具备收养条件的主体通过提交虚假、伪造的材料而获得收养子女的权利，不利于维护收养关系的稳定性和树立司法权威。[①] 立足于现有研究成果，笔者认为，我国收养制度之成立采取形式审查主义，民政部门对递交材料的真实性、收养人是否适格、身心是否健康适于收养以及该收养是否有利于未成年人的健康成长等情况，缺乏实际的调查了解，不利于未成年人最大利益的实现，是为我国立法之不足。

（三）缺少公权机构与社会组织的介入、监督与帮扶

受人权运动与未成年人权益保护思潮蓬勃发展的影响，域外国家愈加重视国家、社会机构等主体在未成年人保护中的重要法律地位。域外公权力组织机构对未成年人权益的保护，主要体现在以下两方面：第一，法庭或法官在收养行为中积极履职，主动审查收养人是否具有收养能力、身心是否健康、是否能够有利于被收养人之健康成长。例如，《阿根廷共和国民法典》第 321 条规定，法官或法庭应根据未成年人的年龄和个人状况，在认为适当时，依照其享有的权利对其本人以及其他任何有利于其利益之人进行听证；法官或法庭应考虑收养人的生活能力及其个人品行而评定收养是否对未成年人有利；法官或法庭可明令采取其认为适当的证明措施或调查措施。第二，未成年人咨询机构或专家的介入。例如，《瑞士民法典》第 268a 条规定，宣告收养仅得在全面调查所有重要情况，必要时在征询专家意见后为之；特别是对于收养人和被收养人的人格和健康，收养人和被收养人间的相互关系，收养人的教育能力、经济状况、收养动机和家庭关系以及抚

① 参见杨翱宇、潘林青：《民法典编纂背景下我国收养立法的反思与重构》，载《内江师范学院学报》2017 年第 1 期，第 88 页。

养关系的发展等情况，均应调查清楚。

2020年4月，鲍某明疑似性侵养女一事在网络引起热议。无论二人之间的养父母子女关系是否成立，其都向我国立法传递出深刻信息：一是我国的未成年人保护工作仍然任重而道远；二是收养行为离不开必要的监督与管控，一方面要防止被收养儿童遭受不法侵害，另一方面也要坚决打击利用“收养”做幌子的违法犯罪行为。就原《收养法》未成年人权益保护之现状来看，仅规定收养应以保障被收养人的最大利益为原则，但是对公权力机构应如何介入收养制度、监督收养行为以及如何帮扶收养中的残疾儿童等方面均缺少规定。“我国收养法只规定了对收养人与被收养人资格和条件上的形式审查，没有设定收养关系成立后的跟踪监督制度，这不利于监督收养人是否尽到父母的抚养、教育、保护等义务，是否对被收养人有虐待、遗弃等行为。”① 另外，心理专家、儿童保护组织是否能够以及如何参与到收养行为中也缺少规定。我国在家事法改革中，曾给心理专家、儿童保护机构进一步参与司法审判开辟了道路。例如，2016年，中山市第一人民法院家事审判庭共在6起家事案件中引入心理疏导干预，初步建立心理疏导介入的模式，在离婚案件中对子女亲子关系进行评估，以符合儿童最大利益原则，最大限度地保障儿童的健康成长。但遗憾的是，这种心理专家、儿童保护机构参与未成年人保护的情况仍停留于离婚审判中，对收养行为并未涉及，是为我国《民法典》中相关立法之不足。

需要说明的是，对未成年人收养权益的保护从不同视角审视，具有不同种类，具体包括公力救济与私力救济、家庭之内的保护与家庭之外的保护等。从本次我国《民法典》立法情况来看，收养制度中有关未成年人权利的保护也是愈加受到重视。例如，将

---

① 李慧敏：《儿童最大利益原则与我国儿童权益保护制度的完善——从婚姻家庭法的角度》，载《温州大学学报（社会科学版）》2015年第2期，第84页。

“收养应当有利于被收养人的健康成长”修改为外延和内涵更大的“收养应当遵循最有利于被收养人的原则”。在局部法律用语方面，将禁止买卖“儿童”修改为禁止买卖“未成年人”，用语更具有规范性、明确性、法定性的特点，并增设收养评估制度。但是由于家庭保护的局限性，笔者认为，尽管我国《民法典》对未成年人保护有所加强，但在国家介入、监督和帮扶未成年人方面仍存在不足，是我国收养制度中未成年人保护的一项重大缺失。

## 三、我国《民法典》未成年人收养制度的立法完善思考

### （一）公权力保护儿童收养权益的必要性

“从《民法典》实施起，我国对于收养法律关系的调整进入民事一般性立法调整阶段。”① 在未成年人收养中之所以强调国家的介入、监督与帮扶，原因在于：一是其为政府职能的必然要求；二是其为我国法律完善的必经过程；三是其为收养制度中保护未成年人权益的必要手段。在理论体系和实践规范不断发展的进程中，20 世纪后半叶以来收养法中社会化表达在世界范围内成为法律改革的趋势之一。在国际人权思潮的影响下，现代收养法中的私法属性被加强，同时又表现出超越私法的发展动向。②

1. 政府职能的必然要求

在我国社会主义发展初期，注重家庭对儿童的保护，积极防止家庭成员虐待儿童。例如，我国《宪法》第 49 条规定，禁止虐待老人、妇女和儿童。但是随着经济的发展、社会环境的复杂，国家和民众均意识到家庭在儿童保护方面虽然起主要作用，但其也存在一定的局限性。在家庭不完整或父母失职等情况下，儿童权利的保护需要国家的介入和政府职能的发挥。而《儿童权利公

---

① 孙大伟：《未成年人保护视角下收养主体问题研究》，载《时代法学》2020 年第 6 期，第 22 页。

② 参见邓丽：《收养法的社会化：从亲子法转向儿童法》，载《法学研究》2020 年第 6 期，第 44 页。

约》第3条第1款的规定，意味着保护儿童利益的责任已经向家庭以外倾斜。政府的职能是国家实质的表现，体现统治阶级的利益、意志和要求。国家职能分为政治职能、经济职能、文化职能和社会公共服务职能等。社会公共服务职能，即为国家发展创造良好的自然环境和社会环境的职能，包括保护环境、兴办公共工程、建立和健全社会保障制度、保护公共财物、搞好社会治安等。社会主义国家的社会公共服务职能要求政府充分考虑民生、民愿，在弱势群体保护或非营利建设等事项上充分发挥能动性，提供必要的帮扶，并积极组织社会生产，维持社会秩序、生产秩序、工作秩序和生活秩序等。在我国《民法典》中，一方面，我国收养制度中的未成年人是弱势群体，若不实行必要的监管，其利益容易遭受不法侵害；另一方面，尤其是残疾儿童的收养，其亟待政府的帮扶与资助，为残疾儿童的收养消除后顾之忧，才能真正提高我国残疾儿童被收养的概率，既满足民众收养子女之需要，也为残疾儿童在家庭中的健康成长提供保障。

2. 我国法律完善的必经过程

保护儿童权益的理论基础之一是人权理论。1924年《日内瓦儿童权利宣言》、1959年《儿童权利宣言》、1989年《儿童权利公约》等国际性法律公约，不断强化新时期对儿童权利的保护与国家职责的完善。儿童的权利主体地位逐渐得到全世界的重视，使得社会更加关注儿童作为主体所应享有的权利。从《日内瓦儿童权利宣言》到《儿童权利公约》，贯彻和执行“儿童最大利益原则”从一种理论成为各国切实履行的政府责任。为使儿童免受来自父母的伤害，对儿童的保护向家庭外倾斜成为新的发展趋势，国家在必要时将成为儿童利益保护的主体。尤其像我国这样的发展中国家，教育机制和社会保障机制等方面还不十分健全，对儿童这样一个弱势群体的保护更需要依靠家庭的努力、社会力量的帮助和国家权力作为后盾。

受国际儿童权利保护和国家责任主义浪潮的影响，我国也对该方面的法律法规有所完善。1990 年，中国政府正式签署了联合国《儿童权利公约》，之后全国人民代表大会于 1992 年 3 月 2 日批准该公约，并于 1992 年 4 月 1 日在我国生效。“自上世纪九十年代起，我国政府承担并认真履行了《儿童权利公约》规定的各项义务。”[①] 例如，1992 年我国根据本国实际情况，发布了《九十年代中国儿童发展规划纲要》，跨入 21 世纪，我国又相继发布了《中国儿童发展纲要（2001—2010 年）》等文件。我国在立法上颁布了一系列以维护儿童利益为内容的法律，认真地履行其所应承担的政府责任。新时期我国收养制度之立法也必然要继续承担儿童权利保护的法律使命，更加注重国家的介入、监督与帮扶，从制度上为国家职能的完善提供法律保障与依据。

3. 收养制度中保护未成年人利益的重要手段

在人权理论的基础上，儿童保护理论有所发展，应将儿童作为人权的主体来加以尊重。值得注意的是，虽然“儿童最大利益原则”体现了儿童权利保护的理念，但是由于儿童具有在精神、身体及心智上尚未发育成熟的特性，在成人社会里，儿童仍处于相对弱势的地位。这在我国相关收养问题中也有明显体现，主要表现在以下几个方面：一是我国收养制度的审查仍采取形式主义，对实质内容，尤其是被收养人的现实情况缺少调查了解。相关部门对该家庭是否有利于被收养人的健康成长，是缺少“发言权”的。二是收养人与被收养人的收养关系成立后，缺少相关部门的监督，一方面容易导致被收养人遭受不法侵害，另一方面这种侵害具有隐蔽性，因缺少国家的监督与事后干预不易被察觉，可能具有长时间的持续性，危害较大。三是我国缺少试收养制度，收养关系经登记形成，没有给被收养与收养人留有充足的实际相处时间，以检验这段收养关系是否相处融洽。相反，我国收养关系

---

① 宋执连：《尊重与维护儿童权利——〈儿童权利公约〉与我国儿童保护事业》，载《师范教育》2002 年第 8 期，第 21 页。

一经登记即合法成立，并且非因法定事由不得轻易解除，这是相关制度缺失对未成年人利益的一种侵害。四是对于残疾儿童的收养缺少国家的帮扶，因此我国残疾儿童收养的概率并不高，较多残疾儿童仍然不能通过收养进入正常家庭中成长、生活。基于以上我国收养制度因缺少国家介入所存在的现实问题，在我国《民法典》实施后的进一步完善中，更要重视这一问题，国家在涉足家庭领域时，尊重和保护家庭隐私是一个重要前提。有学者提出，立法者为更好贯彻这一政策，须把握以下两项原则：一是以保护儿童利益为出发点，国家才能干涉家庭事务；二是在涉足家庭事务时，应尊重家庭隐私和尽力维护家庭的完整。①

（二）公权力保护儿童利益的可行性

在未成年人收养中增强国家的介入、监督与帮扶，也具备深厚可行性基础，具体表现为具有理论基础、立法基础和实践基础三个方面。

1. 具有理论基础

国际公约的完善，为国家介入、监督与帮扶未成年的被收养人提供了理论基础。20 世纪初期，随着人权运动的蓬勃发展，国际立法愈加重视对儿童权利的保护，并出台一系列相关的重要文件，为我国该方面法律制度的完善提供了理论基础。一是《日内瓦儿童权利宣言》。该宣言明确地提出，为了儿童的身心健康和道德发展，应采取一定的保护措施，使患病的儿童得到照顾、饥饿的儿童得到抚养、情绪悲伤的儿童得到安慰。较完整地提出了保护儿童权利的思想，将儿童需要与其弱势群体的身份特征相联系。二是《儿童权利宣言》。相较于《日内瓦儿童权利宣言》，《儿童权利宣言》详细地界定了儿童权利的具体内容，包括不受歧视地受照顾权、受教育权、保护儿童免于被剥削权、身体发展和精神

---

① 参见刘元敏：《论未成年人收养制度——以对未成年养子女利益的公权力保护为视角》，2010 年西南政法大学硕士学位论文，第 11 页。

发展权、儿童姓名权和国籍权、特别保护权、免于被忽视和残酷行为权。该宣言详细地描述了儿童权利的类型，有利于具象化儿童权利之内涵。三是《儿童权利公约》。该公约共54条，在前两份宣言的基础上更为详细具体地规定了儿童所应享有的各项权利。“法律社会化的实质是法律趋向于以社会需求为导向、为弱势群体提供社会保护。”① 这些国际性文件的出台，极大地推动了世界各国对儿童权利的重视，也为我国未成年人保护方面的立法完善奠定了理论基础。

2. 具有立法基础

“在社会化发展目标下，我国收养法的体系构造应采领域法的大视野，以问题为导向。”② 域外立法例的相关规定，也为我国介入、监督与帮扶未成年的被收养人提供了立法基础。在人权运动与未成年人权益保护思潮的影响下，域外国家也逐步认识到，在父母死亡、失踪或责任缺位的情况下，国家、社会机构等主体在未成年人保护中的重要法律地位。前文已具体阐述，域外公权力组织机构对未成年人权益的保护，主要体现为三方面：一是法庭和法官在收养行为中积极履职，主动审查收养人是否具有收养能力、身心是否健康、是否能够有利于被收养人之健康成长；二是未成年人咨询机构或专家的介入；三是未成年人保护机构的介入。这些域外的具体立法条文为我国相关法律内容的完善提供了一定立法借鉴。

3. 具有实践基础

近年来，侵害儿童权利的恶性事件受到国家和社会各界的高度重视，有关儿童权利保护的进一步完善措施已经“在路上”。2017年1月，国家网信办公开发布了“未成年人网络保护条例

① 张文显：《二十世纪西方法哲学思潮研究》，法律出版社2006年版，第96页。

② 刘剑文：《论领域法学：一种立足新兴交叉领域的法学研究范式》，载《政法论丛》2016年第5期，第8页。

（送审稿）”，在网上公开向社会各界征集意见。2017 年 10 月，为开展农村留守儿童数据更新、组合查询、比对核实、实时报送、定期通报等工作，全国农村留守儿童信息管理系统正式启用。同时，对于多发的校园暴力事件中对未成年人的伤害，2018 年杭州某区检察院发布《关于建立学校青少年处置制度的意见》，被媒体认为是第一个反校园性骚扰的文件；另一基层检察院与公共卫生部门联合发布了《关于未成年人案件强制举报制度的意见》，要求医疗机构及其所在单位对未成年人案件进行强制举报。我国对于未成年人权益之保护在实践中已经取得了一定成果，使我国的儿童权利保护在具体问题上，如保护留守儿童、防治校园暴力和防止侵害未成年人等有所进步。反观我国《民法典》，收养制度中的未成年人权益保护，也不应该再局限于原则性地规定有利于未成年人的健康成长，在具体的保护措施和主体方面，应有更进一步的落实。

4. 具有物质基础

我国经济的快速发展，为国家的介入、监督与帮扶提供了物质基础。经济基础与上层建筑的关系，经济基础是第一性的，是上层建筑赖以存在的根源；上层建筑是第二性、派生性的，是经济基础在政治上和思想上的表现。[①] 从 1953 年到 2010 年，我国已陆续完成 11 个“五年规划”，为国民经济的发展打下了坚实基础。而改革开放以来，我国经济得到了快速发展。2018 年全国居民人均可支配收入已达 28228 元，并且呈逐年上涨趋势。[②] 此种国富民安的经济态势，为政府介入、监督与帮扶未成年人等公共职能的完善提供了经济基础，为国家适度干预收养中的儿童权利保护提

① 参见刘大勇：《从现行宪法五次修改的内容分析我国的改革进程》，载《黑龙江省政法管理干部学院学报》2019 年第 2 期，第 17-18 页。

② 参见《统计局：2018 年全国居民人均可支配收入 28228 元》，载 http://www.xinhuanet.com//fortune/2019-01/21/c_1210043114.htm，最后访问日期：2019 年 12 月 15 日。

供了源源不断的动力和有力的物质保障。

（三）具体立法建议

世界各国收养立法对于收养关系的成立以及收养中未成年人权利保护，愈加重视国家公权力的介入，由相关的司法程序对收养行为和收养关系进行调整。国家公权力介入收养行为，能够提高收养的准入门槛、调整收养关系，有利于减少违法收养行为，更好地保护当事人的合法权益。针对我国未成年人收养制度之不足，我国学者也提出了不少立法完善建议。有学者指出，一是要进一步放宽收养主体的条件。放宽被收养人数量和年龄的限制，建立成年人收养制度，增加收养同意权的主体，明确规定被收养人不得同时被两个以上主体收养和允许监护人收养被监护人。二是要建立试收养制度。三是进一步完善收养程序，加强对收养当事人收养条件的审查环节。四是设立不完全收养制度和不完全收养的撤销制度。五是补充收养罚则规定。六是增设送养人的探望权。[①] 还有学者针对我国收养实践中儿童权益保护之不足，提出以下完善建议：一是优化立法政策即体制环境，为我民间收养留置更多空间。二是设立试收养期及收养回访制度，加强对收养人及收养家庭的核查力度。三是简化收养条件，降低收养门槛。四是加大儿童福利机构建设力度，加强资金扶持力度。五是建立职业化、专业化的儿童收养社会工作者队伍。六是建立针对残疾儿童的收养补助金制度。[②]

针对上文提到的我国《民法典》未成年人收养制度立法之不足，在分析公权力保护儿童利益的必要性和可行性的基础上，本书结合域外立法例和我国学者建议稿的相关规定，立足于我国《民法典》“婚姻家庭编”的补充配套、细化，具体提出以下立法

① 参见吴国平：《收养立法完善的思考》，载《福建政法管理干部学院学报》2007年第4期，第41-45页。

② 参见赵川芳：《试论儿童收养中存在的问题及对策》，载《中国青年政治学院学报》2014年第5期，第27-28页。

完善建议。

1. 建立试收养制度

在我国收养立法中，加强权力机关、社会组织机构和专家等主体的参与度，应主要从建立试收养制度和对收养进行实质审查两个环节入手。试收养环节要注重儿童咨询机构、专家的专业意见，综合评定收养人是否身心健康、家庭环境是否适于收养、是否能够保障被收养人健康成长等多方面因素，告别以往主要以经济基础作为评定标准的简约登记主义。

（1）建议试收养制度

"收养关系对当事人的生活影响巨大，应当与国际接轨，增加规定收养关系的试收养制度，给予双方一定的相互适应期，有利于避免因互相不适应造成对未成年人的伤害，减少收养家庭不和谐关系的产生。"① 试收养制度的规定，是考察被收养人以及收养人能否从心理上适应这一身份关系转变的重要环节。其立法宗旨在于，在收养正式成立前为收养人和被收养人的真正相处提供时间，以维护双方的共同利益，尤其是被收养人的合法权益。否则盲目建立收养关系，"将难以避免收养隐患的发生、收养冲突的产生或收养关系的解除，从而使收养关系的建立陷于盲目和被动的境地"。② 目前，原《收养法》和正式施行的《民法典》对这一制度均没有涉及，不利于为收养人与被收养人在收养关系正式成立前营造一个相互适应、了解的前提基础，尤其不利于保护未成年人之权利，听取被收养的未成年人之意愿。综上，应在我国《民法典》的现有基础上，在收养关系正式成立前增设试收养制度。

（2）试收养制度之具体期间

关于试收养的具体期限，域外立法例和我国学者建议稿主要

---

① 王博勋：《民法典婚姻家庭编草案二审：这些亮点值得关注》，载《中国人大》2019 年第 13 期，第 32 页。

② 王歌雅：《关于我国收养立法的反思与重构》，载《北方论丛》2000 年第 6 期，第 58 页。

有三种立法模式：一是明确规定试收养的期限。例如，“徐稿”第三分编第190条规定，在正式的收养关系成立前，收养人可试收养被收养人3个月。我国有学者也提出，“民政部门确认符合收养条件的，可以安排收养人试收养六个月。试收养期间，收养人不得私自更改被收养人姓氏或者将其带离出国（境）”。[①] 二是试收养期间由当事人在法定期限内协商确定。例如，《阿根廷共和国民法典》第316条规定，收养人应在不少于6个月但不多于1年的期间里将未成年人处于其庇护之下，该期间应由法官确定。再如，《瑞士民法典》第264条规定，收养人能证明其对被收养人已抚养和教育至少1年，同时，依各方面情事可认为其与被收养人成立亲子关系。三是对试收养期间不作明确规定，具体由送养人和收养人协商确定。例如，《德国民法典》第1744条规定，收养人应当照顾被收养人一段适宜的期间，方能宣告收养成立。而我国“梁稿”第1846条规定，被收养人为未成年人的，在办理收养登记之前，送养人与收养人可以协商约定适当的试收养期。笔者认为，相比于第一种和第三种方式，第二种观点即试收养期间由当事人在法定期限内协商确定更为合理，应在法律的限度内给予当事人一定的协商自主的权利。具体而言，建议可以规定送养人和收养人应协商约定不少于3个月的试收养期。

（3）对试收养的登记与评估

“司法社会工作凭借其专业优势与丰富经验对收养过程进行介入，有助于弥补缺陷，促进我国收养制度的完善，确保‘儿童最大利益原则’的真正落实。”[②] 首先，我国试收养的成立应受公权力机关的干预。当事人之间的收养关系，经民政部门登记后依法成立。为保护被收养人的合法权益、规范民间收养行为，试收养

---

① 王歌雅：《〈民法典·婚姻家庭编〉的编纂策略与制度走向》，载《法律科学（西北政法大学学报）》2019年第6期，第95页。

② 于灵嘉：《儿童最大利益原则下司法社会工作对我国收养过程的介入研究》，载《开封教育学院学报》2018年第4期，第249页。

的确立不应该不受限制。当事人达成试收养的协议后，也应到当地的民政部门予以登记。其次，关于试收养期结束后的评估程序，试收养期只是送养人与收养人协商确定的一个期限，试养期间并不产生收养的法律效力。试养期满当事人双方或一方不愿意的，可以不进行收养登记；试养期满当事人双方仍要求缔结收养关系并进行登记的，应在民政部门的指导下，加强心理专家、儿童咨询机构或儿童权利保护组织等主体的参与度，评估收养人是否心理健康适于收养，以及收养是否有利于被收养人之健康成长等。后由民政部门根据专家、儿童咨询机构等提交的报告，确定收养关系是否符合法律规定、能否予以登记等情况。

（4）重视发挥心理专家、儿童咨询机构之效用

聘用专业的心理指导老师，疏通留守、残障等弱势儿童的心理障碍，对于从根本上贯彻“儿童最大利益原则”具有重要意义。[①] 心理专家、儿童咨询机构的重要作用不仅体现在对试收养进行评估上，对于评定收养关系是否恶化也起到一定作用。通过上文的司法实践调查可以看出，我国司法机关对于收养关系是否恶化的评判是存在一定分歧的。对于一些情况复杂、较难认定的情况，应该注重心理专家、儿童咨询机构的参与。尤其涉及未成年人解除收养关系的案件时，审理法院应该在充分听取心理专家、儿童咨询机构报告的基础上，综合评定作出判决。这给心理专家、儿童咨询机构介入收养关系提供了切实可行的途径。未来，在我国《民法典》“婚姻家庭编”进一步完善中，应充分借鉴该立法经验，在涉及未成年人的收养纠纷中，切实发挥心理专家、儿童咨询机构的作用。

---

① 参见陈静、田燕等：《武汉市黄陂区农村留守儿童性教育现状研究》，载《湖北经济学院学报（人文社会科学版）》2019 年第 2 期，第 127 页。

2. 对收养进行实质审查

（1）对收养情况进行实质审查

根据我国《收养登记办法》的规定，收养人办理收养登记时，应向收养登记机关提交的证明材料、证件包括：第一，收养人的居民身份证和居民户口簿；第二，县级以上医疗机构出具的身体健康检查证明，以证明收养人未患有在医学上认为不应当收养子女的疾病；第三，收养人所在村民委员会、居民委员会或单位出具的本人教育抚养被收养人的能力和婚姻状况以及收养人出具的子女情况声明等材料。民政部门的工作人员在办理收养登记时，更侧重于对收养人提供的证明材料是否齐全进行审查，至于收养是否有利于儿童成长、收养目的是否合法、合意是否真实等缺乏实质了解。[①] 我国收养制度之成立采取形式审查主义，民政部门对递交材料的真实性、收养人是否适格、身心是否健康适于收养以及该收养是否有利于未成年人的健康成长等情况，缺乏实际的调查了解，不利于被收养的未成年人的最大利益之实现。我国《民法典》应进一步增强对收养情况的实质审查力度，以实现国家干预职能，最大限度地保护未成年人在收养过程中健康成长。

（2）对收养情况进行实质审查的方式

关于对收养情况进行实质审查的方式，主要有两种：一是收养须依司法程序成立。在域外立法例中，未成年人收养多采取司法审查主义的成立模式，即由法院对是否成立收养关系进行实质审查。例如，《法国民法典》第 353 条规定，收养由大审法院应收养人的申请作出宣告。大审法院应在其受理申请之日起 6 个月期限内，审查收养是否符合儿童最大利益以及是否具备法律规定的收养条件。《葡萄牙民法典》第 1973 条规定，收养关系须通过法院判决而设定；收养程序须附以一项社会报告，调查内容尤其应包

① 参见陈苇主编：《家事法研究》（2008 年卷），群众出版社 2009 年版，第 184 页。

括收养人照顾及教育待被收养人之能力、收养人之家庭及经济状况、收养人及待被收养人之健康状况及人格以及收养人要求收养之理由。二是由办理收养登记的民政部门进行实质审查。收养登记员负责对收养人的经济情况、健康、品德、家庭情况以及收养的动机及目的进行实际的调查，尤其要对试收养期双方的生活情况进行跟踪调查。民政部门应对调查期结束后得出的书面调查报告进行分析，并决定是否进行收养登记。

对比以上两种方式，相对于将有关收养的案件交由司法部门审理，笔者更赞同适当增加民政部门的人员并适当扩大其职能，由民政部门负责对收养情况进行实质审查。原因在于：一方面，自原《收养法》颁布至今，有关收养的登记行为即由民政部门负责，民众对这一情况也较为认同，不宜轻易变动；另一方面，我国司法机关受理案件数量大、审理周期较长，将有关收养是否成立的案件也移交司法部门负责，恐增加司法压力，并且可能使收养的审核期限过长。对此，有学者也提出，“从我国《收养法》的规定和惯例来看，建立由民政部门为主导的行政主导模式是比较合适的，这既符合我国现有法律的规定，又可以发挥行政部门便捷和效率的优势。我国《收养法》应该规定，民政部门在收到收养人申请后要对收养人及收养的程序和内容进行实质性审查”。[①]

(3) 对收养情况进行实质审查的内容

对于收养过程中民政部门具体应实质审查哪些内容，有学者提出：在收养关系成立前，一方面要注重实质审查，应根据待被收养儿童的心理、生理、年龄、经历等情况进行评估，以评估记录为依据对欲收养家庭进行考核；另一方面也要注重对收养知识的传播和收养工作的准备，可以通过开展讲座、会谈等方式，使众多收养家庭有分享心得体会或交流经验的机会，帮助待进入收

① 肖欣：《论“儿童最大利益原则”在〈收养法〉中的确立》，南京大学 2016 年硕士学位论文，第 19 页。

养关系的当事人做好心理准备。[1] 上述学者的观点具有借鉴意义。一方面，实质调查应分为两个阶段：一是对试收养期被收养人与收养人双方的生活情况进行调查，可由民政部门派专人不定期探访处于试收养期的家庭，了解收养人与被收养人及家庭成员间的相处情况；二是调查收养人的经济状况和家庭情况，具体为收养人的健康状况、工作和收入状况、品德状况、家庭成员状况，是否做好收养的准备工作、收养人的心理状况是否适于收养、是否有违法犯罪记录以及生活环境是否有利于被收养人健康成长等方面。另一方面，收养成立前不仅要注重对收养情况进行实质调查，也要注重对当事人进行培训，通过开展讲座、交流会等方式，传播有关收养方面的知识，培养当事人树立正确的心理建设。

3. 加强权力机关、组织机构等主体的监督

（1）建立收养监督机制

收养成立后被收养人和收养人之间的相处和生活还会遇到各种各样的问题，所以收养关系成立后继续加强对收养人的监督是很必要的。对此有学者提出，我国对未成年人应建立自上而下的国家保护和监督体系，在省、市、县、乡设置青少年事务局，专门负责本辖区范围内青少年福利制度的执行或青少年监护等事务。[2] 还有学者提出，“对于收养人的监督与考察并不能仅限于收养关系成立之前，对收养关系确立之后的监督工作也是整个收养过程中的重要一环”。[3] 综观上述域外立法例，瑞士、菲律宾等国家规定了较为完善的收养监督模式。反观我国国内的收养行为，却没有规定此报告义务或家庭访问环节，与国际立法有一定差距。

---

① 参见于灵嘉：《儿童最大利益原则下司法社会工作对我国收养过程的介入研究》，载《开封教育学院学报》2018 年第 4 期，第 251 页。

② 参见王鹏翠：《论我国未成年人监护变更制度的完善》，中国社会科学院 2012 年硕士学位论文，第 14 页。

③ 于灵嘉：《儿童最大利益原则下司法社会工作对我国收养过程的介入研究》，载《开封教育学院学报》2018 年第 4 期，第 250 页。

尽管本次我国《民法典》（草案）对未成年人保护有所加强，但在国家介入、监督未成年人收养方面明显存在不足，这也是我国收养制度中未成年人保护的重大缺失所在。我国《民法典》进一步完善收养的监督机制，既是收养制度完善的必然要求，也是我国法律实现切实保护儿童权利以及与国际立法接轨的重要体现，应予重视。

（2）完善收养监督的主体

“我国也设立有跟踪调查机制，但是其只适用于涉外收养，我国应该参考国外立法，对涉外收养和国内收养进行统一立法。”①关于收养监督机制的主体，第一，美国的强制报告制度为我国相关立法的完善提供了一定借鉴，其规定在发现有殴打或虐待未成年人的情况时，邻居、医生、教师等主体必须及时向当地民政部门报告。法律规定教师、医生、邻居等主体具有强制报告义务，是因为这些主体具有职业的特殊性或居住的便利性，他们可以更及时地发现儿童在家庭中的特殊情况，对收养人可以起到监督的作用。第二，我国 2016 年施行的《中华人民共和国反家庭暴力法》（以下简称《反家暴法》）中的相关规定，也对完善我国收养监督机制的主体有一定的借鉴意义。《反家暴法》关于社会主体的监督举报职能主要包括：一方面，加害人或者受害人所在地的居民委员会、村民委员会、单位、妇女联合会等主体接到家庭暴力反映、投诉或者求助后，应积极予以处理并给予帮助；另一方面，发现无民事行为能力人、限制民事行为能力人遭受或者疑似遭受家庭暴力的居民委员会、村民委员会、救助管理机构、学校、医疗机构、幼儿园、社会工作服务机构、福利机构及其工作人员等主体，应当及时向公安机关报案。可见，我国《反家暴法》中的社会参与主体包括单位、居民委员会、村民委员会、医疗机构、

① 林凯燕：《论孤残儿童收养的事后监督制度构建及其完善》，载《赤峰学院学报（汉文哲学社会科学版）》2016 年第 2 期，第 119 页。

学校、幼儿园、救助管理机构、社会工作服务机构、福利机构等。这些主体较为广泛，与被收养的儿童也具有较密切联系，对儿童学习、生活状况有较好了解，值得我国收养监督机制予以参考。

（3）明确具体监督方式

关于收养成立后的具体监督方式，不同学者也给出了不同的立法完善建议。有的主张应由当地村、居民委员会发挥主要的监督功能，“调查的工作可由民政部门委托收养人所在地的居委会或村委会进行，并定期向民政部门汇报”。[①] 有的主张应由民政部门发挥主要监督职能，“民政部门应当作为重要监督主体，承担起应负的责任，把被收养儿童的利益摆在第一位”。[②] 还有学者主张，应同时发挥民政部门工作人员和村、居民委员会的监督功能。“收养关系成立后，民政部门或受民政部门委托的村委会、居委会等基层群众组织，应对收养实际情况进行考察。如果在调查过程中发现任何不适宜收养的问题或存在违法犯罪行为时，应在自己权限范围内及时处理或协同其他职能机关共同处理。”[③] 收养成立后的监督问题，由民政部门主导调查还是由当地村、居民委员会主导调查，二者各有优势。民政部门工作人员对案件更为了解，对收养人、送养人和被收养人等主体更为熟悉，便于开展深入的调查与访问；而当地村、居民委员会对收养成立后被收养人的实际生活状况可能更为了解，是评价收养家庭是否有利于被收养人健康成长的重要环节。笔者认为，应发挥两主体的联动作用，二者均具有收养监督的职能。一方面，由民政部门派出的该案承办人员为主导，收养成立后继续跟进收养监督，在收养成立后的 1 年

---

① 刘元敏：《论未成年人收养制度——以对未成年养子女利益的公权力保护为视角》，西南政法大学 2010 年硕士学位论文，第 43 页。

② 肖欣：《论“儿童最大利益原则”在〈收养法〉中的确立》，南京大学 2016 年硕士学位论文，第 20 页。

③ 杨翱宇、潘林青：《民法典编纂背景下我国收养立法的反思与重构》，载《内江师范学院学报》2017 年第 1 期，第 90 页。

内，通过入户访问，走访被收养人当地的村、居民委员会或走访其就读学校等方式，给出收养成立后是否有利于被收养人健康成长的综合评估报告。另一方面，村、居民委员会要发挥监督收养的辅助功能，密切关注被收养儿童的生活状况或进行入户调查，在民政部门负责人员询问情况时，能够给出切实详细的调查情况说明。这既有利于民政部门相关人员负责到底，全方位介入试收养、收养关系的成立和收养监督等程序，也能发挥村、居民委员会的辅助监督职能，听取其对被收养儿童生活情况的重要意见。

须注意的是，在充分发挥民政部门工作人员和村、居民委员会监督职能的同时，还有两点注意事项：一是注重发挥社会主体的联动监督机制，建立“民事执行联动机制”。[①] 学校、幼儿园、医疗机构、社会工作服务机构、救助管理机构、福利机构及其工作人员发现收养关系不利于被收养人健康成长等问题时，应及时向当地民政部门或公安机关反映情况，造成严重后果的，由上级主管部门或者本单位对相关人员予以处分。二是注重维护当事人秘密收养的权利。我国《民法典》第1110条规定，其他人应当尊重收养关系当事人秘密收养的权利。民政部门、村、居民委员依职权进行监督时，应采取适当措施了解被收养人的实际生活情况，而不侵犯当事人秘密收养的权利。

4. 加强对残障儿童收养的补贴和帮助

（1）收养是残障儿童等主体回归家庭的重要方式

根据2007年全国第二次残疾人抽样报告调查，全国0—6岁残疾儿童的总数为139.5万，6—14岁残疾儿童的总数为246万，并且每年还要新增19.9万的0—14岁残疾儿童。[②] 到目前为止，我

---

① 周建英：《民事执行联动机制法律问题研究》，青岛大学2018年硕士学位论文，第20页。

② 参见益美传媒：《中国有近400万残疾儿童，他们在等待着摆脱灰暗，重新走入世界》，载 https：//baijiahao. baidu. com/s？ id = 1610947544509248762&wfr = spider&for = pc，最后访问日期：2019年12月14日。

国0—14岁残疾儿童数量应远远不止于此。目前，被遗弃的残疾儿童主要有三种集中养育方式，分别是公民收养、家庭寄养和机构供养。[①] 而收养是使残障弃婴、孤儿回归家庭、健康成长的重要方式之一。但从目前的现实情况来看，我国残障儿童的收养率并不高。原因在于，我国养育儿童成本较高，尤其是残障儿童的医疗与康复等费用，将会是收养人的一项沉重负担，也使得残障弃婴、孤儿很难回归家庭，获得有益恢复健康的成长环境。为使残障弃婴、孤儿能够真正回归家庭，要加大政府对残障儿童的帮扶力度，加强资金和政策支持是提高残障儿童收养率的关键举措。

（2）加强对残障儿童的帮扶力度

随着我国经济的发展和未成年人权益保护理论的逐步深化，对于残障儿童的保护力度也不断加强。2017年7月，《残疾预防和残疾人康复条例》正式施行，其对预防残疾的发生、减轻残疾程度、帮助残疾人恢复或者补偿功能具有重要意义。该条例规定，各级人民政府应当按照社会保险的有关规定将残疾人纳入基本医疗保险范围。据统计，2017全国共有残疾人康复机构8334个，2018年残疾人康复机构数为9036个，具体包括提供视力残疾康复服务、提供听力言语残疾康复服务、提供肢体残疾康复服务、提供智力残疾康复服务、提供辅助器具服务等不同的类别。[②]

从实际情况来看，随着我国法制的健全、国家保障投入的增加，残障儿童的医疗服务确实有一定提高。但也有不足之处，残障弃婴、孤儿真正得到康复救助并通过收养回归家庭生活的人数仍然没有较大变化。原因可能在于：一是能够得到救助的残障儿童范围有限，仅限于0—6岁儿童，并且根据不同省市的实际情况，

① 参见蒋新苗：《中国残疾儿童收养的法律机制透析》，载《中国法学》2009年第6期，第119页。

② 参见中国产业信息网：《2018年全国残疾人康复人数、机构数量和从业人员分析》，载 http：//www. chyxx. com/industry/201910/794434. html，最后访问日期：2019年12月15日。

只能逐步实现免费医疗；二是具体医疗防范和保障措施的施行，由县级以上人民政府根据自身情况实际制定，由于各省市实际情况不同，帮扶力度可能有所差异。我国《残疾预防和残疾人康复条例》出台后，据报道，陕西安康4岁半女孩月某跟着爷爷奶奶到某省康复医院做康复训练，3人每个月的房租、日常消费、康复费等各种开支合计高达1万元。尽管省里有康复补助，但对这两位老人而言仍然是一项较为沉重的负担。①

针对以上问题，在大方向上，我国要进一步健全整个残障儿童的权利保障体系，政府要继续加强对残障儿童的帮扶力度，扩大受援助儿童的范围和可援助的疾病种类。并且，可以动员社会力量，规范社会捐赠行为。例如，某软件平台推出了“儿童助养项目”，广大民众可以直接在线对项目进行捐款，对残疾儿童进行医疗救助和家长就业支持。具体而言，为促使残障弃婴、孤儿等能够早日康复回归家庭，也是为了满足收养人收养儿童的需求，我国可以进一步加大对收养残障儿童的帮扶力度，对收养残障儿童的家庭予以补助或不受年龄限制地提供免费康复救助等。例如，我国有全国人大代表连续两年提交议案，建议对收养残疾儿童的家庭给予补贴或税收优惠政策等，以鼓励并引导国内家庭收养病残儿童。②

(3) 加强对公养机构的管理与监督力度

我国残障儿童主要有三种养育模式，分别是收养、公养与寄养。公养又称“机构抚养”，是由国家设立的社会福利机构对孤儿、弃儿、残疾儿童进行的养育方式。③ 而国家福利机构或社会慈善团体的抚养与收养不同，二者的主要区别在于：一是性质不同。

① 参见《免费治疗：为何是6岁以下？残疾儿童治疗现状调查》，载 http://www.sohu.com/a/134898110_114731，最后访问日期：2019年12月15日。

② 参见《人大代表方燕连续两年建议，希望对收养残疾儿童家庭给予补贴》，载 http://news.hsw.cn/s，最后访问日期：2019年12月15日。

③ 参见蒋新苗：《收养法比较研究》，北京大学出版社2004年版，第29页。

收养是一种建立民事身份的法律行为，属于私法范畴；国家福利机构或社会慈善团体的收养则是根据相关行政法规或社团章程而实施的一种社会福利措施，应属于公法范畴。二是成立的要件不同。收养行为是一种十分重要的身份创设行为，对各方当事人的身份和财产权益都会产生影响，故其成立要件较为严格，也要求各方当事人意见的真实与一致性；而国家福利机构或社会慈善团体的收养，是国家或社会组织提供社会福利的一种具体措施，故其成立的要件相对简约。三是效力不同。收养关系成立后，收养人与被收养人之间和收养人的近亲属间形成法律拟制的亲属关系；而国家福利机构或社会慈善团体收养属于社会福利措施，是依据行政法规或社团章程进行的，发生国家福利机构或社会慈善团体对孤儿或弃婴的监护关系，而不产生父母子女及亲属间的权利义务关系。

目前，我国公养机构是抚养孤残儿童的重要主体之一，尤其是在救助被遗弃的残疾儿童方面发挥了关键作用。2019 年 1 月 1 日，民政部研究制定的《儿童福利机构管理办法》颁布实施，该办法明确了儿童福利机构服务对象、服务程序、服务内容及内部管理制度，是我国首部关于儿童福利机构的管理规章。但我国现在的儿童福利机构还存在以下不足：一是资源利用不充分，使整体的资源配置处于不平衡状态，资源配置不合理。二是专业人才队伍构建缺乏有效性，在护理人员配置上，多以临时工为主。三是职能发挥不充分，在专业康复治疗和心理康复领域，儿童福利机构仍存在短板。

为充分发挥社会福利机构之作用，充分保障残障儿童的康复与成长，我国仍须进一步加强对公养机构的管理与监督力度。首先，要坚持国家福利机构的公益化属性。坚持创办福利院的公益属性，切实履行法律规定的责任；坚持提供服务的福利性；积极争取资源和政策，补贴福利服务支出。其次，要坚持儿童福利机构标准化建设，全面建立儿童福利机构标准化体系。再次，要坚持儿童福利机构专业化服务，强化专业服务的理念，完善专业功能，基础设施建设和设备配备是儿童福利机构建设的硬件，也是完善机构功能的基础；建立专业人才队伍，尤其要强调职业道德和关爱意识的树立。最后，要坚持规范化管理，实现规章制度、工作流程、资料信息体系等方面的规范化。①

5. 加强儿童家庭寄养功能发挥

目前，我国有较多学者主张进一步完善家庭寄养条款，以配合收养立法发挥最大制度效用。② 收养法律制度与寄养、儿童家庭寄养等概念不同，所发挥的社会功效有一定差异。首先，收养与寄养有所区别，主要表现为：一是目的不同。寄养的目的在于委托他人代为抚养照料子女，而非将自己的子女送给他人收养。二是后果不同。寄养只发生抚养形式的变化，不产生父母子女间权利义务的转移或变更。被寄养人仍然是其父母的子女，与受托人之间仅仅产生委托监护关系。其次，收养与儿童家庭寄养有所区别，主要表现为：一是目的不同。收养是送养人将子女的抚养义务全部且一般情况下永久地转移给他人，解销了父母子女间法律上的权利义务关系。而儿童家庭寄养是将民政部门监护的儿童委托在家庭中养育的照料模式。二是效力不同。收养关系成立后，收养人与被收养人之间和收养人的近亲属间形成法律拟制的亲属关系。而儿童家庭寄养不会对既有的生父母子女关系产生实质影响，被寄养的子女与受托抚养人之间也不会如收养一样产生拟制亲属关系。

关于孤残儿童的家庭寄养工作，我国各省市早已开始了实践探索。20 世纪 90 年代初，北京市儿童福利院开始在延庆开展农村家庭寄养的试点；1997 年，在上海市民政局等相关部门的协同合

---

① 参见徐建中：《推进儿童福利机构转型发展努力为更多困境儿童服好务》，载《中国民政》2015 年第 19 期，第 12–13 页。

② 参见翟高远：《论我国儿童家庭暴力防治体系的合理构建》，载《东南大学学报（哲学社会科学版）》2020 年第 3 期，第 100 页。

作下，“政府出资，社会支持，家庭寄养，统一监护”的儿童家庭寄养模式在上海全市推广，已有众多孤残儿童进入寄养家庭；2004年5月，济南市将唐王镇纸坊村作为儿童家庭寄养工作试点基地，正式开始推行孤残儿童的村镇家庭寄养模式。随后，青岛市出台了由市政府办公厅下发的《关于做好孤残儿童家庭寄养的意见》，从法律依据及经济来源上给予保证，现已形成城市社区集中寄养、城市分散寄养、农村寄养等不同寄养模式并行的发展态势。截至2006年3月，青岛市已有170名孤残儿童寄养在城乡家庭中，而根据残疾程度不同，政府补助给每个寄养家庭每个月720—1000元不等的费用。

为了促进寄养儿童身心健康成长，更好地规范各省市的儿童家庭寄养工作，2014年12月1日民政部颁布的《家庭寄养管理办法》正式施行，原2003年《家庭寄养管理暂行办法》予以废止。该办法对儿童家庭寄养的条件、寄养关系的确立、寄养关系的解除、监督管理和相关法律责任等方面都作了较为详细的规定。相比于《家庭寄养管理暂行办法》，修订后的《家庭寄养管理办法》取得了以下立法进步：一是该办法更加重视儿童权益的保护，在原立法宗旨的基础上增加了“促进寄养儿童身心健康成长”原则；二是更加明确和细化各部门的工作职责，调整管理和实施机构；三是新修订的办法规定家庭寄养关系的成立必须经过申请、评估、审核、培训和签约等步骤，程序方面更为规范；四是实行家庭寄养地域管理，一般情况下禁止跨省、自治区、直辖市展开家庭寄养；五是注重家庭寄养后又被该家庭收养的衔接工作。但也有学者指出，我国的儿童家庭寄养工作还存在不足，主要表现为寄养家庭招募困难、服务方式不成熟，儿童家庭寄养不仅是寻找安置寄养家庭，更是要实现儿童在寄养家庭中的健康成长，而对于寄养儿童在寄养家庭的后续生活情况法律缺少关注，没有家庭寄养的退出机制等方面。①

而在儿童家庭寄养方面，我国不少学者也提出了相应的立法完善建议。例如，有学者提出，要扩大寄养对象服务范围，拓展民间组织在儿童寄养领域的服务空间，促使教育权、参与权、发展权等各项权益实现，完善残障儿童福利保障制度，建立家庭寄养评估机制，实现规范化管理。② 笔者认为，我国之所以在完善收养制度的同时，仍要强调推动儿童家庭寄养模式深入开展，原因在于，相比于福利机构的抚养，儿童家庭寄养更能发挥寄养家庭社会效益、提升孤残儿童生活质量、缓解政府儿童福利资源不足等问题，实现被寄养儿童心理、生理和社会生活等方面的协调发展。并且，儿童家庭寄养的另一项重要作用是对特殊儿童实现合理安置，新疆、河南、陕西、山西等省份的《艾滋病防治条例》明确规定，民政部门可以通过家庭寄养的方式安置因艾滋病致孤且无独立生活能力的未成年人。这种方式既有助于给这些特殊儿童提供更良好的生活条件，也有利于保障其他孤残儿童在福利机构健康成长。立足于儿童家庭寄养相比于儿童福利机构的构建优势，我国对儿童家庭寄养的完善也应从以下两方面入手：一是通过积极招募寄养家庭、加大经济帮扶力度等方式，提高儿童家庭寄养模式的适用性；二充分发挥儿童家庭寄养在照顾特殊孤残儿童方面的优势作用，对患有特殊疾病或需要特殊照顾的儿童实现“因地制宜”的人文关怀。

---

① 参见丁陈晨：《监护缺失儿童家庭寄养的困境和发展路径探析》，2017 年南京师范大学硕士学位论文，第 28-32 页。

② 参见赵川芳：《家庭寄养：现实困境和完善对策》，载《当代青年研究》2017 年第 4 期，第 9-10 页。

# 第五章 成年人收养制度研究

## 第一节 原《收养法》成年人收养制度的立法及司法考察

根据收养对象的不同，收养可以分为未成年人收养和成年人收养。其中，成年人收养是指在收养关系中被收养人是成年人的收养行为。① 相比未成年人收养，成年人收养最突出的特点之一就是保留了双重亲属身份和权利义务关系。收养关系成立后，收养人与被收养人之间产生父母子女间的身份关系和权利义务关系，养子女与养父母的近亲属之间的权利义务关系，适用法律关于子女与父母的近亲属关系的规定。同时，原生家庭之间的亲属关系与权利义务的履行不因收养关系的成立而消灭。在域外立法例中，对成年人收养制度也多有规定，并且域外成文法中成年人收养是一种不完全收养模式。按照收养关系成立后子女与父母之间的关系是否终止为区分标准，不完全收养是与完全收养相对应的法律概念。不完全收养又称单纯收养或简单收养，是指养子女与其亲生父母之间在收养关系成立后仍相互保留一定权利义务关系的收

① 参见陈苇：《婚姻家庭继承法学》（第三版），群众出版社 2017 年版，第 9 页。

养模式。①

本节主要对我国成年人收养制度的立法及司法现状进行考察，分为以下三部分：第一部分在考察成年人收养制度一般理论的同时，分析我国原《收养法》成年人收养制度的立法情况；第二部分考察了我国原《收养法》成年人收养制度的司法实践；第三部分分析了我国成年人收养制度的立法争议问题。

## 一、原《收养法》成年人收养制度的立法考察

成年人收养制度在我国经历了从承认到相对承认的发展过程，该制度在我国是被逐步弱化的，这体现为原《收养法》施行之前和施行之后两个阶段成年人收养制度的立法变化。原《收养法》施行之前，收养成年人的行为一般得到司法实践的承认。例如，在“杨某昌、朱某珍解除收养关系纠纷”一案中，审理法院认为，杨某昌于1988年到朱某珍、杨某云家中，与其以父母子女相称，共同生活多年。在杨某云分家时，杨某昌亦作为养子分得朱某珍、杨某云的部分财产，同时约定承担赡养义务。虽然杨某昌被收养时已经成年，也未办理收养登记手续，但当时原《收养法》尚未颁布实施，且有关政策也允许收养成年人，因此，审理法院认定杨某昌与朱某珍、杨某云之间存在事实收养关系，并无不当。②

原《收养法》第7条、第14条规定，继父母收养继子女或收养三代以内同辈旁系血亲的子女，被收养人可以不受须未满14周岁之限制。对此应如何理解？“可以不受未满14周岁之限制”意味着可以收养成年人，还是被收养人仍须为14周岁以上且不满18周岁的未成年人？能否从上述条款得出我国在一定条件下承认成年人收养制度的结论，学者间也存在争议。一种观点认为，从上述条款可以推断出我国是承认成年人收养制度的。原因在于，从

① 参见蒋新苗：《收养法比较研究》，北京大学出版社2005年版，第39页。

② 参见广东省梅州市中级人民法院（2017）粤14民终289号民事判决书。

文义理解出发，这些条款规定在特殊情形下被收养人可以年满 14 周岁，这意味着被收养人可以是成年人。[①] 在我国司法实践中，审理法院也普遍认为，“不受未满 14 周岁之限制”意味着可以收养成年人。另一种观点认为，上述条款并没有规定成年人收养制度，否则会与第 2 条保护被收养的未成年人利益的立法宗旨相违背。[②] 原《收养法》虽然在第 7 条规定了特殊情况下被收养人可以不受未满 14 周岁之限制，但除此之外并没有对成年人收养制度作出其他规定，因此从体系解释来看，该条款并没有规定成年人收养制度，否则原《收养法》应当有相应的配套规定对成年人收养制度作出规范。[③]

唯有将知识解释为人们借助过去的经验去适应环境的一切方式，才可以把知识、文明的增长与立法的进步等同起来，使其互为依托。[④] 笔者认为，根据原《收养法》，在特殊情况下我国是允许收养成年人的。并且，从下文对我国司法实践的考察情况来看，审理法院也普遍认为，在收养三代以内同辈旁系血亲的子女和继父母收养继子女这两种情况下，被收养人是可以为成年人的。亲属间的收养从我国收养案件数量上看，占比都很大。原《收养法》颁布之前，民间已有收养成年人之习惯。秉持“历史是民主历史，法律是民主法律”之观念，[⑤] 原《收养法》在特殊情况下对收养成年人留有余地，一方面是对我国收养传统的尊重，另一方面也是对民间收养习惯的承继。

---

① 参见杨大文主编：《亲属法与继承法》，法律出版社 2013 年版，第 206 页。

② 参见叶良方：《浅析收养成年人的不适用性》，载《中国民政》2010 年第 6 期，第 37 页。

③ 参见雷明光主编：《中华人民共和国收养法评注》，厦门大学出版社 2016 年版，第 126 页。

④ 参见［英］哈耶克：《自由宪章》，杨玉生等译，中国社会科学出版社 2012 年版，第 49 页。

⑤ G. de Ruggiero, *The History of European Liberalism*, Oxford: Oxford University Press, 1927. p. 71.

## 二、原《收养法》成年人收养制度的司法考察

### （一）1992 年《收养法》施行之前的成年人收养

原《收养法》颁布实施之前，收养成年人的行为一般有效。例如，在“陈某1、陈某2继承纠纷”一案中，陈某渺于1984年收养了成年人陈某2，并办理了公证。陈某渺去世后，陈某1针对陈某2是否为陈某渺的合法继承人与其发生纠纷，诉至法院。审理法院认为，原《收养法》于1991年发布，1992年4月1日开始实施，后于1998年修正，该案对形成于1984年的收养关系进行判定时，应参考《最高人民法院关于办理过继和收养关系公证的通知》《最高人民法院司法行政厅关于收养子女公证问题的函》等规定，“关于收养子女的公证问题，没有统一规定……请根据实际情况研究，如认为坚持要求公证的，可以办理公证”。据此，前文提及的收养公证书可作为陈某2系陈某渺养子即法定继承人之依据。①

再如，在“吕某与张某甲、张某富等赡养纠纷”一案中，争议的焦点在于上诉人张某甲是否为张某富的养子。上诉人张某甲主张，其与张某富并未办理收养登记，并且其与张某富共同居住时已是成年人，因此该收养关系并不成立，其对张某富没有赡养义务。法院经审理认为，原《收养法》于1992年4月1日起施行，该案上诉人过继给张某富的时间为1985年，彼时尚未施行原《收养法》，该法对其并不具有溯及力。1992年《最高人民法院关于学习、宣传、贯彻执行〈中华人民共和国收养法〉的通知》第2项规定：“收养法施行前受理、施行时尚未审结的收养案件，或者收养法施行前发生的收养关系，收养法施行后当事人诉请确认收养关系的，审理时应适用当时的有关规定；当时没有规定的，可比照收养法处理。”而当时可适用的规定为《最高人民法院（84）法办字第112号〈关于贯彻执行民事政策法律若干问题的意

---

① 参见福建省厦门市中级人民法院（2016）闽02民终4876号民事判决书。

见〉》。该意见第28条规定，亲友、群众公认，或有关组织证明确以养父母与养子女关系长期共同生活的，虽未办理合法手续，也应按收养关系对待。结合该案实际，上诉人与张某富虽未签订收养的书面协议，也未办理登记手续，且上诉人张某甲被收养时已为成年人，但当时未有法律明确规定不得收养成年人。上诉人自1985年起过继给张某富并开始共同生活，也应为其养老送终，审理法院认定上诉人张某甲与张某富之间已形成事实上的收养关系。①

（二）1992年《收养法》施行之后的成年人收养

原《收养法》颁布实施之后，除亲属间的收养和继父母收养继子女的情形外，其他收养成年人的行为无效。根据原《收养法》第4条，被收养人年龄应不满14周岁，一般情况下，超过14周岁的儿童被收养的行为无效。例如，在"李某与姜某2确认收养关系纠纷"一案中，争议的焦点是李某与姜某2是否形成了合法有效的收养关系。审理法院认为，在该案中，姜某2的实际出生日期为1990年3月15日，李某办理收养登记的时间为2004年11月23日，办理收养登记时姜某2已年满14周岁，且不属于李某三代以内同辈旁系血亲的子女，故李某收养姜某2的行为违反法律规定，双方之间的收养关系被认定为无效。②

在特殊情况下，1992年《收养法》颁布实施之后也为收养成年人留有余地，主要表现为收养三代以内同辈旁系血亲的子女和继父母收养继子女这两种情形。例如，在"尹某与巩某荣法定继承纠纷"一案中，争议焦点为，被告巩某荣是否系被继承人尹某、刘某珍夫妇的养女。被告巩某荣主张，其被收养时已满17周岁，接近成年人，因此收养关系不应成立。法院经审理认为，尹某、刘某珍夫妇在办理户口手续时，将寄养在自家的侄女巩某荣作为

① 参见浙江省绍兴市中级人民法院（2014）浙绍民终字第372号民事判决书。

② 参见北京市第三中级人民法院（2019）京03民终10262号民事判决书。

女儿收养，此时巩某荣已年满 17 周岁。而原《收养法》规定，年满 30 周岁的无子女的公民收养三代以内同辈旁系血亲的子女，被收养人可为 14 周岁以上，对亲属间收养成年子女是留有余地的，因此该案中被收养人的年龄是符合法律规定的。[①] 但是，也有学者提出，我国成年人收养制度在司法实践中存在的问题是，无论是在收养关系的成立、法律效力还是撤销等哪一方面，立法都没有与成年人收养配套的系统条文，现有法律规制都是围绕收养未成年人权益保障展开的。这导致在司法实践个别案例中出现过突破现有立法或者与我国原《收养法》自相矛盾的情形。[②]

### 三、我国成年人收养制度的立法争议

世界上不少国家的收养立法均规定了成年人收养制度，其并非一个全新的概念。近年来，关于我国《民法典》是否应规定成年人收养制度，也引发诸多探讨。目前，学界主要有肯定说、否定说和有条件承认说这三种观点。

#### （一）肯定说

肯定说认为，单采未成年人收养制度不能满足现实社会的需要，不符合收养实际。[③] 近些年，新闻媒体陆续报道了一些案例：老人被传销组织骗了养老金还认对方做干儿子；女婿是大学教授，女儿做生意，奶奶因无人说话去路边卖菜认城管当干儿子以及“三个月不回家看望老人是否应当被判刑”等。这些现象都说明，目前我国空巢老人、失独老人等群体亟待赡养照顾与精神关怀。而这种心灵上的需求、心理上的关怀恰恰是遗赠扶养协议在功能

① 参见成都市成华区人民法院（2012）成华民初字第 3606 号民事判决书。

② 参见付岩：《我国成年人收养制度立法研究》，东北师范大学 2020 年硕士学位论文，第 4-5 页。

③ 参见周友军：《我国民法典编纂中收养制度的完善》，载《广东社会科学》2019 年第 4 期，第 247-253 页；吴国平：《试论我国收养立法的完善问题》，载《安阳师范学院学报》2007 年第 1 期，第 44-49 页。

上所达不到的。我国已进入人口老龄化社会，也正基于此，肯定成年人可以被收养成为我国推行计划生育政策和应对人口老龄化问题的发展趋势。那么，遗赠扶养协议是否可以解决我国人口众多年老群体的养老问题？遗赠扶养协议是遗赠人与扶养人签订的，受扶养人将自己合法财产的全部或一部分于其死后转移给扶养人，由扶养人承担遗赠人生养死葬义务的协议。肯定说认为，该协议权利与义务相对应，属于一种双务合同且这个协议更加侧重于对老年人生理上的照顾，可能目的性过强，无法替代收养制度给老年人所带来的精神抚慰，在一定程度上可能会忽视老年人所需要的精神关怀。另外，目前我国残疾人口数量众多，只有少部分孤残儿童能够得到家庭的收养，除此之外的很大一部分群体由国家福利机构来进行抚养。这部分残障人士成年后仍为社会的弱势群体，如果能够得到收养人的照顾，回归家庭仍然是对其最为有利的生活方式。我国立法也不应从法律上剥夺他们可以成为被收养人的权利，这有利于让他们感受家庭温暖，更好地融入社会。

（二）否定说

否定说认为，成年人收养的目的较为复杂，允许收养成年人可能会引发借收养达到其他目的之行为。例如，借收养成年人的名义实则为农转非、求学、顶岗、出国等其他行为。由于收养动机的隐蔽性，历史上曾出现的这些现象，严重破坏了收养制度的功能与初衷。并且，这类为其他目的而为的成年人收养行为极不稳定，隐藏的其他目的实现后收养关系常常即宣告解除，一定程度上影响了法律的严肃性与权威，因此不应将成年人纳入被收养人的范围。并且，原《收养法》规定了遗赠扶养协议制度，其对解决老年人的养老问题有所帮助，无须在此基础上增设成年人收养这一制度。还有学者提出了反对设立成年人收养制度的五种理由：一是原《收养法》之目的在于保障被收养人和收养人的合法权益，保护未成年人之健康成长，而收养成年人不符合该立法精神。二是如果根据原《收养法》第7条、第14条的规定，可以推定在特殊情况下成年人可以被收养，则第2条保护被收养的未成年人的立法目的将被架空。三是认为原《收养法》之规定是针对收养未成年人设立的，收养成年人会破坏既存的法律关系。四是认可成年人收养不符合国际收养潮流。五是认可收养成年人是法律万能主义之体现，遗赠扶养协议可以解决老年人之养老问题，没必要再增设成年人收养。[①]

（三）有条件承认说

有条件承认说认为，我国应该有条件地允许收养成年人。究其原因：一是收养成年人有利于赡养老年人，符合保护老年人合法权益的基本原则；二是收养成年人符合国情、民意，但在条件上应有所限制。例如，有学者提出，老年人无子女或在女方年满50周岁或男方年满55周岁时，子女患有严重疾病或有其他特殊情况无法照顾年迈父母的，虽有子女原则上也可以收养一名年龄相差20周岁以上的未婚青年。[②] 立足于成年人收养制度的上述三种学说，我国《民法典》是否应该增加成年人收养制度，仍存在较大争议。现行立法是否存在忽视成年人收养，因而致使收养制度本身具有的养老功能无法发挥；完全收养的单一收养模式，是否与民众日益丰富的多元化收养需求相契合。这些问题，仍有待后文的进一步研究。

## 第二节　域外成年人收养制度的考察与评析

本节主要对域外的成年人收养制度进行考察与评析，具体考察了法国、阿根廷、日本、德国、瑞士、菲律宾、埃塞俄比亚和葡萄牙这八个国家的民法典。这些域外民法典中，除少数国家外，

---

① 参见雷明光主编：《中华人民共和国收养法评注》，厦门大学出版社2016年版，第111页。

② 参见胡久远：《成年人的合法收养关系应予保护》，载《学习与辅导》1987年第7期，第20页。

绝大多数立法例均对成年人收养制度有所涉及，为我国成年人收养制度的研究与完善提供了一定域外立法借鉴。

## 一、域外成年人收养制度之考察

### 1. 法国成年人收养制度

《法国民法典》规定，无论被收养人的年龄如何，均允许简单收养，[①] 即《法国民法典》允许收养成年人，其具体的形式为简单收养。《法国民法典》对简单收养主要从三个方面进行规定：首先，关于简单收养应当具备的条件，《法国民法典》规定，无论被收养人的年龄如何，均允许简单收养。如果证明有重大理由，准许简单收养原已被完全收养的子女；宣告简单收养的判决，自产生既判事由之确定力之日起 15 日内，应共和国检察官的要求，在户籍登记簿上作出记载或登录。[②] 其次，关于简单收养的效力，《法国民法典》规定：其一，简单收养中收养人对被收养人享有全部亲权性质的权利，但被收养人仍留在原生家庭内并保留其全部权利，尤其是继承人的权利；并且简单收养赋予被收养人以收养人的姓氏并加在其本人的姓氏之上。其二，因收养而产生的亲属关系扩张至被收养人的子女。如果收养人有此需要，被收养人应对其负担赡养费；反之，收养人应给予被收养人以抚养费。被收养人的（生）父母仅在被收养人从收养人那里不能得到抚养费时，始有义务向其提供生活费。其三，被收养人及其直系卑血亲在收养人的家庭里享有第三卷第一编第三章所规定的继承权。但是，被收养人及其直系卑血亲不能对收养人的直系尊血亲取得特留份继承人的资格。[③] 再者，关于简单收养的解除，《法国民法典》规定，被收养人是未成年人时，应检察院的要求或者应收养人或被

① 参见《法国民法典》第 360 条。

② 参见《法国民法典》第 360、362 条。

③ 参见《法国民法典》第 363-368 条。

收养人的请求，在有重大理由时得解除（简单）收养；解除（简单）收养的判决应当说明理由；（简单）收养的解除，对将来终止收养的一切效力。①

2. 阿根廷成年人收养制度

首先，《阿根廷共和国民法典》规定，对未解除亲权的未成年人的收养，应依收养人的请求，通过司法判决的形式进行。在下列情形下，可事先征得其同意而对成年人或已解除亲权的未成年人进行收养：其一，收养乃针对收养人之配偶的子女；其二，被收养人的子女身份已存在，而该身份已由司法机关适当证实。② 其次，规定只能针对失去父母的孤儿、亲子关系未被证实等未成年人成立完全收养。③ 最后，规定简单收养中因被收养人血缘关系而产生的权利和义务，不因收养而消灭，但除非是对配偶的子女进行收养。亲权，包括对该未成年人财产的管理和用益权，应作为唯一例外而转移于收养人。④ 可见，在《阿根廷共和国民法典》中，收养乃针对收养人之配偶的子女和被收养人的子女身份已存在，而该身份已由司法机关适当证实这两种情况下，是允许收养成年人的。就成年人收养的效力而言是简单收养，但对配偶的子女进行收养，亲权包括对该未成年人财产的管理和用益权，应作为唯一例外而转移于收养人。

3. 日本成年人收养制度

一方面，现代日本的成年人收养制度与其他国家有一定区别。原因在于，绝大多数国家的收养制度是以未成年人为主体的不完全收养模式，而日本主要的收养模式为成年人收养。日本的收养制度有两种模式：一种是传统形式的收养，称为普通收养，在日本有着根深蒂固的传统和悠久的历史。明治维新之后，这种收养

① 参见《法国民法典》第370、370-1、370-2条。

② 参见《阿根廷共和国民法典》第311条。

③ 参见《阿根廷共和国民法典》第325条。

④ 参见《阿根廷共和国民法典》第331条。

养子女的传统得到近代法律的肯定，一直流行到现在。被收养人可以是成人或者儿童，但大多数情况下是成年男性。据统计，日本每年登记注册的绝大多数收养都是法定成人之间的收养，日本成年人养子女被收养时的平均年龄超过 20 岁。另一种是新形式的特殊收养，即参照西方国家的做法，收养人得完全收养 6 岁以下，有些情况下是 8 岁以下被抛弃的儿童、受虐待以及无家可归的孤儿等。这种完全收养旨在提高贫困儿童的福利水平，是日本自 20 世纪 90 年代以后出现的一种新的收养方式。但这种收养关系的人数较少，日本法庭每年仅批准几百例特殊收养，如 1995、2000、2002 这三年分别仅批准了 521、362 和 350 例。① 另一方面，古代日本的成年人收养制度也与我国古代的收养制度有所区别。我国古代通常禁止收养异姓子女，而日本可以收养异姓养子，不受姓氏、血缘关系等条件的限制。

4. 德国成年人收养制度

《德国民法典》第七节收养制度分为第一目“未成年人的收养”和第二目“成年人的收养”。可见，《德国民法典》中的成年人收养是与未成年人收养法律地位相当的一项重要制度。首先，《德国民法典》规定了收养成年人的许可性及可适用的条款。“如果收养在道德观念上具有正当理由，成年人可以被收养。如果以下条款无另外的规定，对于收养成年人，按其意义适用关于收养未成年人的规定。”② 其次，规定了收养成年人的申请程序。成年人的收养，由家庭法院根据待收养人和收养人的申请而作出宣告。待收养人为无行为能力人时，应由其法定代理人为之提出申请。③ 再次，规定了收养成年人的法律效果：其一，成年人收养的效果不及于收养人的血亲。收养人的配偶或同性生活伴侣不与被收养

① 参见殷秀玲：《日本成人收养制度对家族企业的影响及其启示》，载《山东商业职业技术学院学报》2011 年第 4 期，第 13 页。

② 参见《德国民法典》第 1767 条。

③ 参见《德国民法典》第 1768 条。

人互为姻亲，被收养人的配偶或同性生活伴侣不与收养人互为姻亲。其二，收养人先于被收养人的亲生血亲而有义务向被收养人及其晚辈直系血亲给予抚养费。其三，以法律不另有规定为限，因被收养人及其晚辈直系血亲与他们的血统关系而发生的权利义务，不因收养而受影响。[①] 最后，规定了收养成年人的禁止性条款，成年人收养会对待收养人的子女或收养人的子女形成压倒性利益的，该成年人收养行为不能成立。[②] 可见，《德国民法典》中的成年人收养制度主要由收养的要件、收养的申请、收养的效力和收养的禁止等几个方面构成。

5. 瑞士成年人收养制度

《瑞士民法典》规定，无直系血亲卑亲属的成年人，属于下列情形之一者，得被收养：其一，收养人已抚养因身体上或精神上的疾病需要照顾的成年人至少 5 年者；其二，在被收养人未成年时收养人已教育和抚养其至少 5 年者；其三，有其他重大原因，且被收养人与收养人已共同生活至少 5 年者。已婚者非经其配偶同意，不得被收养。其他方面，准用关于收养未成年人的规定。[③] 关于《瑞士民法典》成年人收养之效力是一种完全收养还是不完全收养，有学者指出，英国法、美国大部分州的法律、俄罗斯法以及丹麦法、瑞士法、荷兰法都大体一致地规定了完全收养制度，而瑞士收养制度仅有完全收养一种效力，[④] 因此，在瑞士成立成年人收养也须是一种完全收养行为。

6. 菲律宾成年人收养制度

《菲律宾民法典》规定，如果收养人长于被收养人 16 岁，任何人都可以被收养，成年人亦同；收养应赋予被收养人如同是收

---

① 参见《德国民法典》第 1770 条。

② 参见《德国民法典》第 1769 条。

③ 参见《瑞士民法典》第 266 条。

④ 参见蒋新苗：《收养法比较研究》，北京大学出版社 2005 年版，第 112、316 页。

养人正统子女一样的同等权利义务；解除授予给生身父母的亲权；使被收养人成为收养人的法定继承人；授权被收养人使用收养人的姓。[①] 可见，《菲律宾民法典》同时规定了未成年人收养和成年人收养制度，如果收养人长于被收养人 16 岁，可以收养成年人。就成年人收养的效力而言，收养赋予被收养人如同是收养人正统子女同等的权利义务；解除授予给生身父母的亲权。可见，《菲律宾民法典》中的成年人收养是一种完全收养。

7. 埃塞俄比亚成年人收养制度

《埃塞俄比亚民法典》规定，亲子关系可通过收养协议在收养人与被收养的孩子之间人为地创立；刚受孕的孩子可被收养，在孩子出生后 3 个月内，可以凭母亲单方面的意志撤销此等收养。[②]《埃塞俄比亚民法典》中的被收养人须为未成年人，并且可以是刚受孕的胎儿，但并没有成年人收养制度。

8. 葡萄牙成年人收养制度

一方面，《葡萄牙民法典》规定，收养旨在实现儿童的较高利益，在收养行为具有正当理由，能合理推测收养人与待被收养人之间将建立一种类似亲子关系之关系，在收养会为待被收养人带来实际好处且收养对收养人之其他子女或对待被收养人之子女未造成不公平之牺牲时，方作出收养宣告。根据“收养对收养人之其他子女或对待被收养人之子女未造成不公平之牺牲”可以推断出，《葡萄牙民法典》中的收养制度既包括收养未成年人也包括收养成年人。[③] 另一方面，《葡萄牙民法典》规定，得被完全收养之人包括：其一，收养人配偶之子女，且已通过行政交托、司法交托或交托予收养人之促进及保护措施而获交托，则可被完全收养；其二，在向法院提交收养请求书时待被收养人应未满 15 岁。[④] 可

① 参见《菲律宾民法典》第 337、341 条。

② 参见《埃塞俄比亚民法典》第 796、799 条。

③ 参见《葡萄牙民法典》第 1974 条。

④ 参见《葡萄牙民法典》第 1980 条。

见，就成年人收养的效力而言，其应为不完全收养。

## 二、域外成年人收养制度之评析

各国收养法在成年人收养问题上存在如此大的差异，首要影响因素是各国收养立法目的。对收养制度、社会功能的认识，可以说直接决定了在立法上对待收养成年人的态度。[①] 通过分析这些域外大陆法系国家的成年人收养制度，本书得出以下结论：

首先，域外大陆法系国家普遍规定了成年人收养制度。上述八个域外立法例，除《埃塞俄比亚民法典》规定被收养人仅能是未成年人和未出生的胎儿外，其余国家均规定了成年人收养制度。将上述一些“老牌”的民法典和20世纪制定的“新兴”民法典相比较，不难发现，在本书考察的这些域外国家中，成年人收养制度并没有呈现出逐步弱化的发展趋势。诚然在比较法上，少数国家禁止成年人收养，如英国、俄罗斯等，[②] 这也与这些国家的立法传统与立法初衷有重要联系。例如，以英国为代表的英美法系大部分国家或地区，以直接救助非婚生子女、弃儿、孤儿等弱势儿童作为其收养立法的核心目的，这使得收养制度的“育幼”功能被视为主要目的和唯一立法重心。这便不难理解这些国家的收养制度为何围绕未成年养子女利益展开，而绕开成年人收养了。[③]

其次，成年人收养的法律地位。法国法、德国法、日本法、瑞士法和意大利法等均对成年人收养制度有所规定，且都是以成文法的形式对其进行确认。但是，这些域外国家中成年人收养制度的法律地位是不同的，主要有以下三种立法例：一是相比于未

---

① 参见李俊：《略论民法典中收养制度的设计》，载《甘肃政法学院学报》2006年第1期，第70-71页。

② 参见陈苇主编：《外国婚姻家庭法比较研究》，群众出版社2006年版，第370页。

③ 参见李俊：《略论民法典中收养制度的设计》，载《甘肃政法学院学报》2006年第1期，第71页。

成年人收养，成年人收养制度占主导地位，如《日本民法典》。根据学者统计的1955年至2004年日本收养情况，1955年日本全部收养中，收养儿童的数量为26983例，收养成年人的数量为74980例；1990年日本全部收养中，收养儿童的数量为2240例，收养成年人的数量为79767例；2004年日本全部收养中，收养儿童的数量为1330例，收养成年人的数量为82175例。[①] 可见，一方面，从1955年至2004年，日本全部收养中收养儿童的数量呈现逐年减少的趋势，从1955年的26983例减少至1330例，而日本全部收养中收养成年人的数量相对稳定，在年均8万例左右。另一方面，1955年至2004年相比于儿童收养，日本成年人收养的数量均占主导地位，并且二者的数量差距有逐步扩大的趋势。二是相比于未成年人收养，成年人收养与其法律地位相当，如《德国民法典》。《德国民法典》第七节收养制度分为第一目“未成年人的收养”和第二目“成年人的收养”。《德国民法典》中的成年人收养是与未成年人收养法律地位相当的一项重要制度。再如，《瑞士民法典》收养制度主要由六部分组成，分别是“收养未成年人”“收养成年人”“效力”“程序”“撤销”和“收养居间”。其中，《瑞士民法典》中的收养成年人与收养未成年人的法律地位是相当的。三是相比于未成年人收养，成年人收养处于相对辅助地位，如《瑞士民法典》仅用一个条款规定，无直系血亲卑亲属的成年人具有特定情形之一者，得被收养。

最后，成年人收养的效力。收养效力是收养目的之直接体现，不同国家立法、国情不同，也导致有关收养效力的规定存在差异。目前，允许收养成年人的国家，其收养效力通常有以下两种：一是不完全收养。不完全收养的效力主要有以下几个方面的内容：其一，养子女与养父母之间形成拟制血亲关系；其二，养子女对

---

① Vikas Mehrotra, Randall Morck, Jungwook Shim, Yupana Wiwattan-akantang, *Adoptive Expectations*: *Rising Sons In Japanese Family Firms*, NBER Working Paper, 2005(4).

养父母家庭的财产享有继承权；其三，养子女对生父母家庭的财产享有继承权；其四，养子女与生父母之间保留原始权利义务关系。多数域外国家的成年人收养制度是一种不完全收养模式。二是完全收养。例如，《菲律宾民法典》规定，如果收养人长于被收养人16岁，可以收养成年人，就成年人收养的效力而言，收养赋予被收养人如同收养人的正统子女一样的同等权利义务；解除授予给生身父母的亲权。可见，《菲律宾民法典》中的成年人收养是一种完全收养行为。

关于成年人收养与不完全收养之关系，二者之间既存在一定联系，也有所区别。二者的区别表现为划分依据不同，前者是以收养的对象是否成年作为依据，后者是以收养后被收养人与其亲生父母的关系终止与否的角度进行划分。但二者作为区分收养制度的重要类型，也具有一定联系，表现为成年人收养的效力多为不完全收养模式。关于不完全收养的发展趋势，有学者认为，现代国际社会的收养立法呈现出以完全收养为主的趋同化走势，原因在于，儿童最大利益原则在收养立法中逐步确立，而完全收养比不完全收养能更好地保护未成年人的最大利益，特别是在收养不可撤销时表现得更加突出。①

那么，即使国际收养立法呈现出以完全收养为主的趋同化走势，是否意味着国际立法中，成年人收养制度的法律地位也在逐步弱化？笔者对此持否定态度。这并不意味着不完全收养已无用武之地，需要将其淘汰，这种现象只是表明了一种发展趋势。横向比较可知，“现代收养法以未成年人收养、完全收养为主导，但绝大多数国家实行完全收养与不完全收养的双轨制，因为前者有利于收养家庭的再造，而后者在满足开放信息和开放关系的需求

① 参见蒋新苗、佘国华：《国际收养法走势的回顾与展望》，载《中国法学》2001年第1期，第173页。

方面有独特价值”。[①] 域外大多数立法例同时规定了完全收养和不完全收养两种制度，借此来更好地维护收养各方的利益。这一事实表明，不完全收养并没有在立法中消失，对于收养关系仍有一定的存在价值。上文考察的德国、法国、阿根廷、日本、瑞士、菲律宾等一些国家也多规定了成年人收养制度。可见，即使国际收养法中呈现出以完全收养为主的趋势，但没有湮没成年人收养或不完全收养制度的法律地位，其在大陆法系国家的收养立法中仍是普遍规定的一项制度。

## 第三节　我国学者建议稿成年人收养制度的考察与评析

本节主要对我国学者建议稿中的成年人收养制度进行考察与评析。有关我国学者建议稿中的成年人收养制度，本书以“王稿”“徐稿”和“梁稿”为对象进行考察，并在分析各建议稿异同的基础上，对其中的成年人收养制度予以分析。

### 一、我国学者建议稿成年人收养制度之考察

一是“梁稿”中的成年人收养制度。“梁稿”规定，无子女的65周岁以上的完全民事行为能力人，有收养一名成年子女的权利。被收养人与收养人的年龄应当相差30周岁以上，且被收养人应当为完全民事行为能力人。收养关系成立后，被收养人与收养人之间适用该法关于父母子女关系的规定；被收养人与其亲生父母间的权利义务关系不变。被收养人与收养人的亲属间、收养人与被

① See Cindy L. Baldassi, The Quest to Access Closed Adoption Files in Canada: Understanding Social Context and Legal Re-sistance to Change, 21 *Canadian Journal of Family Law* 211-265 (2005).

收养人的亲属间，不适用该法有关亲属间的权利义务关系的规定。[①]“梁稿”关于成年人收养制度主要从以下两个方面进行规制：第一方面是成年人收养的条件。“梁稿”成年人收养制度应具备以下条件：第一，收养人须年满 65 周岁；第二，收养人为完全民事行为能力人；第三，被收养人为年满 18 周岁的成年人；第四，收养人与被收养人的年龄应当相差 30 周岁以上。第二方面是成年人收养的效力。“梁稿”认为基于不同的立法目的，收养成年人的法律后果不应与收养未成年人的法律后果相同。收养未成年人的法律后果为完全收养，即自收养关系成立时起，养子女与养父母间的权利义务适用法律关于父母子女关系的规定，养子女与生父母及其近亲属间的权利义务关系因收养关系的成立而解销。而收养成年人的目的在于保护老年人的合法权益，在收养关系的效力上，应衡平亲生父母与养父母的利益。如果规定成年子女被他人收养时，其与生父母的权利义务关系消灭，则对生父母不利。

二是“徐稿”中的成年人收养制度。“徐稿”规定：“收养人如无直系卑血亲，可以收养下列情形中的成年人：1. 被收养人由于身体或精神上的痼疾需要照顾，而收养人至少已抚养照顾其两年以上的；2. 有其他重大原因，且被收养人最少已与收养人共同生活 5 年以上的。上述成年人被收养前若已婚，须经其配偶同意。”[②] 就成年人收养的效力而言，“徐稿”规定，养子女与养父母之关系跟自然子女与其父母的关系相同；收养导致被收养人和其以前家庭之间的法律关系消灭。[③]

三是“王稿”中的成年人收养制度。首先，“王稿”规定父母双亡的孤儿等不满 14 周岁的未成年人可以被收养。第 487 条、第 488 条和第 489 条规定，收养四亲等以内同辈旁系血亲的子女、华

① 参见“梁稿”第 1847 条。

② 参见“徐稿”第三分编第 188 条。

③ 参见“徐稿”第三分编第 198、199 条。

侨收养四亲等以内同辈旁系血亲的子女或者继父母经继子女的生父母同意收养继子女的，这三种情形可以不受被收养人须不满14周岁之限制。[①] 其次，“王稿”规定自收养关系成立之日起，收养在养子女与养父母之间发生拟制的法律效力，在养子女与生父母间产生解销的法律效力。[②] 可见，关于成年人收养制度，“王稿”与原《收养法》的立法模式相一致，没有明确规定成年人收养制度，但特殊情况下收养子女又可以不受被收养人须未满14周岁之限制。通说认为，这是特殊情况下对成年人收养制度的一种认可。并且，从成年人收养的效力来看，其应是一种完全收养行为。

## 二、我国学者建议稿成年人收养制度之评析

我国学者建议稿中有关成年人收养制度之规定，既有相同点，也存在一定差异。整理相关问题已有研究成果，进行对比分析，对于了解成年人收养制度增删的利弊，赋予现代收养立法多元化制度功能，具有重要意义。该方面我国学者建议稿的相同点表现为，“梁稿”和“徐稿”均明确规定了成年人收养制度；“王稿”与原《收养法》的立法模式相一致，没有明确规定成年人收养制度，但特殊情况下收养子女又可以不受被收养人须未满14周岁之限制，即特殊情况下“王稿”中的被收养人也可以是成年人。学者建议稿的不同点表现为，虽然“梁稿”和“徐稿”均明确规定了成年人收养制度，但具体的制度内容有差别。

一是制度设立的侧重点不同。收养关系建立条件下收养功能能否体现、收养目的能否达到与收养制度的需要与重点，息息相关。“梁稿”规定，收养人须年满65周岁，即未满65周岁的人不允许收养成年人。该制度重要的立法目的在于满足老年人的养老需求，为年满65周岁以上的老年人提供物质上的帮助或精神上的

① 参见“王稿”第478条。

② 参见“王稿”第492、493条。

关怀，突破问题愈发凸显的“四二一”家庭结构困境。[1]“徐稿”规定，被收养人由于精神或身体上的痼疾需要照顾，而收养人至少已抚养照顾其两年以上的，可以收养成年人，即“徐稿”中的成年人收养制度仍以保护被收养人的利益为出发点。

二是成年人收养成立的条件不同。立法清晰、明确界分成年人收养与未成年人收养，将两种收养模式适用的法律规定有效区分开来，有利于人们清晰认识成年人收养制度。成年人收养与未成年人收养的区别，不仅体现为被收养的对象不同，在适用的条件方面也存在重大差异。“梁稿”成年人收养制度应具备以下条件：第一，收养人年满65周岁；第二，收养人为完全民事行为能力人；第三，被收养人为年满18周岁的成年人；第四，收养人与被收养人的年龄应当相差30周岁以上。“徐稿”规定，满足以下条件可成立成年人收养：第一，被收养人由于身体或精神上的痼疾需要照顾，而收养人至少已抚养照顾其两年以上的；第二，有其他重大原因，且被收养人最少已与收养人共同生活5年以上的。可见，“梁稿”成年人收养制度侧重收养人的现实养老需求，强调收养人须年满65周岁，而被收养人须具有完全民事行为能力。而“徐稿”成年人收养制度更强调收养人与被收养人间实际的共同生活与照顾，更侧重对被收养人身体或精神痼疾的照顾需要。

三是成年人收养的效力不同。收养法律关系的效力具有终局性特点，由既有法律决定，不受收养协议的影响。[2]“梁稿”中的成年人收养是一种不完全收养，收养关系成立后，被收养人与收养人之间适用该法关于父母子女关系的规定；被收养人与其亲生父母间的权利义务关系不变。而“徐稿”中的成年人收养是一种

---

① 参见王贤涛：《“四二一”结构与家庭养老经济压力》，载《区域治理》2020年第1期，第76页。

② 参见马钰凤：《同性结合者家庭权法律保护研究》，2013年西南政法大学博士学位论文，第232页。

完全收养，养子女与养父母之关系，与自然子女与其父母的关系相同；收养导致被收养人和其以前家庭之间的法律关系消灭。"徐稿"如此规定，原因可能在于维持我国立法传统之一惯性，原《收养法》中仅规定了完全收养制度，并不涉及不完全收养。即使是收养成年人，收养行为的效力仍为完全收养，有利于尊重法律传统，也在一定程度上有利于被收养人与收养人关系之和谐、稳固。对于完全收养与不完全收养制度，有学者认为，我国目前采取的完全收养制度有利于稳定收养关系，以及养父母与养子女情感的沟通与建立，但也有人提出，此种完全收养制度无法满足现实生活的多元化及多层次的需要，"无法满足一部分被收养人亲生父母的生活和精神需求"。[①] 是否应在我国《民法典》中明确规定成年人收养制度，学者间还存在争议。并且该制度的成立条件和效力如何，域外立法例和我国学者建议稿的规定也存在一定分歧。

## 第四节　我国《民法典》成年人收养制度的考察与评析

本节主要对我国《民法典》中的成年人收养制度进行研究，主要分为以下两部分：第一部分，分析了我国《民法典》成年人收养制度的立法变化，相比于原《收养法》，《民法典》彻底否定了18周岁以上的成年人可以被收养，分析了这一立法转变所存在的突出问题。第二部分，对我国《民法典》成年人收养制度的增设与否进行思考，在分析增设该制度的必要性和可行性之基础上，提出应在我国《民法典》中规定成年人收养制度的立法建议。

---

① 李秀华：《改革开放三十年中国收养法研究之回顾与展望》，载陈苇主编：《改革开放三十年（1978-2008）中国婚姻家庭继承法研究之回顾与展望》，中国政法大学出版社2010年版，第252页。

## 一、我国《民法典》成年人收养制度的立法变化及不足

我国原《收养法》中并没有可以收养成年人的明确表述，但根据第 7 条、第 14 条之规定，收养三代以内同辈旁系血亲的子女和收养继子女，可以不受被收养人须不满 14 周岁的限制，即从文义解释来看，在一定条件下是允许收养成年人的。相比于原《收养法》，我国《民法典》扩大了被收养人的年龄限制，由被收养人须不满 14 周岁扩大至不满 18 周岁的未成年人可以被收养。这一转变的具体立法历程是：2018 年 9 月“草案一审稿”第 878、882 条规定，在（华侨）收养三代以内同辈旁系血亲的子女和继父母收养继子女的情况下，并没有规定被收养人可以不受须为未成年人之限制。这意味着即使在上述两项特殊收养的情况下，被收养人仍必须是未满 18 周岁的未成年人。从我国《民法典》编纂过程中的草案看，“草案一审稿”即从制度上彻底否认了成年人收养制度，之后的“草案二审稿”及 2020 年 5 月颁布、2021 年 1 月 1 日起施行的《民法典》也均没有规定成年人收养制度。

笔者认为，我国《民法典》彻底否定成年人收养制度是不合理的。一是法律应依据新的社会问题作出相应的变化与调整。目前，我国老年群体人口众多，老年人的养老问题突出，已表现出较为强烈的赡养与收养需求。我国收养立法对此也应作出相应的调整。二是对于上文成年人收养制度“否定说”中提及的隐患问题，也并非不可避免。严格审查成年人收养制度之动机，对收养条件作出相应的限制，上述可能存在的问题也是可以避免或者尽可能减少的。对此，有学者也提出，我国在修订《收养法》时，可以考虑适当放宽被收养人的条件限制，将成年人纳入被收养人的范围，主要理由有：确定成年人收养制度，可以与养老制度相结合，实现养老方式的多元化；肯定成年人收养制度并不会违背

社会公德。[①]“在社会老龄化的背景下，如何逐步完善成年收养等相关规则，是接下来需要面对的问题之一。”[②] 另外，对于“肯定说”和“否定说”中关于通过遗赠扶养协议来养老的争论，笔者更倾向于遗赠扶养协议并不能完全替代成年人收养，原因在于，建立一种拟制血亲关系相比于缔结遗赠扶养合同明显更具有人文关怀。增设成年人收养制度能给孤残老人提供享受家庭温暖的机会，同时能够缓解社会养老压力。我国实行计划生育政策，特别是独生子女政策已经近 30 年，许多家庭都是独生子女家庭，独生子女一旦遇有不测，老年父母往往难享天伦之乐。允许收养成年人，一方面可以使老年人老有所养，另一方面也是收养制度以人为本的体现之一。

必须指出，我国《民法典》对成年人收养制度采取排斥态度，缺乏对从文化根基到权利建构均不需要成年人收养制度的相关实证调研。中国传统学术源流中缺乏西方实证分析精神，思维的模糊性也阻碍了中国法学者对于实证分析法学的关注，[③] 然而这样一种理念必须被时时灌注：法治和法治文化是一种根植于人的社会秩序，脱离了人的真实需求的法律规范，将在法律关系上错失主要调整对象。从国际立法视野看，虽然已呈现以完全收养为主的趋同化走势，但也没有湮没成年人收养的法律地位，毕竟在“成文法的格局中，亲属法律在实践层面展现出了一种更强意义上的不成文法和民族特征”。[④] 在 21 世纪我国社会主义法治建设新时期，完善我国收养制度的重要立法任务之一，应是丰富制度立法

---

① 参见雷明光主编：《中华人民共和国收养法评注》，厦门大学出版社 2016 年版，第 85-86 页。

② 孙大伟：《未成年人保护视角下收养主体问题研究》，载《时代法学》2020 年第 6 期，第 21 页。

③ 参见王涌：《私权的分析与构建：民法的分析法学基础》，北京大学出版社 2019 年版，第 414 页。

④ 李拥军：《当代中国法律对亲属的调整——文本与实践的背反及统合》，载王利民主编：《论当代民法精神与中国民法典》，中国法制出版社 2018 年版，第 82 页。

目的，实现民本精神及社会秩序构造的相互调和。

## 二、我国《民法典》成年人收养制度的立法完善思考

### （一）我国增设成年人收养制度的必要性

从个人家庭层面来看，收养有利于促使作为社会基本组成部分的“家庭”保持其完整状态。收养作为亲属制度的重要组成部分，在重构家庭温暖、体现人伦关怀方面发挥着重要作用。从社会层面来看，只有促进家庭和谐，才能进一步构筑社会主义和谐社会。家庭矛盾的解决将成为社会核心矛盾解决的关键一步，实现收养立法的社会功能。具体而言，我国《民法典》增设成年人收养制度，有助于满足失独、空巢老人的精神需求；应对人口老龄化的社会问题；加大收养制度适用性；完善收养制度、深化收养功能。

1. 满足失独、空巢老人的精神需求

增设成年人收养制度，有利于满足失独、空巢老人等主体的收养需求和精神需求。对于失独老人这部分群体，至今没有特殊的法律或社会保障制度有力地维护他们的权益。这些失独老人所承受的老无所依的精神压力和精神痛苦是一般家庭难以感同身受的。对老年人进行赡养不仅包括物质赡养，还要强调精神方面的照顾。空巢、失独等老人由于子女常年不在身边或者失去子女等，精神上缺乏关爱。为使空巢、失独老人获得更多的精神关怀，近年来我国法律也不断进行了探索与修改。例如，我国《老年人权益保障法》进一步明确了老年人精神赡养的相关规定，将“常回家看看”突破性地纳入法律体系。但由于没有细化该规定的法律责任，也没有附加具体的实施细则，导致其本质更倾向于一项倡导性和道德性的规定。空巢老人的精神赡养问题还是难以得到有效救济。为解决这一问题，相比于遗赠扶养协议，收养这种能够形成拟制血亲的行为能给予失独、空巢老人更多的精神慰藉。“失

独老人作为成年人收养的主力军尤其具有现实意义及可操作性。”①

2. 应对人口老龄化的社会问题

目前，诸多因素导致我国青壮年和新生儿人口数量逐渐减少，而老年人口比例不断上升。人口规模迅速增大显著加剧了传统社会保障体系的压力，社保基金紧缺将成为客观事实。有学者提出，即便是美国这个世界最大经济体，其国内人口老龄化同样将让该国在 2029—2036 年面临运行困境。② 人口老龄化已经成为我国面临的一项较为严峻的社会问题，影响着我国经济、社会等诸多方面的发展。目前，我国老年人口的平均寿命不断延长，其主要成因在于：一方面，现代医学水平发生重大进步，老年人的平均寿命有了很大的提高；另一方面，人民生活水平不断提高，社会经济快速发展，老年人的养老条件和养老环境有所提升。受传统家庭养老观念和我国社会养老资源有限等条件的影响，我国数量庞大的老年人养老问题较为突出。而允许收养成年人为我国老年人家庭养老开辟了新路径，并且是对收养人多样性收养意愿的一种尊重。

增设成年人收养制度，有助于应对人口老龄化问题，解决我国待赡养老年人口较多与社会养老资源不匹配的问题，充分发挥家庭养老之作用。以往我国反对设立成年人收养的重要原因之一在于，增设该制度容易造成假借收养之名行进城、招工、顶岗、农转非、出国等之实的问题。但是随着我国经济的发展和社会政策的转变，进城务工、顶岗、农转非等政策都有了很大变化，顶岗的现象也随着社会发展被取缔。不得不承认，历史上曾发生的成年人收养，可能存在借收养达到其他目的的问题，但是就现今的实际情况来看，此种隐患已然很小，而允许增设成年人收养制

① 付岩：《我国成年人收养制度立法研究》，东北师范大学 2020 年硕士学位论文，第 9 页。

② 参见韩玉军：《突破极限》，中国经济出版社 1998 年版，第 188 页。

度对于满足老年人家庭养老需求却有很大帮助。

3. 加大收养制度适用性

增设成年人收养制度，有利于使我国《民法典》收养制度“活起来”，成为更具有近现代意义的应用法。从我国近十年记载的收养数据来看，收养登记总体呈下降趋势。2009年全国办理收养登记44260例，2018年全国办理收养登记15143例，仅占2009年办理收养登记量的34%。[①] 目前，我国收养登记的数量有所下降，这与我国社会保障水平的不断提高、经济社会的不断发展密切相关。我国社会保障制度等相关民生政策陆续出台，经济快速发展，家庭经济负担减轻，被遗弃儿童的数量也越来越少，家庭送养意愿也在逐步降低。但是一些家庭仍有较大的收养意愿，尤其是收养已成年的同辈旁系血亲的子女。只有允许收养成年人，才能更多地满足收养人不同的收养需求，尊重当事人间的意思自治。近几十年来，美国等国家在婚姻家庭法领域也愈发重视契约的签订问题和当事人的意思自治。法律在婚姻家庭法领域赋予当事人更广泛的自由，并非是为了鼓励当事人突破法律，相反是为了更充分地尊重主体意愿。[②] 在我国，更充分地尊重当事人收养成年人的意愿，才能更好地使收养制度“活起来”，成为满足民众实际需求的法律制度。

4. 完善收养制度、深化收养功能

成年人收养具有照顾被收养人的功能。残疾人事业法律保障是中国特色社会主义民主政治建设的重要组成部分，是国家保障人权的重要内容。[③] 增设成年人收养制度，有助于完善收养制度立

---

① 参见《民政部：2018全国办理收养登记15143例，总体呈下降趋势》，载https://m.sohu.com/a/291447224_161795，最后访问日期：2020年1月7日。

② B. STARK, *Marrige Proposals. From One-Size-Fits-All to Postmodern Marriage Law.* 89 Cal. L. Rew, 2001, pp. 1479-1523.

③ 参见曹健、王云斌：《老年人权益保障法律制度比较研究》，中国政法大学出版社2012年版，第46页。

法，充分发挥收养制度的“养老”功能。随着经济的快速发展，新问题不断出现，增加成年人收养制度，可以扩大我国收养制度的职能。一方面，我国以“儿童最大利益原则”为出发点来进行立法，顺应了国际收养立法的主流观点；另一方面，大多数国家的收养立法都是从“养老”与“育幼”两个出发点来完善收养立法，因而同时规定了未成年人收养和成年人收养两种收养方式。而目前我国收养立法中“养老”职能的实现明显不足。立足我国民众实际需求、着眼实际问题，引入成年人收养制度，有助于扩大收养立法的社会功能。

（二）我国增设成年人收养制度的可行性

目前，我国增设成年人收养制度不仅具有必要性，还有较为充分的现实基础，主要表现为具有历史基础和立法基础。

1. 具有历史基础

原《收养法》中并没有成年人收养制度的概念或明确的立法条文，但通说认为，从原《收养法》第 7、14 条之规定，可以推断出我国立法在特殊情况下是承认成年人收养行为的。并且，我国历史上对成年人收养制度也是有所承认的。一方面，我国古代的宗祧制度与成年人收养制度有一定相似性，均是可以继承生父母的财产，同时也可以继承“养父母”的财产。兼祧继承，其本旨为“一门两不绝”，是指兄弟两人中，一人有子而一人无子，而让这一子同时继承兄弟两人财产的措施。按照传统习惯和律令之规定，嗣子兼祧两房，习惯上并无大小之分，应各为其娶妻，所生之子各继财产，各承宗祧。[①] 兼祧制度能很好地兼顾双方老人的赡养需求与财产继承问题，以防止出现绝户，财产因无人继承而被充公的情形。该制度最早出现于明朝，及至清代，不论是民间习惯还是律例规定，其都达到了一种完备的程度。直到 1930 年

① 参见高学强：《传宗接代：清代宗祧继承考论》，载《西南民族大学学报（人文社科版）》2018 年第 5 期，第 102 页。

《中华民国民法》颁布，宗祧继承制度才正式从法律层面上宣告了灭亡。另一方面，我国1992年《收养法》颁布之前，民间普遍存在收养成年人的民间习惯，收养成年人的行为也是得到我国司法机关承认的。根据《最高人民法院（84）法办字第112号〈关于贯彻执行民事政策法律若干问题的意见〉》第28条之规定，亲友、群众公认，或有关组织证明确以养父母与养子女关系长期共同生活的，虽未办理合法手续，也应按收养关系对待。可见，我国有设立成年人收养制度的历史基础，这为我国《民法典》该方面法律的完善奠定了基础。

2. 具有立法基础

一方面，域外大陆法系国家中成年人收养制度普遍存在，影响广泛历史悠久，为我国完善成年人收养制度提供了有益的借鉴。在19世纪域外大陆法系国家立法中，《法国民法典》、《阿根廷共和国民法典》《日本民法典》和《德国民法典》均规定有成年人收养制度；在20世纪域外大陆法系国家立法中，除《埃塞俄比亚民法典》没有涉及外，《瑞士民法典》《菲律宾民法典》《葡萄牙民法典》也规定了成年人收养制度。例如，《阿根廷共和国民法典》第311条规定，在下列情形下，可事先征得其同意而对成年人或已解除亲权的未成年人进行收养：第一，收养乃针对收养人之配偶的子女；第二，被收养人的子女身份已存在，而该身份已由司法机关适当证实。《德国民法典》第1767条规定："如果收养在道德观念上具有正当理由，成年人可以被收养。"域外大陆法系国家的成年人收养制度普遍存在，为我国成年人收养立法提供了良好借鉴。

另一方面，我国学者立法建议稿也为我国增设成年人收养制度提供了经验。从我国学者立法建议稿情况来看，除"王稿"外，"梁稿"和"徐稿"均明确规定了成年人收养制度。"梁稿"成年人收养制度应具备以下条件：第一，收养人年满65周岁；第二，收养人为完全民事行为能力人；第三，被收养人为年满18周岁的成年人；第四，收养人与被收养人的年龄应当相差30周岁以上。“徐稿”第三分编第188条规定：“收养人如无直系卑血亲，可以收养下列情形中的成年人，（1）被收养人由于身体或精神上的痼疾需要照顾，而收养人至少已抚养照顾其两年以上的；（2）有其他重大原因，且被收养人最少已与收养人共同生活五年以上的。上述成年人被收养前若已婚，须经其配偶同意。”

（三）具体立法建议

立足于我国现行法及民法典草案中均没有规定成年人收养制度的现状，在分析增设该制度的必要性和可行性以及我国《民法典》之基础上，本书从成年人收养的要件（被收养人的条件、收养人的条件、送养人的条件、收养的同意、收养成年人的程序），成年人收养的效力，成年人收养的解除、无效和撤销这三个方面，提出进一步规定成年人收养制度的立法完善建议。

1. 成年人收养的要件

成年人收养的要件，一般包括收养人、被收养人和送养人等实质要件和收养程序等形式要件。

（1）被收养人的条件

首先，被收养人应为年满18周岁的成年人。其次，被收养人不得为两个家庭同时收养。域外立法例中也多规定，被收养人不得同时被两个家庭收养；因存在法定原因，收养关系解除后被收养人被其他家庭收养的，不在此限。我国增设成年人收养制度也应遵循这一原则，以防止对被收养人相互推诿责任或者出现被收养人因被两个家庭收养反而对收养人照顾不暇的情况。再次，是否应要求被收养的成年人需具有完全民事行为能力？笔者认为，无此必要。收养制度本身即有“育幼”和“养老”两个功能。一般情况下，收养具有完全民事行为能力的成年人，其原因可能在于满足老年人养老之需求。但不排除有的收养人出于人道主义关怀或出于亲友之间的扶助等原因，意欲收养不具有完全民事行为能力的成年人，故无须要求被收养的成年人具有完全民事行为能力。最后，成立成年人收养在很大程度上是为了实现收养制度之“养老”功能，成立收养关系需在不应影响被收养人继续扶养原亲属的前提下进行。如果赡养收养人会导致被收养人的子女得不到充分的抚养、被收养人的亲生父母得不到充分的赡养等，这会损害其他需要被收养人扶养的亲属之利益，可能会出现一些见利忘义、认钱为亲的现象，反而与设置成年人收养制度的初衷相背离。但不危害原受其扶养亲属的利益时，成立成年人收养是否须经过受被收养人扶养的亲属之同意？对此，有学者提出，成年人收养除了应当征得收养人配偶这个利益共同体的同意外，还需要征得成年被收养人须赡养亲属之同意，如需征得该成年被收养人亲生父母之同意。[①] 笔者认为无此必要，仅要求成立成年人收养不会影响被收养人原应尽的扶养义务即可，而非必须取得被收养人原扶养亲属之同意。否则，在不影响被收养人原应尽扶养义务的前提下，仅因被收养人须扶养亲属的反对，收养人和被收养人双方协商一致的收养关系即不能成立，是没有法律依据的，也不利于维护当事人间的意思自治。

（2）收养人的条件

第一，除收养人须年满 30 周岁外，收养成年人是否还须规定一个更高的年龄限制。我国有学者主张，收养人须达到一定年龄方可收养成年人。例如，“梁稿”第 1847 条规定，65 周岁以上无子女的完全民事行为能力人，可以收养一名成年子女。笔者认为，没有必要作此年龄上的限制。原因在于，正如前文所述，成年人收养的目的有两个——“养老”和人道主义帮扶。如果说收养成年人的目的是出于进行人道主义帮扶，收养人年龄过大，反而不利于对残障成年人、成年人中的无民事行为能力或限制民事行为能力者等主体进行照顾。另外，即使收养成年人是出于“养老”

① 参见胡久远：《成年人的合法收养关系应予保护》，载《学习与辅导》1987 年第 7 期，第 21 页。

之目的，规定一定的年龄限制也是不合理的。由于每个人的身体状况或现实情况不同，有的人可能65周岁以上才需要人照顾，但有的人可能60周岁即需要人照顾，我国法律不能“一刀切”地预设一个老年人需要被照顾的法定年龄，这可能会阻碍成年人收养制度的效用发挥。

第二，收养成年人是否应要求收养人和被收养人之间具有一定的年龄差。关于收养人与被收养人的年龄差距，收养一般的未成年人无此要求，仅在无配偶的男性收养女性这一情形下作了特殊规定，要求收养人与被收养人的年龄应当相差40周岁以上。那么，收养成年人是否要求收养人和被收养人之间应具有一定的年龄差？笔者认为，应要求收养人与被收养的成年人间具有一定的年龄差。原因在于：一是年龄较大的老年人收养成年子女的意义，一般在于为其家庭养老，如果收养人与被收养人的年龄相近，收养的养老作用将难以实现；二是如果收养人与被收养人年龄差距较小，容易引发道德危机，或者破坏基本的伦理辈分。例如，在民众的朴素情感中，普遍无法接受70周岁的老年人收养65周岁的老年人为养子女的情形。至于收养的年龄差，“梁稿”第1847条规定，收养人与被收养的成年人之年龄应当相差30周岁以上，可供我国立法参考。一则有助于确保被收养人对老年人有一定的照顾或扶养能力，二则有助于避免道德危机或是伦理辈分的混乱。

第三，是否应要求收养人与被收养的成年人须共同生活一段时间。域外立法例和我国学者建议稿中，有的主张成立成年人收养的条件之一，是收养人与被收养的成年人共同生活了一段时间。例如，《瑞士民法典》第266条规定，无直系血亲卑亲属的成年人，属于下列情形之一者，得被收养：其一，因身体上或精神上的疾病而需要照顾，且收养人已抚养其至少五年者；其二，在被收养人未成年期间，收养人已抚养和教育其至少五年者；其三，有其他重大原因，且被收养人与收养人已共同生活至少五年者。

我国学者建议稿中，“徐稿”第三分编第188条规定：“收养人如无直系卑血亲，可以收养下列情形中的成年人，1. 被收养人由于身体或精神上的痼疾需要照顾，而收养人至少已抚养照顾其两年以上的；2. 有其他重大原因，且被收养人最少已与收养人共同生活五年以上的。”前文已述，我国收养关系成立前应增设试收养期，而这种试收养的期间体现在未成年人收养和成年人收养两个方面，在此基础上，收养成年人无须再强调收养人与被收养人应共同生活一定期间，以避免立法重复。

第四，收养成年人是否须要求收养人无子女。有学者提出，“当设立成年人收养制度是为了应对老年人养老问题时，其仅适用于需要人照料且无子女的老人”。[①] 笔者认为并无此必要。原因在于，目前我国存在较多的失独家庭，这部分无子女老人的收养需求与权利无疑是需要得到尊重的。但是现实生活中还存在很多老人虽然有子女，但子女可能忽视对年迈父母的照顾、嫁娶于外地或长年在外地工作生活的情形，因而无法对年迈父母进行照顾。这部分老年群体实际上也是有收养子女需求的，如果要求他们必须无子女才可以收养成年人，那么较多有子女却实际没有得到扶养或照顾的老年人将丧失收养成年人的条件，使得成年人收养制度的社会功能大打折扣。

（3）送养人的条件

在成年人收养中，通常情况下被收养人不需要送养人送养。原因在于，成年人收养中当事人双方均为成年人，贯彻意思自治原则在一般情况下并不需要他人干预。但是当被收养人是不能完全辨认或不能辨认自己行为的限制民事行为能力人或者无民事行为能力人时，其在收养成立过程中的法律地位就如同未成年人收养中被收养人的法律地位。在这种情况下，对无民事行为能力或

---

① 刘挈邻：《成年人收养制度研究》，广西师范大学2018年硕士学位论文，第21页。

者限制民事行为能力被收养人的送养行为，可参照未成年人收养中关于送养人的规定，即送养人为被收养人的监护人或社会福利机构等主体。

(4) 收养的同意

在收养的同意方面，一般来说只要收养双方当事人，即被收养人与收养人同意即可，但被收养人已婚的还应当征得其配偶的同意。“接受法律行为理论的国家或地区的学界通说认同意思表示是法律行为的效力来源，对法律行为具有核心意义。”① 赡养老人或抚育幼儿是一项需要付出较多时间、精力和物质支持的过程。收养关系成立后，被收养人便承担起养父母、生父母双方的赡养义务，如果被收养的成年人已婚，成立收养关系也会对被收养人的配偶产生较大影响。规定收养已婚的成年人须征得其配偶的同意，原因在于：一是有助于尊重配偶的同意权与重要事项平等的决定权；二是有助于构建和谐统一的收养关系，避免家庭纠纷，使被收养人的配偶共同致力于对老年人的扶养或特殊成年人的帮扶方面。域外立法例和我国学者建议稿对这一规定也有所涉及。例如，《瑞士民法典》第266条规定，无直系血亲卑亲属的成年已婚者，非经其配偶同意，不得被收养。在我国学者建议稿中，“徐稿”第三分编第188条规定，上述成年人被收养前若已婚，须经其配偶同意。

(5) 收养成年人的程序

一方面，收养具有完全民事行为能力的成年人，其收养程序可以适当放宽。与收养未成年人不同，被收养的成年人除特殊情况外一般均具有完全民事行为能力，可以独立进行民事活动。与收养人相比，被收养的成年人可能更具有年龄优势，身体也更为

---

① 宋夏瀛洁：《论人身法律行为制度——兼论人身法律行为中的意思自治与国家干预》，中国社会科学院2017年博士学位论文，第58页。

健康，反而处于相对优势的地位。[①] 基于此，当事人在协商一致的基础上，收养完全民事行为能力的成年人，法律可以适当简化收养程序，无须过多干涉。这些主要表现为以下两个方面：一是收养经民政部门登记后成立，可以适当简略收养中的调查职能；二是可以适当简化收养成立后的监督程序。另一方面，需要注意的是，收养的成年人也可能是无民事行为能力或者限制民事行为能力人。此时，为保护被收养人的合法权益，收养程序应严格比照未成年人收养程序。例如，收养成立前应确立一段时间的试收养期，对收养的材料予以实质审查，注重对依法成立的收养关系予以多方面监督，以防止侵害被收养人合法权益事件的发生。

2. 成年人收养的效力

（1）增设不完全收养制度

根据我国《民法典》第1111条之规定，我国未成年人收养的效力是一种完全收养。但我国《民法典》未成年人收养的效力过于单一，不利于满足收养人多样化的收养需求。并且，成年人收养制度与未成年人收养制度存在一定差异。相比于未成年人收养，被收养的成年人与亲生父母间的关系更为密切，明显不适用具有解销效力的完全收养。而不完全收养则可以使收养人和亲生父母同时与被收养人建立亲子关系，更符合收养成年人的现实情况，也有利于扶养、照顾双方老年人。我国有学者也提出，应增设不完全收养制度，主要理由在于：第一，私法自治原则要求民众有权按照自己的意愿形成法律关系，民众应当享有更多的选择权。如果仅规定完全收养模式，可能会限制民众的选择权。第二，实行不完全收养制度，并没有割断养子女与生父母间的权利义务关系，能更好地兼顾对生父母的赡养，有助于满足送养人的情感需

① “规范收养程序”也是农工党中央《关于改善我国现行孤儿收养制度的建议》提案中的一项重要建议。参见高一村：《适当放宽收养条件》，载《中国社会报》2014年3月5日第1版。

求。第三，有助于解决现实的收养需求，尤其有助于亲生父母因特殊困难而不得不送养子女的问题或解决继父母收养继子女、收养成年人等问题。[①]

（2）不完全收养制度的具体内容

关于成年人收养的效力，“从世界立法例看，关于收养成年人，各国均采慎重的态度。有的法例将收养成年人限制在‘不完全收养’的场合；有的法例对收养成年人作特别规定，如不得把尊亲属和年长者收养为养子女”。[②] 有学者提出，我国应借鉴域外某些方面的先进立法经验，准许在某些特定情况下实行不完全收养制度，其依据主要有：一是计划生育政策的实施，使可供被收养子女人数急剧减少，满足不了收养子女的需要；二是制度创新在立法的过程中具有重要意义，立法应最大限度地满足社会需求、与时俱进；三是解决收养成年人的弊端，最大化实现养老功能，不完全收养制度可成为其制度措施之一；四是不完全收养制度在许多国家均成功运行，提供了一定的借鉴意义。[③] 还有学者提出，引入不完全收养，让成年人可以作为被收养人，能够发挥收养制度“为亲之收养”的社会功能，解决这部分人群的养老问题。因此，我国可以借鉴其他国家的做法，在完全收养的基础上引入不完全收养制度，确认成年人被收养之后仍对其亲生父母负有赡养义务，以平衡“补充”养老和“传统”养老间的关系。[④] 笔者赞成上述观点，认为我国收养成年人的法律效力应是不完全收养。

---

① 参见周友军：《我国民法典编纂中收养制度的完善》，载《广东社会科学》2019 年第 4 期，第 248 页。

② 王歌雅、郭砾：《海峡两岸收养制度比较研究》，载《黑龙江社会科学》2001 年第 3 期，第 25 页。

③ 参见李秀华：《改革开放三十年中国收养法研究之回顾与展望》，载陈苇主编：《改革开放三十年（1978-2008）中国婚姻家庭继承法研究之回顾与展望》，中国政法大学出版社 2010 年版，第 252 页。

④ 参见易健雄、蒲奕：《养老与收养——论我国步入老年型社会后收养制度的完善》，载《南京人口管理干部学院学报》2004 年第 4 期，第 40 页。

不完全收养成立后的法律效力主要体现在养子女和亲生父母及其近亲属间的权利义务关系、养子女与收养人及其近亲属间的权利义务关系这两个方面。

一是收养人与被收养人及其近亲属间的权利义务关系。收养具有完全民事行为能力的成年人，该被收养人有照顾抚养或赡养收养人的义务，相应地享有继承收养人财产的权利。那么，这种财产继承的权利是单向的还是双向的？笔者认为，养子女与养父母之间、养子女与生父母之间相互有继承权。原因在于，如果老年人仅是想实现养老需求，与该成年人签订遗赠扶养协议即可。而收养人选择收养该成年人，说明当事人之间具有一定的感情基础。一般而言，或者说绝大多数情况是被收养人继承收养人之遗产。但在特殊情况下，被收养人先于收养人死亡的，也应该基于此感情基础允许收养人继承被收养人的财产。需注意的是，被收养人与收养人形成的此种父母子女关系的效力，应不及于收养人的亲属。成立收养而形成的这种身份关系往往也伴随着相应的义务，可能是为了给孤残成年人一个家而为的收养，也可能是为了给他人养老而自愿被收养，如若将此种收养的效果及于收养人的近亲属，可能会给其他近亲属带来本不属于其的责任，可能有违收养人近亲属的意愿。我国学者建议稿对该范围的限制也有所规定。例如，“梁稿”第1847条规定，被收养人与收养人的亲属间、收养人与被收养人的亲属间，不适用本法有关亲属间的权利义务关系的规定。

二是养子女与亲生父母及其近亲属间的权利义务关系。为了使被收养儿童尽快融入被收养的家庭，我国《民法典》对未成年人收养实行的是与原生家庭之间的关系随着收养的成立而消除的完全收养模式。与完全收养不同，不完全收养模式强调在养子女与养父母间建立亲子关系的同时，并不须养子女与生父母及其近亲属解除亲子关系。从实际情况看，被收养的成年养子女一般也不愿意与亲生父母及其近亲属脱离原有关系。具体而言，被收养人对亲生父母仍有照顾赡养的义务，相应地有继承生父母遗产的权利。

3. 成年人收养的解除、无效和撤销

(1) 成年人收养的解除

一方面，成年人收养与未成年人收养尽管存在一定区别，但也有相似之处，主要表现为：一是收养的主体相同，均要求收养人须年满30周岁；二是收养的法律性质相同，均是通过收养他人以缔结拟制血亲关系的民事法律行为；三是成立的程序相同，均须由县级以上人民政府的民政部门进行登记。这些因素也在一定程度上决定了成年人收养的解除与未成年人收养的解除有相似之处，可以适用未成年人收养的规定。例如，我国《民法典》第1115、1116条之规定可以被适用于成年人收养的解除方面，即收养人与成年被收养人关系恶化、无法共同生活的，可以协议解除收养关系；不能达成协议的，可以向人民法院起诉。当事人协议解除收养关系的，应当到民政部门办理解除收养关系的登记。

另一方面，成年人收养的解除与未成年人收养的解除也存在一定区别。一是未成年人收养中的被收养人为弱势群体，因此收养关系的解除方面也侧重保护未成年人之利益，如规定在被收养人成年以前，不得解除收养关系；而成年人收养中的解除收养关系应更强调尊重当事人双方的意思自由。二是成年人收养与未成年人收养的效力不同。未成年人收养的效力为完全收养，因此在解除收养关系之时，出于对未成年人权益保护之考量，其与生父母及其他近亲属间的权利义务关系自行恢复；而成年人收养的效力为不完全收养，无论成立或解除收养关系，被收养人与生父母及其他近亲属间的权利义务关系不受影响。三是成年人收养与未成年人收养解除时的补偿标准不同。在未成年人收养中，收养人先履行对被收养人的抚养义务，因此收养关系解除后，经养父母抚养的成年养子女对缺乏劳动能力又缺乏生活来源的养父母，应当给付生活费，这也是对公平原则的贯彻与体现。而在成年人收养中，收养人并没有对被收养人先履行抚养义务，因此收养关系解除时，被收养人无过错时无须承担相应的补偿义务。

（2）成年人收养的无效和撤销

关于成年人收养的无效和撤销问题，目前，我国《民法典》仅规定了违反“总则篇”和“婚姻家庭篇”的行为无效，并没有规定未成年人收养的撤销问题。大多数采取完全收养的国家，倾向于追求收养法律关系的稳定性并认为其不可撤销。例如，《美洲国家间关于未成年人收养的法律冲突公约》在全世界最为引人注目的一项规定也在于不允许撤销收养关系。① 而可撤销和无效的民事法律行为之区别，主要表现为以下四个方面：一是无效民事行为发生的起因是行为不具备民事法律行为的要件，而可撤销民事行为发生的原因是意思表示有瑕疵。二是任何人均可以对无效的民事行为提起无效之诉，而在可撤销民事行为中该撤销权只能由撤销权人行使。三是无效民事行为起诉不受时间的限制，而可撤销的民事行为其撤销权的行使有期间限制。四是无效民事行为自始无效，行为的效力不以当事人的意志为转移；而在可撤销民事行为中，撤销权人可以通过意思自治承认或撤销该行为。我国《民法典》仅规定了收养行为的无效，而没有对收养行为的撤销问题予以规定，盖因我国收养制度中的被收养人绝大多数为不满18周岁的未成年人。为保护这部分弱势群体的利益，当出现违反我国《民法典》“总则编”或“婚姻家庭编”相关规定之情形时，该收养行为自始无效。如果规定收养行为可撤销，允许撤销权人有选择地行使承认或撤销的权利，恐出现送养人和收养人串通危害被收养人利益之行为。因此，相较于合同等民事法律行为，我国法律更严格地要求和规范收养行为是符合未成年人最大利益的，具有理论基础。

① 参见蒋新苗：《美洲国家解决区域性跨国收养法律冲突的对策》，载《求索》2020年第2期，第24页。

我国《民法典》增设成年人收养制度，在行为可以无效之基础上，收养成年人的行为是否可以被撤销？笔者认为，分析我国成年人收养制度是否可以被撤销，主要有两点考虑因素：一是成年人收养行为的撤销是否有存在的必要。相比于民事行为的无效，可撤销民事行为之特点主要表现为更尊重当事人间的意思自治。例如，我国《民法典》第1052条明确规定，受胁迫而缔结婚姻的一方可以请求人民法院或婚姻登记机关撤销登记，而非婚姻自始无效，这也是对当事人间婚姻自主权的一种尊重。笔者认为，这种推崇当事人自主决定、权利自治的思想也可以相应地在收养法领域有所应用，具有理论基础。二是成年人收养行为的撤销是否会危害到收养关系中弱势群体的权益保护。前文已述，我国《民法典》之所以没有规定可撤销的收养行为，盖因出于对未成年人权益保护之考量。而收养成年人与收养未成年人的主要区别之一，就在于被收养人的法律地位有重要变化。在未成年人收养中，被收养人多为孤儿、弃婴、残障儿童或父母无力扶养的儿童，为收养关系中的弱势群体；而在成年人收养中，相较于年老的收养人，被收养的成年人往往更处于优势法律地位。这种法律地位的转变也使不规定可撤销收养行为的基础有所动摇，即在成年人收养制度中规定可撤销行为并不会严重危害被收养人之利益，不存在法律障碍。

具体而言，收养成年人的行为在何种情况下可以被撤销？我国学者对该问题也存在争议。有学者提出，应列举式地规定成年人收养哪些情形下可以被撤销，主要包括一方因欺诈、胁迫的手段，使对方在违背真实意思的前提下签订了收养协议或因重大误解而订立收养协议的，可请求撤销收养关系。① 还有学者提出，成年人收养的撤销事由应概括性地予以规定，当有重大理由时，收

① 参见刘挈邻：《我国成年人收养制度研究》，广西师范大学2018年硕士学位论文，第28页。

养人或者被收养人可请求法院撤销。[①] 而从域外立法例来看，其对成年人收养的可撤销情形，主要采取了列举式的立法模式。例如，《日本民法典》第 804 条规定，养父母或其法定代理人对于收养未成年人的情形，可以请求法院撤销；第 805 条规定，当事人或其亲属对于收养尊亲属或收养年长者的情形，可以请求法院撤销；第 806 条规定，养子女或其亲属对于监护人收养被监护人没有经过家庭法院许可的，可以请求法院撤销；第 807 条规定，养子女、其生方的亲属或代养子女承诺收养者，对于收养未成年人未经家庭法院许可的情形，可以请求法院撤销；第 808 条规定，欺诈、胁迫婚姻的撤销规定准用于收养行为。再如，《阿根廷共和国民法典》第 335 条规定，简单收养因下列事由可被撤销：一是无正当理由而拒绝提供扶养费的；二是已成年的被收养人提出有正当理由的请求；三是收养人或被收养人依法典的规定有不配继承的情形；四是被收养人成年时，当事人双方通过司法程序达成协议。

笔者认为，我国也应列举式地规定成年人收养的可撤销情形，原因在于，相比于概括的规定模式，立法明确指出哪些情形可以撤销已成立的成年人收养关系，有利于指导司法实践。根据我国《民法典》“总则编”第 147—151 条之规定，可撤销的民事法律行为主要包括显失公平的民事法律行为、因重大误解而为的民事法律行为、受胁迫而实施的民事法律行为、受欺诈而实施的民事法律行为和乘人之危的民事法律行为。本次民法典编纂中成年人收养的可撤销情形可以适当地借鉴我国民事法律行为的可撤销情形，作出以下规定：因重大误解、受欺诈、胁迫或乘人之危而为的成年人收养行为，当事人有权请求人民法院予以撤销。

---

① 参见王汉：《我国增设不完全收养模式研究》，福州大学 2014 年硕士学位论文，第 29 页。

# 第六章　特殊收养制度研究

## 第一节　原《收养法》特殊收养制度的立法及司法考察

特殊收养，也称为特殊形式的收养，指特殊民事主体之间在特定情况下领养他人子女为自己子女的民事法律行为。诚然，特殊收养与未成年人收养有内容相互交织之处。本书将特殊收养与未成年人收养、成年人收养相并列，作为一种独立的收养类型进行研究，原因在于：一方面，就我国立法情况来看，特殊收养制度内容庞杂。吴国平将特殊收养制度的考察延伸到国际视野，将中外的特殊收养制度分为特殊主体的收养和特殊情形的收养两类。主体特殊，是指收养人或被收养人身份具有特殊性，主要包括残疾儿童、孤儿或弃婴的收养、亲属间的收养、监护人收养被监护人、无配偶男性收养女性、收养非婚生子女等。行为特殊，是指收养原因或事由具有特殊性即特定情形下的收养，主要包括隔代收养、单方送养与单方收养、转收养等。[1] 内容的庞杂性决定了将特殊收养作为一种独立收养类型进行研究，更能兼顾体系协调性。

[1] 参见吴国平：《特殊收养行为的法律规制》，载《广西大学学报（哲学社会科学版）》2007 年第 4 期，第 42-46 页。

另一方面，就域外立法情况来看，基于对收养中特殊情形的重视，有的国家将特殊收养作为一种独立类型的先例。例如，《日本民法典》收养制度分为“收养的要件”“收养的无效及撤销”“收养的效力”“收养关系的解除”和“特别收养”五部分。

本节主要对我国特殊收养制度的立法及司法现状进行考察，主要分为以下三部分：第一部分对原《收养法》特殊收养制度的立法情况进行考察，原《收养法》规定了六种特殊收养情形。第二部分对原《收养法》特殊收养制度的司法情况进行考察，分析了原《收养法》规定的六种特殊收养情形并对监护人收养被监护人、转收养等情况进行分析。第三部分分析了原《收养法》特殊收养制度的立法争议。关于无配偶者是否可以收养异性、非婚生子女是否可以被收养和转收养的行为是否有效等问题，目前我国学者的观点并不统一。这些方面的立法争议和学术分歧，也给我国《民法典》特殊收养制度立法带来挑战。

## 一、原《收养法》特殊收养制度的立法考察

原《收养法》第 4 条至第 6 条对被收养人的条件、送养人的条件以及收养人的条件分别作了规定。这些条款是针对收养法律关系各方当事人所作出的一般规定，即收养法律关系要有效成立，其各方当事人原则上应当具备上述各条所规定的基本条件。但是，收养法律关系涉及多方当事人，法律关系复杂且关乎各方当事人之间的情感联系和未成年人之保护，严格按照原《收养法》第 4 条至第 6 条的规定认定收养关系是否成立，不利于充分考虑收养制度中的特殊情况，不利于充分发挥收养制度的法律功能。因此，原《收养法》在第 4 条至第 6 条的一般规定之外，针对特殊情形，对收养法律关系的成立要件作出了特别的规定。特殊收养制度具体体现在原《收养法》第 7 条至第 10 条，即对特殊情况下收养法律关系的成立作了特别的规定，主要目的是放宽收养法中对各方当事人所作的一般规定之限制，在特定情形下放宽收养关系成立

的要求，促成收养法律关系的成立，更好地发挥收养法律制度的功能，对于有效规范收养法律关系、制约和引导送养行为具有重要意义。[①] 具体而言，我国特殊收养制度的具体情形主要包括收养三代以内同辈旁系血亲的子女、收养孤残儿童或弃婴、收养继子女、隔代收养、单方送养、未婚男性收养异性六种情形。

（一）收养三代以内同辈旁系血亲的子女

关于亲属间的收养，早在原始社会即为当时习惯所承认并相当盛行。该行为使人丁不旺的氏族通过收养兴旺发达，可以吸收别的氏族成员或战争未杀死的奴隶加入本氏族，主要目的是氏族要增强自己的力量，使其成为该氏族的成员，因此称“为族的收养”。[②] 在我国古代，收养行为较为普遍，并以亲属间收养为主，如立嗣、宗祧等制度。《三国志·武帝纪》也曾记载，曹操的父亲曹嵩本姓夏侯，后被曹腾收为养子。凡无子家庭，可立同宗侄子为嗣，以延续后代，承继宗祧。对 3 岁以下的孤儿、遗弃儿，应恤孤乞养，收为义子，但不得为嗣。[③] 我国古代以同姓亲属间的立嗣收养模式为基础，并对异姓非亲属间的乞养制度进行了严格限制，要求被收养人的年龄须在 3 岁以下。

我国现代亲属间的收养行为也很多见，根据原《收养法》第 7 条之规定，收养三代以内同辈旁系血亲的子女，可以不受被收养人不满 14 周岁的限制，不受无配偶的男性收养女性年龄应当相差 40 周岁的限制，不受生父母是否有特殊困难无力抚养的限制，即收养三代以内同辈旁系血亲的子女，被放宽的条件是：第一，对于被收养人，其不受必须未满 14 周岁的年龄限制，即此类收养允

① 参见雷明光主编：《中华人民共和国收养法评注》，厦门大学出版社 2016 年版，第 119 页。

② 参见刘忠全、朱玉西：《古今中外话收养》，载《政府法制》2009 年第 26 期，第 54 页。

③ 参见中国法院网：《我国古代的收养制度》，载 https：//www.chinacourt.org/article/detail/2008/12/id/337348.shtml，最后访问日期：2019 年 12 月 13 日。

许被收养人年满 14 周岁；第二，对于送养人，在生父母作为送养人时，不要求其必须有特殊困难无力抚养子女；第三，对于收养人是华侨的情形，可不受收养人须无子女的限制；第四，如果收养人是无配偶的男性并收养三代以内同辈旁系血亲之子女，不受收养人与被收养人年龄必须相差 40 周岁的限制。之所以强调亲属间的收养行为是一种特殊收养行为，原因在于：相比于一般收养情形，这类收养行为的主体间相互具有一定的身份关系，适当地放宽收养条件是对我国近亲属间收养传统习俗的尊重，也是基于照顾华侨利益的考量。

（二）收养孤残儿童或弃婴

根据原《收养法》第 8 条第 2 款的规定，收养社会福利机构抚养的查找不到生父母的儿童、弃婴或孤残儿童，可以不受收养人无子女和只能收养一名子女的限制。有学者认为："这一规定取消了收养人最低年龄的限制，部分被收养人可以不受未满 14 周岁之限制，这有利于人们对残疾儿童、孤儿的收养及孩子的健康成长，也给社会和国家减轻了负担。"[①] 因为这类收养体现出典型的扶弱济困的人道主义性质，同时也有利于减轻国家福利机构的工作压力，还能够为那些急需救助的未成年人提供相对较好的生活条件，所以适当地放宽收养条件也表明了国家对该类行为的倡导。但是，从收养需求与被收养的残疾儿童数量来看，这种立法积极促进残疾儿童和弃婴通过收养回归家庭的功效不甚理想。从民政部召开的新闻发布会上获悉，全国目前共有 34.3 万名孤残儿童，但 2014 年至 2018 年五年间，全国共办理收养登记的孤残儿童仅有 97819 例。[②] 目前，我国不孕不育家庭收养需求较大，但是被收养

---

① 吴国平：《特殊收养行为的法律规制》，载《广西大学学报（哲学社会科学版）》2007 年第 4 期，第 43 页。

② 参见《民政部：全国孤儿总数 5 年内下降 40%更多中国家庭开始收养残疾儿童》，载 http：//www.sohu.com/a/291444215_ 362042，最后访问日期：2019 年 12 月 14 日。

的孤残儿童数量占比仍然较低。我国之所以强调收养孤儿、弃婴和残疾儿童是一种特殊收养行为，可以不受收养人无子女或只能收养一名子女的限制，原因在于：一方面，家庭收养是残疾儿童、弃婴和孤儿健康成长的重要方式，有助于这部分儿童的身心健康。有学者也提出，该条款的政策目的在于，“鼓励此类符合社会共同利益的收养行为，从而使更多的孤儿、残疾儿童或者社会福利机构抚养的查找不到生父母的弃婴和儿童，能够在有父母关爱的家庭中生活，健康并快乐的成长”。[①] 另一方面，立法如此规定也有助于减轻国家和社会福利机构扶养孤残儿童的压力，以个人或家庭之助力缓解社会福利机构资金不足、人手不够等资源有限的困境。但是，通过“爱心妈妈”袁厉害等事件，[②] 社会现实一再给立法提醒，对收养孤残儿童或弃婴问题如果不加以严格审查和监督，将导致严重的社会问题。

（三）继父母收养继子女

根据原《收养法》第 14 条之规定，继父母收养继子女以征得子女生父母同意为前提，同时，收养条件放宽之处包括：第一，对于送养人，其不受送养人应是有特殊困难无力抚养子女的生父母之限制；第二，对于被收养人，其不受被收养人须不满 14 周岁的限制；第三，对于收养人，其不受收养人的一般条件限制包括继父或继母的子女状况、年龄限制或健康状况等；第四，对于收养子女的人数，不受只能收养一名子女的限制。此外，根据原《收养法》第 23 条的规定，形成了事实上抚养关系的继父母与继子女就当然形成了拟制血亲关系。我国立法之所以强调继父母收养继子女可以不受被收养人不满 14 周岁、收养人年满 30 周岁、未

① 梁慧星主编：《中国民法典草案建议稿附理由：亲属编》，法律出版社 2013 年版，第 306 页。

② 参见王建平、赖虹宇：《善德致使违法犯罪行为脱责现象初论——以“爱心妈妈”袁厉害违法收养为视角》，载《西南民族大学学报（人文社会科学版）》2014 年第 8 期，第 87 页。

患有在医学上认为不应当收养子女的疾病、有抚养教育被收养人的能力、无子女、生父母有特殊困难无力抚养以及只能收养一名子女等条款的限制，原因在于：继父或继母与被收养人的生母或生父再婚后，继子女与继父或继母有共同生活的需求，因此设置过多的收养障碍可能不利于继子女与继父母建立亲密关系。有学者指出，目前我国法律对于继父母子女关系的调整与规范还存在形成抚养教育关系的认定标准不明确、解除的法定事由和解除的法律效力不具体等问题。①

（四）隔代收养

所谓隔代收养，是指收养他人子女为自己的孙子女或外孙子女。② 在一般情况下，收养人与被收养人间本应以父母子女相称。但在现实生活中，由于收养人与被收养人年龄差距较大或者彼此辈分不相当，而彼此以祖孙相称，就形成了隔代收养。针对这一情况，1984 年《关于贯彻执行民事政策法律若干问题的意见》第 29 条规定，确已形成养祖父母与养孙子女关系的，应承认收养人收养他人为孙子女的行为。原《收养法》未对隔代收养作出具体规定。从上述立法规定来看，隔代收养并不与一般收养相矛盾或抵触，虽然收养人与被收养人在称呼上与普通收养不同，因此没有理由不予承认。据此可以推断，对于原《收养法》颁行之前的隔代收养关系理应予以承认，对于原《收养法》颁行之后的隔代收养，只要符合收养的实质条件，又办理了合法的收养手续，也应予以承认。收养孙子女须是收养人为自己收养而不是代子女收养。同时，此种“隔代收养”关系当事人之间的权利义务关系，作为被收养人的“养孙子女”与作为收养人的“养祖父母”之间，应适用父母子女间的法律规定。我国《民法典》是否应规定隔代

① 参见吴国平：《论继父母子女关系法律规制的立法完善》，载《江南大学学报（人文社会科学版）》2018 年第 1 期，第 32 页。

② 参见翟孝文：《隔代被收养人是否享有平等继承权》，载《中国老年报》2007 年 7 月 19 日，第 2 版。

收养这一特殊情形的收养类型，还有待探讨。有学者指出，为进一步规范这种收养形式，我国收养立法中应明确规定隔代收养这一类型：“第一，相互间以养祖父母与养孙子女相称；第二，收养人与被收养人的年龄应相差 40 岁以上，明确被收养人与收养人的年龄差距；第三，双方应办理公证手续，签订书面协议。公证书上应载明他们间的权利义务按照养父母子女关系对待。”①

（五）单方送养

原《收养法》第 10 条规定，生父母送养子女和有配偶者收养子女，均需共同送养或共同收养。但生父母查找不到或一方不明的可以单方送养。可见，在一般情况下，有配偶者的收养或送养行为应为夫妻双方的共同行为，具有合意基础。但在特殊情况下，应给予送养人单方送养或收养人单方收养之权利。原因在于，这有利于尊重特殊情况下，如夫妻一方失踪、下落不明或成为无民事行为能力人时配偶单方收养或送养的权利，更能兼顾社会现实情况，有利于满足特殊情况下配偶单方的收养或送养需求。我国原《收养法》仅规定生父母一方查找不到或下落不明的可以单方送养，但对于夫妻一方成为无民事行为能力人时，另一方可否进行单方送养或单方收养的情形没有规定。

从本次我国《民法典》编纂情况来看，2018 年 9 月“草案一审稿”第 876 条沿用了原《收养法》第 10 条之规定。在此基础上，本次民法典草案中增设了单方收养条款，第 881 条规定：“有配偶者收养子女，应当夫妻共同收养。配偶一方为无民事行为能力人或者被宣告失踪的，可以单方收养。”对此，有学者也提出，立足于单方收养、单方送养主体的特殊性，建议立法上作出特别规定，在办理收养登记时，当事人须亲自到相关部门办理收养登记，严格规范此类收养的法定程序，以防止日后出现不必要的纠

---

① 吴国平：《特殊收养行为的法律规制》，载《广西大学学报（哲学社会科学版）》2007 年第 4 期，第 45 页。

纷。收养登记机关必须在3个月公示期间后方能办理登记。如果收养没有履行公告程序的，下落不明的被收养人的生父或生母重新出现，并不同意该收养的，责任由当事人自己承担，收养行为无效；但是如果履行了收养登记前的公告程序且公告期满无人提出异议的，应认定该收养或送养的行为有效，此时一方提出的异议不能成立。[①] 但正式颁行的《民法典》删除了该条款，导致民事主体处于特殊状态下，其生存配偶的收养意愿和收养权利，在法典化语境中仍然显得畏缩一隅。

（六）未婚男性收养异性养女

原《收养法》第9条规定，无配偶的男性收养异性养女的，被收养人与收养人的年龄应当相差40周岁以上。无配偶男性收养女性之所以为特殊收养行为，是从我国实际情况出发，为了维护社会公序良俗和有利于儿童健康成长所作出的规定。法律规定无配偶的人收养异性子女，收养人与被收养人应具有一定的年龄差距，这也是基于伦理道德的要求。对于此规定，有学者认为，收养人与被收养人的年龄应当相差30周岁以上，原《收养法》规定的40周岁年龄差过分严苛，且仅规定男性收养女性须有40周岁的年龄差而对女性收养男性不设限制，亦与男女平等的原则相悖。[②] 还有学者认为，应保持我国现行立法规定的年龄差，“收养人的年龄大于被收养人40周岁以上，那么收养人肯定要年满30周岁，这和原《收养法》中关于收养人条件的规定是一致的，是对收养条件的坚持而非否定；而且，收养人大于被收养人40周岁以上，其必然拥有更多的社会经验，并不一定对被收养人不利。将收养人与被收养人的年龄差距降低为30周岁，不但与原《收养法》关于收养人条件（年满30周岁）的规定差别不大，而且大大增加了收

① 参见吴国平：《特殊收养行为的法律规制》，载《广西大学学报（哲学社会科学版）》2007年第4期，第46页。

② 参见梁慧星主编：《中国民法典草案建议稿附理由：亲属编》，法律出版社2013年版，第300页。

养人对被收养人实施性侵犯的可能，十分不利于保护被收养人的权益。在没有充足理由的情况下，不宜降低收养人与被收养人之间的年龄差距”。[①] 可见，目前我国学者对未婚者收养异性的年龄差有一定争议，但可以确定的是，原《收养法》仅规定了未婚男性收养异性的限制，而不是无配偶者收养异性的限制，明显缺少对未婚女性收养异性情形的限制条款。

除原《收养法》规定的六种特殊收养情形，将上述周国平的特殊主体收养和特殊情形收养理论与原《收养法》规定的特殊收养情形相对比，原《收养法》对监护人收养被监护人、收养非婚生子女和转收养这三种情形并没有涉及。

一是监护人收养被监护人。父母是未成年人的法定监护人。未成年人的父母没有监护能力或已经死亡的，由祖父母、外祖父母、兄、姐和其他愿意担任监护人的个人或组织，按顺序担任未成年人的监护人。一方面，关于监护人是否能够收养被监护人，原《收养法》没有作出特别规定。有学者认为，我国应完善该方面立法，“只要这种收养对被收养人健康成长有利且符合法律规定的条件，就应当允许该监护人收养被监护人为养子女，这有利于更好地实现监护的目的”。[②] 另一方面，是否应该对监护人收养被监护人的行为作出特别规定？从国外立法例看，有的国家对监护人收养被监护人的行为作了特殊的规定。例如，《阿根廷共和国民法典》第 319 条规定，监护人只能在产生于监护职责的义务消灭后，就被监护人提起庇护和收养之诉。

二是收养非婚生子女。非婚生子女是婚生子女的对称，是指没有合法婚姻关系的男女所生的子女。我国《婚姻法》第 25 条规定，非婚生子女和婚生子女享有同等的权利，任何人不得加以歧

① 王利明主编：《中国民法典学者建议稿及立法理由·人格权编、婚姻家庭编、继承编》，法律出版社 2005 年版，第 341 页。

② 吴国平：《特殊收养行为的法律规制》，载《广西大学学报（哲学社会科学版）》2007 年第 4 期，第 44 页。

视和危害。一方面，如果该子女出生后其父母又办理结婚登记的，应认定该子女为婚生子女而不是非婚生子女。另一方面，非婚生子女所具有的法律地位和权利与婚生子女相同，父母双方共同承担抚养照顾该子女的责任。域外有些国家将收养非婚生子女，作为身份纠正的方式和特殊身份处理事项。[①]“一些国家的法律允许收养人收养自己的非婚生子女如菲律宾等，而一些国家则禁止收养自己的非婚生子女，还有些国家则只允许收养者收养从未被认领过的非婚生儿童，如哥伦比亚等。”[②]

三是转收养。所谓转收养，是指养父母将养子女再转由第三人收养的行为。[③] 原《收养法》没有转收养的相关条款，但对此也没有予以明确禁止。2009 年民办函 177 号公布了《民政部办公厅关于收养人因生活困难不能继续抚养被收养人有关问题的复函》，该复函表示，依据原《收养法》第 23 条规定，收养关系的成立使被收养人的养父母获得与生父母同样的法律地位。而原《收养法》第 5 条规定，生父母有特殊困难无力抚养子女时可以作为送养人，相应的，养父母在具有上述情形时也可以依法送养子女。并且，养父母送养子女时须严格按照生父母送养的程序办理登记。有学者指出，原《收养法》未对转送养作出规定，在很大程度上是基于避免人口贩卖的考虑，以杜绝借转送养制度实施买卖未成年人的行为。[④] 但也有学者提出，这一做法忽略了收养关系成立后收养家庭自身的情况，并假设该家庭一直具备能够提供被收养人健康

---

① 参见张学军：《身份登记制度研究》，载《法学研究》2004 年第 1 期，第 59-60 页。

② 蒋新苗：《收养法比较研究》，北京大学出版社 2005 年版，第 84 页。

③ 刘玉民主编：《收养、赡养与财产继承》，中国民主法制出版社 2014 年版，第 23 页。

④ 参见陈翠银：《对我国收养法若干问题的思考》，载《法律适用》1995 年第 9 期，第 32 页。

成长的人力和物力支持。[①] 但问题是，“很显然，这一假设经不起事实的检验，收养儿童的家庭出现变故的可能性与普通家庭相同，因而出现无法为养子女提供适合成长环境的几率也不低”。[②]

## 二、原《收养法》特殊收养制度的司法考察

### (一) 原《收养法》规定的特殊收养情形

一是关于继父母收养继子女的问题。在“王某1与王某2、王某3、王某4等遗产继承纠纷”一案中，王某1是王某6的继子，本案的争议焦点在于王某1与王某6之间是否形成了养子女关系。审理法院认为，根据收养行为发生的时间，认定王某1与王某6之间是否形成收养关系，应当适用1998年修正前的《收养法》。依照1992年《收养法》第10条第1款及第14条之规定，在本案中，王某6如果收养王某1，应当由王某1的生父母共同送养，且应订立书面协议。但王某1未提供其生父王某7同意送养的证据，同时王某6和王某1生父母王某7、蒋某1之间未签署过关于王某6收养王某1的书面协议，因此王某6与王某1并未履行1998年修正前《收养法》规定的收养手续，王某1所主张的收养关系并不具有法律效力。[③] 本案审理法院肯定了继父母是可以收养继子女的，但本案中的收养行为违反当时法律规定的收养程序因而不能发生法律效力。

二是关于无配偶男性收养异性养女的年龄限制问题。在“周某1与周某2收养关系纠纷”一案中，审理法院认为，1996年8月26日，原告在某县公证处办理了与被告周某2的收养关系公证书，公证书载明原告出生日期为1955年10月2日，被告出生日期

---

① 参见杨翱宇、潘林青：《民法典编纂背景下我国收养立法的反思与重构》，载《内江师范学院学报》2017年第1期，第89页。

② 孙大伟：《未成年人保护视角下收养主体问题研究》，载《时代法学》2020年第6期，第28页。

③ 参见吉林省高级人民法院（2017）吉民申191号民事裁定书。

为1996年5月8日。但法院经审理查明，原告周某1的实际出生日期为1958年10月2日。根据法律规定，无配偶男性收养女性的，收养人与被收养人的年龄差应当在40周岁以上。在本案中，原告系无配偶男性，与被告周某2年龄差未满40周岁，因此该收养关系依法不能成立。[①] 原《收养法》第9条规定，无配偶的男性收养异性时，未满足被收养人与收养人年龄差的收养行为无效。在本案中，周某1在办理收养登记和进行收养公证时谎报年龄，后审理法院查明周某1的实际出生日期为1958年，即其作为未婚男性与被收养异性之间的年龄差不满40周岁，审理法院依法认定该收养行为因违反法律规定而无效。该案件审理法院充分发挥调查职能，判决合理、符合法律规定。

三是一般对符合法律规定的隔代收养行为予以承认。例如，在“王某、李某与王某某身份关系纠纷”一案中，法院经审理后认为，1982年，被告王某某被生父母王某、李某过继给叔祖父母后，以养孙进行称呼。后王某某与叔祖父母长期共同生活，相互履行了赡养与抚养义务，尽管其与叔祖父母之间未到有关部门办理相关手续，但根据当时法律规定，他们之间的事实收养关系得到群众、亲友和当地组织的公认，应予认可。收养关系成立后，生父母王某、李某与被告王某某之间的权利义务关系应予终止。现两原告即王某某的生父母王某、李某要求被告王某某承担赡养义务的请求，尽管值得同情和理解，但于法无据，遂依照有关法律规定驳回了原告王某、李某的诉讼请求。[②] 在本案中，审理法院认为，被告王某某与叔祖父母已形成了隔代收养关系，因此王某某与生父母王某、李某的父母子女关系依法解除，故法院依法驳回了原告王某、李某的诉讼请求。

---

① 参见重庆市铜梁区人民法院（2019）渝0151民初2421号民事判决书。

② 参见中国法院网：《如何处理此种隔代收养关系》，载 https://www.chinacourt.org/article/detail/2003/10/id/85028.shtml，最后访问日期：2020年1月20日。

四是关于收养三代以内同辈旁系血亲子女的问题。在“谢某1、谢某2等继承纠纷”一案中，审理法院认为，本案的争议焦点在于谢某锡与谢某2、谢某3、谢某4、谢某6是否形成事实上的收养关系的问题。谢某锡原系谢某2、谢某3、谢某4、谢某6的伯父，生前无子女，谢某2、谢某3、谢某4、谢某6于20世纪70年代左右自幼即跟随谢某锡共同生活，户口迁入谢某锡户籍，虽然因历史原因谢某锡与谢某2、谢某3、谢某4、谢某6未办理收养公证或登记手续，但是谢某锡与谢某2、谢某3、谢某4、谢某6长期共同生活得到了亲友们的认可。对于谢某1主张的谢某2、谢某3、谢某4、谢某6不符合生父母有特殊困难无力抚养子女的条件，且谢某锡收养子女人数过多不符合法律规定的问题，审理法院认为，根据原《收养法》第7条之规定，谢某锡收养谢某2、谢某3、谢某4、谢某6的行为属于收养三代以内同辈旁系血亲的子女，可以不受原《收养法》第4条第（三）项、第5条第（三）项、第9条和被收养人不满14周岁的限制，故谢某锡与谢某2、谢某3、谢某4、谢某6间的收养关系依法成立。[①] 在本案中，审理法院依法认定收养三代以内同辈旁系血亲的子女，可以不受生父母有特殊困难无力抚养的限制，不受无配偶的男性收养女性年龄应当相差40周岁及被收养人须不满14周岁的限制，因此判决谢某锡与谢某2、谢某3、谢某4、谢某6间的收养关系依法成立，是符合法律规定的。

五是关于收养孤残儿童或弃婴的问题。在“连某甲与连某乙收养关系纠纷”一案中，法院审理后查明，2002年3月连某甲在前往医院看望病人时，在该院门口捡拾到一弃婴，随即向某市公安局某派出所报案。当时该弃婴患有心肌炎，连某甲遂出资为其进行治疗，后该男婴取名连某乙随连某甲共同生活。在连某甲有子女的情况下，其当时并未与连某乙办理收养登记。后2005年6月，连某乙根据济

---

① 参见广西壮族自治区高级人民法院（2017）桂民申1015号民事裁定书。

南市民政局、济南市公安局于2004年12月28日下发的《关于解决事实收养子女未落户问题的通知》［济民发（2014）72号］文件要求，在报纸上发布公告查找亲生父母未果，到济南市某区民政局办理事实收养子女落户登记手续，并提交上述《通知》要求的其他资料，补办了收养登记并为被告连某乙办理落户手续，收养其为养子。根据原《收养法》第8条之规定，收养残疾儿童、孤儿或者社会福利机构抚养的查找不到生父母的儿童和弃婴可以不受收养人只能收养一名子女和无子女的限制，故本案连某甲在已有子女的情况下仍收养弃婴连某乙的行为并不违反法律规定，审理法院判决连某甲与连某乙间的收养关系依法成立。①

六是关于单方送养、单方收养的问题。在“孙某与赵某甲、赵某乙等继承纠纷”一案中，审理法院认为，案件的争议焦点为被上诉人孙某与被继承人赵某奇是否存在法律上或事实上的收养关系。赵某甲、赵某乙诉称孙某由被继承人赵某奇的配偶孙某杭单方收养，被继承人始终反对收养，并未与孙某存在事实收养关系。法院经审理后查明，赵某奇与孙某杭于1990年办理了收养孙某的相关手续，居民粮食证、社区证明、赵某奇的日记、墓碑照片、该地社区党委出具的政审证明、被上诉人补充提交的照片以及证人证言等一系列证据，均可以推断赵某奇对收养孙某予以认可，且赵某奇与孙某的收养关系亦被相关组织、群众所公认，故本案中的被上诉人孙某并非孙某杭单方收养，而是孙某杭与配偶赵某奇即本案被继承人共同收养的，法院判决对赵某奇与孙某之间形成的收养关系予以认定。② 原《收养法》规定了单方送养行为，但并没有规定单方收养行为，即未经配偶同意单方收养的行为应属无效。在本案中，如果孙某杭未经配偶赵某奇同意单方收养孙某，该行为应属无效，但相关证据表明，孙某是由孙某杭与

① 参见山东省济南市市中区人民法院（2015）市少民初字第41号民事判决书。

② 参见浙江省杭州市中级人民法院（2014）浙杭民终字第32号民事判决书。

配偶赵某奇共同收养的，故本案审理法院认定赵某奇与孙某之间的收养关系合法有效，是符合法律规定的。

（二）原《收养法》特殊收养司法实践评析

对于原《收养法》规定的六种特殊收养情形，在实践中使我国审理法院有法可依，取得了较好的司法审判效果。有关特殊收养问题，最大的问题可能源自立法缺失，而非司法审判分歧。而对于原《收养法》没有规定的特殊收养情形，监护人收养被监护人应按一般的收养行为处理。收养继子女的行为在我国时有发生，但并没有生父母收养非婚生子女的情形，且非婚生子女的继承权并不因是否被收养而有所变化。而对于是否允许收养人转送养的问题，原《收养法》没有规定，实践中曾有相关案件发生，且承认了转收养行为的效力。例如，王某与李某某为一对残疾夫妇，王某双目失明，李某某腿脚不便。夫妻二人结婚十多年一直没有生育，于 1990 年从孤儿院收养了一名女婴。2005 年，王某因交通事故造成半身不遂。在夫妻二人生活越来越不便，王某又需要人照顾的情况下，王某夫妇与 40 多岁尚无子女的张某夫妇商量，由张某夫妇收养了该名女孩，并办理了相应的手续。2007 年，王某死亡，李某某想从张某夫妇处领回女孩，由自己继续抚养。但张某夫妇不同意，双方产生纠纷诉至法院。该案涉及对转收养行为效力的认定问题。专家评析认为，李某某夫妇从孤儿院领养了该名女婴后又转送给张某夫妇收养，张某夫妇的收养就是转收养行为。当养父母在遭遇生活困难，无力继续抚养养子女，又不能将其送还给送养人的情况下，转送养子女给他人抚养是合情合理的。本案转收养有利于未成年人的健康成长，符合收养法的立法本意和精神，应当予以肯定，即李某某无权从张某夫妇处领回该名女孩。孩子由张某夫妇收养后，与李某某的养母女关系即行解除。[①]

① 参见刘玉民主编：《收养、赡养与财产继承》，中国民主法制出版社 2014 年版，第 22-24 页。

（三）我国《民法典》实施后事实收养问题司法实践考察

“收养亦称收养关系，谓收养人与被收养人之间，以发生亲子关系为目的之要式法律行为。”① 目前，我国现行法强调成立收养关系须依法进行登记，并不承认事实收养的法律效力，即在现行法下，事实收养并不是一种法律上的特殊收养情形，但不能否认，事实收养问题是新中国成立后曾长期并广泛存在的一种社会现象。有学者提出，目前我国的事实收养问题正面临两难困境：承认事实收养将有损国家法制尊严与权威；不承认事实收养，当事人双方的合法权益又可能遭受损失，权利义务不易界分。如何在维护当事人双方合法权益和实现国家法制利益之间寻求解决之道，是问题关键所在。② 本书将事实收养作为一种特殊收养问题，在第六章该部分对其司法实践予以考察，希冀了解我国《民法典》施行后，对事实收养这一客观存在的特殊问题是如何进行规制的。

一方面，关于事实收养各时间段的法律适用问题。我国各阶段立法对事实收养问题的法律态度并不一致，可以分为两个立法阶段：一是原《收养法》实施前承认事实收养的法律效力。1984年《最高人民法院关于贯彻执行民事政策法律若干问题的意见》第28条规定：“亲友、群众公认，或有关组织证明确以养父母与养子女关系长期共同生活的，虽未办理合法手续，也应按收养关系对待。”例如，在“王某1与王某2解除收养关系纠纷”一案中，该案虽然于2021年5月审理结案，但人民法院经审理查明，当事人间的收养事实发生于1974年，根据当时法律的规定，王某2、任某夫妇与王某1已形成了事实上的收养关系，故虽未办理收养登记，法院对当事人间形成的事实收养关系予以确认。③ 二是原《收养法》实施后不再承认事实收养的法律效力。原《收养法》和

① 史尚宽：《亲属法论》，中国政法大学出版社2000年版，第584页。

② 参见匡俊：《事实收养研究》，载《上海政法学院学报（法治论丛）》2014年第6期，第39页。

③ 参见北京市第二中级人民法院（2021）京02民终7106号民事判决书。

我国《民法典》均不承认事实收养的法律效力，而关于原《收养法》和《民法典》条款的具体适用问题，《最高人民法院关于适用〈中华人民共和国民法典〉时间效力的若干规定》第1条第2款规定："民法典施行前的法律事实引起的民事纠纷案件，适用当时的法律、司法解释的规定。"例如，在"李某杰与戚某兰、蒋某某收养关系纠纷"一案中，审理法院认为，该案具体发生于我国《民法典》施行之前，该未经登记的收养行为违反了原《收养法》第15条、原《民法通则》第55条和有关收养行为无效的法律规定，收养行为自始无效。[①]

另一方面，我国《民法典》实施后，为矫正不承认事实收养可能产生的权益损害，酌分遗产制度被应用得更为广泛。例如，在"王某某等诉甲保险公司意外伤害保险合同纠纷案"中，1999年，王某某、李某抱养弃儿王某，生父母不详。2001年，王某某、李某为其办理户籍入户手续，登记为"养女"，但一直未办理收养登记手续。后王某因交通事故身亡，就王某某、李某是否是保险的法定受益人，当事人与保险公司间产生争议并诉至法院。审理法院认为，王某某、李某与身故的王某未办理收养登记，因此收养法律关系并未成立。但户籍登记机关、所在基层组织等均认可王某系其养女的客观事实，因此王某属于酌分遗产制度中"继承人以外的对被继承人扶养较多的人"。在王某无其他继承人的情况下，两原告可以享受保险利益，视同王某的继承人。[②] 该案中，审理法院清晰认识到如不承认事实收养将有损王某某、李某的保险利益，也不利于尊重现实生活中群众、基层组织等均认可的客观事实，但承认事实收养又将有损我国《民法典》的公示公信及权威效力。为突破这种两难境地，审理法院创造性地适用酌分遗产法律制度，为两原告的老年生活提供了经济保障，亦符合法律规

---

① 参见江苏省泰州市中级人民法院（2021）苏12民终713号民事判决书。

② 参见上海金融法院（2020）沪74民终1251号民事判决书。

定，体现了权利义务相统一原则。可以预见，未来酌分遗产法律制度在事实收养及事实婚姻等多个领域，会体现出更多的制度应用价值。

## 三、我国特殊收养制度的立法争议

由于立法对特殊收养问题缺乏全面性规定，目前立法规定得过于原则，无法消化现实生活中层出不穷的新问题。这导致当事人的合理需求与合法权益得不到及时解决进而激化社会问题和民众矛盾。[①] 并且，不仅是立法缺失问题，目前学界对无配偶者是否可以收养异性养子女，非婚生子女是否可以被收养、转收养的行为是否有效等问题，也存在较大争议。

### （一）无配偶者是否可以收养异性养子女

关于无配偶者是否可以收养异性养子女，我国多数学者主张，无配偶者可以收养异性养子女，但须受到特别的限制，主要表现为收养人与被收养人应具备一定的年龄差。[②] 原因在于：第一，允许无配偶者收养子女是尊重收养人权利的一种客观体现，单身不应成为收养的障碍。第二，单身也不必然导致生活条件的局限，如果单身者生活条件和综合素质都符合收养的要求，应允许单身者收养子女。第三，随着独身群体的壮大，单身收养必将成为未来收养的发展趋势。第四，允许无配偶者收养子女有助于老年无配偶者的养老问题。第五，对单身收养的条件可以完善，以避免隐患。而强调无配偶者收养异性须受到特殊限制，主要是出于保护被收养人的考虑，防止被收养人受到不法侵害。

另一种观点认为，无配偶者不可以收养异性养子女。原因在于：一是无配偶者的生活条件有限，尽管目前我国自主选择单身

---

① 参见吴国平：《特殊收养行为的法律规制》，载《广西大学学报（哲学社会科学版）》2007 年第 4 期，第 42 页。

② 我国“王稿”“梁稿”等学者建议稿以及《民法典》“婚姻家庭编”均采此观点。

主义的人数有所增长，但之前形成的大多数未婚或离异群体普遍存在经济条件有限的问题。二是独立承担抚养子女的责任，缺乏双亲的关爱，不利于使被收养人在健康和谐的家庭环境中成长。三是难以审查收养的动机，由于缺少家庭和配偶的制约，更容易使被收养人遭受不法的侵害。四是无配偶者往往不能独立承担抚养责任，大多数由其父母或兄嫂帮助抚养，这使得被收养人的成长环境较为不稳定。

（二）非婚生子女是否可以被收养

“在近代欧洲，收养是为无子女者个人利益服务的，在子女失去父母的情形下，收养受到各国的鼓励。许多国家准许父亲收养他自己的非婚生子女，而另一些国家却禁止这样做。”[①] 关于法律上是否应当允许当事人收养自己的非婚生子女，一种观点认为，收养人是可以收养自己的非婚生子女的。例如，我国香港地区的收养制度，明确允许生父母收养非婚生子女。其积极意义在于使非婚生子女可不经准正或认领即可进入生父母家庭。一方面，可以避免生父母因不愿公开其过去非婚生育的事实而被迫放弃对该子女身份的承认；另一方面，使非婚生子女事实上享有了与生父母共同生活的权利，这有利于维护非婚生子女的合法权益。[②]

另一种观点认为，收养人不可以收养自己的非婚生子女。原因在于，近现代域外立法中非婚生子女的法律地位已基本得到承认，相应的权利已得到较好的保障，无须通过收养制度进行维护；相反，允许收养人收养自己的非婚生子女，该子女方能享有法律承认的继承权等权利，是一种落后于时代发展趋势的立法。近代以前，无论是域外国家还是我国，非婚生子女的地位都受到一定歧视。英美等国也把非婚生子女视为耻辱，直至20世纪60年代才

① ［德］马丁·沃尔夫：《国际私法》（第二版），李浩培等译，北京大学出版社2009年版，第435页。

② 参见陈苇主编：《当代中国内地与港、澳、台婚姻家庭法比较研究》，群众出版社2012年版，第333-334页。

开始有所改观。日本对非婚生子女也有区分，规定非婚生子女继承权减半。但是到了近现代，绝大多数国家均在立法上承认非婚生子女与婚生子女具有相同的法律地位。例如，我国原《婚姻法》第25条规定，非婚生子女和婚生子女享有同等的权利。而前文已经阐述，收养制度的特征之一即不能在直系血亲之间成立收养关系，相应的，父母与具有婚生子女相同法律地位的非婚生子女之间，也应该是不能成立收养关系的。

（三）转收养的行为是否有效

对于转收养的行为是否有效，我国学者间也存在争议。

第一种观点是不承认转收养行为的效力。“原则上不能允许转收养，这是为了稳定收养关系，保护被收养人的合法权益，频繁地改变收养关系既不利于培养收养人与被收养人之间的感情，也不利于被收养人的身心健康。一旦出现转收养情况，生父母或其他送养人可以向人民法院起诉，要求解除收养关系，将子女接回自己抚养。”①

第二种观点是承认转收养行为的效力。理由是，“如收养人有特殊困难确实无力继续抚养被收养人，转收养人条件优于原收养人，转收养将有利于被收养人的健康成长”。② 如果生父母自己没有抚养能力或不愿抚养，而又不同意转收养的，准许收养人进行转送养才是最有利于被收养人利益的。

第三种观点是我国应采取相对承认转收养行为效力的立法态度。转收养不宜提倡，但在特定条件下应允许，可以相对承认其法律效力，但应对转收养的条件、程序及效力作出严格限制性规定。③ 可以相对承认转收养的具体情形为：在有送养人的情况下，

① 李志敏主编：《比较家庭法》，北京大学出版社1988年版，第252页。

② 王利明：《中国民法案例与学理研究——亲权行为篇亲属继承篇》，法律出版社1998年版，第436页。

③ 参见陈翠银：《对我国收养法若干问题的思考》，载《法律适用》1995年第9期，第32页。

转收养应当征得送养人的同意。在养父母取得了送养人对转收养人的抚养、教育能力和思想品行等情况的认可和同意后，才可以将养子女转送养。如果送养人不同意将养子女转收养或对转收养人的条件不予认可，送养人应当将子女领回自己抚养或由收养人另择其他转收养人。在收养人坚持转收养，送养人不同意又不将子女领回自己抚养的情况下，可以申请有关部门调解或通过诉讼方式解决。[①] 那么，我国《民法典》是否应规定转收养这一特殊收养类型？如果不允许转收养，对收养人转送养的行为一经发现是否应予以一定惩戒？这些问题需要进一步探讨。

## 第二节 域外特殊收养制度的考察与评析

首先，本节主要对域外的成年人收养制度进行考察与评析，以期为我国特殊收养制度的完善提供一定域外立法借鉴。其次，有关域外国家的特殊收养制度，本节以上文提及的特殊主体收养和特殊情形收养理论为基础。主体特殊，是指收养人或被收养人身份具有特殊性，主要包括孤残儿童或弃婴的收养、亲属间的收养、监护人收养被监护人、无配偶者收养异性养子女、收养非婚生子女。行为特殊，是指收养原因或事由具有特殊性即特定情形下的收养，主要包括隔代收养、单方送养与单方收养、转收养。

### 一、域外特殊收养制度之考察

#### （一）法国特殊收养制度

《法国民法典》收养制度分为“完全收养”“简单收养”以及“域外收养法律冲突”。而《法国民法典》规定的特殊收养行为，主要表现在以下几个方面：

---

① 参见刘玉民主编：《收养、赡养与财产继承》，中国民主法制出版社 2014 年版，第 23-24 页。

首先，收养配偶的子女存在特殊规定。《法国民法典》规定，双方均满 28 周岁或者结婚超过 2 年的夫妻，没有别居的，得请求收养子女；如果被收养人为其配偶的子女，前条规定的年龄条件不予要求。[①] 收养人的年龄应当比其打算收养子女的年龄大 15 周岁以上，但被收养人是收养人配偶的子女的，仅要求年龄相差 10 周岁即可。[②] 并且，收养配偶的子女，对该配偶一方及其家庭仍然保留原始亲子关系。除此之外，此种收养产生由夫妻二人共同收养所具有的各项效果。[③]

其次，关于亲属间的收养，除收养人与被收养人之间有包括第六亲等在内的血亲或姻亲关系之外，只有在儿童已经实际交由社会援助儿童机构或“经批准的收养事务机构”的情况下，始能有效同意收养不满 2 周岁的儿童。[④]

再次，关于再次收养问题。《法国民法典》规定，在收养人之一死亡或两收养人均死亡的情况下，如果健在一方的新配偶提出请求，得宣告再次收养。[⑤] 也就是说，在一般情况下，被收养人不得重复被收养，但在收养人一人或者两人均死亡的情况下，健在一方的新配偶提出请求的，该被收养人可以再次被健在一方的新配偶收养。

最后，关于单方送养与单方收养。《法国民法典》规定，除配偶一方处于不能表达意思的状态之外，没有别居的已婚者收养子女须征得配偶的同意。[⑥] 可见，《法国民法典》在夫妻双方已经别居或配偶一方处于不能表达意思的状态时，是允许配偶单方收养的。而在儿童已对父母双方确立亲子关系的情况下，送养应经父

---

① 参见《法国民法典》第 343、343-2 条。

② 参见《法国民法典》第 344 条。

③ 参见《法国民法典》第 356 条第 2 款。

④ 参见《法国民法典》第 348-5 条。

⑤ 参见《法国民法典》第 346 条第 2 款。

⑥ 参见《法国民法典》第 343-1 条。

母双方同意。如果父母一方去世或不能表示自己的意思，或者如果其丧失亲权，另一方同意送养即可，[①] 即在父母一方去世或不能表示自己的意思，或者如果在其丧失亲权的情况下，是允许配偶单方送养的。

（二）阿根廷特殊收养制度

《阿根廷共和国民法典》规定的特殊收养行为，主要表现在以下几个方面：

首先，关于无配偶者收养异性养子女。《阿根廷共和国民法典》规定，收养人至少应比被收养人大 18 岁，[②] 但并没有对无配偶者收养异性子女作出其他特殊的年龄限制。

其次，关于监护人收养被监护人。《阿根廷共和国民法典》规定，监护人只能在产生于监护职责的义务消灭后，就被监护人提起庇护和收养之诉。[③] 可见，在阿根廷，监护人履职期间是不能收养被监护人的，为维护被监护人的最大利益，只有在其监护职责消灭后监护人才可以收养被监护人。

最后，关于再次收养问题。《阿根廷共和国民法典》规定，收养人或收养的夫妻双方死亡时，可就同一未成年人再次收养。[④] 在阿根廷，一般情况下被收养人不得被重复收养，但在收养人或收养的夫妻双方死亡时，该未成年人可以再次被收养。

最后，关于单方送养与单方收养。《阿根廷共和国民法典》规定，具有下列情形的，已婚者可以进行单独收养：一是存在人身别居之判决时；二是配偶一方被宣告丧失心智，在此情形下，应听取保佐人和未成年人之公共保护机构的意见；三是配偶他方被宣告为单纯失踪，或依死亡推定而被宣告失踪，或被迫失踪。[⑤] 但

---

① 参见《法国民法典》第 348 条。

② 参见《阿根廷共和国民法典》第 312 条。

③ 参见《阿根廷共和国民法典》第 319 条。

④ 参见《阿根廷共和国民法典》第 312 条。

⑤ 参见《阿根廷共和国民法典》第 320 条。

《阿根廷共和国民法典》仅规定了单方收养情形，并没有对单方送养作出规定。

(三) 日本特殊收养制度

《日本民法典》规定，已达成年者，可以收养子女。《日本民法典》规定的特殊收养行为，主要表现在以下几个方面：

首先，关于亲属间的收养。《日本民法典》规定，尊亲属或者年长者不得作为被收养人；收养未成年人时，须取得法院的许可。但是，收养自己或者配偶的直系卑亲属作为养子女时，不在此限。①

其次，关于监护人收养被监护人。《日本民法典》规定，监护人以被监护人作为养子女时，须取得法院的许可。监护人的任务终止后，管理结算未终止期间，也须取得法院的许可。② 在日本，监护人履职期间或是虽不履职但是管理结算未终止期间，监护人均是可以收养被监护人的，但须取得法院的审查许可。

再次，关于单方送养与单方收养。《日本民法典》规定，有配偶的人收养未成年人时，须与配偶一同收养，但是收养配偶的婚生子女或者配偶不能表示其意思时，不在此限。特别子女关系的成立，须得到将成为养子女父母的同意。但是，父母不能表示其意思或者父母虐待、恶意遗弃及其他有严重损害将成为养子女之人的利益的事由时，不在此限。③ 可见，《日本民法典》同时规定了单方送养与单方收养制度。单方收养的条件为，配偶不能表示其意思时可以单方收养，无须经其配偶同意；单方送养的条件为，父母不能表示其意思或者父母虐待、恶意遗弃及其他有严重损害将成为养子女之人的利益时，可以父母单方同意或者无须经其父母同意。

---

① 参见《日本民法典》第 793、798 条。

② 参见《日本民法典》第 794 条。

③ 参见《日本民法典》第 795、817 条之六条。

（四）德国特殊收养制度

《德国民法典》规定的特殊收养行为，主要表现在以下几个方面：

首先，关于收养非婚生子女的问题。《德国民法典》原规定，在夫妻共同收养中，一方应年满 25 岁，另一方应年满 21 岁，而独身收养者应年满 25 岁。如果收养人申请收养自己的非婚生子女，法律允许不受收养者必须年满 25 岁或 21 岁的限制，法院可以作为特例准许。收养者即使已有其他小孩，仍然可以收养自己的非婚生子女。[①] 但在最新的《德国民法典》中，原 1741、1743 条之规定已删除，即目前德国法是不允许收养自己的非婚生子女的。

其次，关于监护人收养被监护人。原《德国民法典》规定，对未成年人的人身或财产行使监护权者，在监护关系存续期间，即只要监护人继续行使监护权或者承担被监护人的财产管理之责，不得收养被监护的未成年人为养子女。[②] 但最新的《德国民法典》仅规定监护人应编制财产目录，监护人必须将在命令监护时现存的或后来归属于被监护人的财产编制目录，并在对目录附加正确性和完备性的保证后，将它递交给家庭法院。有监护监督人的，监护人必须在编制目录时向其请教；该目录也必须由监护人附加正确性和完备性的保证。[③] 目前，已删除了监护人在履职期间不得收养被监护人的原 1752 条之规定。

再次，关于继父母收养继子女和亲属间的收养问题。《德国民法典》规定，只要存在收养关系，在收养人生存期间，被收养的子女就只能被收养人的配偶收养。[④] 配偶一方收养其配偶的子女的，仅在与父母另一方及其血亲的关系中发生血统关系的消灭；如果父母另一方曾有权进行父母照顾且已死亡，则血统关系不在

---

① 参见蒋新苗：《收养法比较研究》，北京大学出版社 2005 年版，第 79-80 页。

② 参见蒋新苗：《收养法比较研究》，北京大学出版社 2005 年版，第 80 页。

③ 参见《德国民法典》第 1802 条。

④ 参见《德国民法典》第 1755 条。

与父母另一方的血亲的关系中消灭。[①] 配偶一方收养配偶另一方的子女且配偶双方不使用婚姻姓氏的，配偶双方在收养宣告前以对家庭法院的表示确定被收养子女的出生姓氏。[②] 而收养人与被收养子女互为二亲等或三亲等的血亲或姻亲的，只有该子女及其晚辈直系血亲与该子女父母的血统关系和因其而产生的权利义务消灭。[③]

又次，关于孤儿、残疾儿童和弃婴的收养。《德国民法典》规定，到收养时为止发生的被收养子女的请求权，特别是对定期金、孤儿补助金及其他相当的定期给付的请求权，不因收养而受影响。[④] 可见，对于孤儿、残疾儿童和弃婴的收养，《德国民法典》规定，对被收养人应支付的定期金、孤儿补助金等费用不受影响，仍须继续发放给收养人用于被收养人的抚养或康复等治疗。

最后，关于单方送养与单方收养。《德国民法典》规定了父母单方同意也有效的特殊情形，收养子女必须经子女的父母同意。如果父母一方长期不能够作出声明或其居所长期不明，则不必经其同意。未婚者只能单独收养子女。一对夫妻只能共同收养子女，但配偶一方可以单独收养其配偶的子女。[⑤] 可见，《德国民法典》同时规定了单方送养与单方收养两种情形。单方送养的要件为，如果父母一方长期不能够作出声明或其居所长期不明，则不必经其同意，可以单方送养。单方收养的要件为，未婚者能单独收养子女；一对夫妻只能共同收养子女，但配偶一方可以单独收养其配偶的子女。但《德国民法典》对于转收养和隔代收养情形，没有作出其他特别规定。

---

① 参见《德国民法典》第 1755、1756 条第 2 款。

② 参见《德国民法典》第 1757 条第 2 款。

③ 参见《德国民法典》第 1756 条第 1 款。

④ 参见《德国民法典》第 1755 条。

⑤ 参见《德国民法典》第 1747、1741 条。

（五）瑞士特殊收养制度

《瑞士民法典》规定，预期的收养人对养子女至少已照顾、教育满一年，并且有理由认为亲子关系的建立有利于养子女，又不致损害养父母其他子女的利益，才可以收养。《瑞士民法典》规定的特殊收养行为，主要表现在以下几个方面：

首先，关于收养配偶之子女。夫妻双方只能共同收养子女，并且夫妻双方须结婚五年以上，或已满 35 周岁。但收养配偶之子女，夫妻一方和另一方结婚满五年即可。[①]

其次，关于无配偶者收养异性养子女。《瑞士民法典》规定，未结婚者，如果已满 35 岁，得单独收养。[②] 但是，《瑞士民法典》对无配偶者收养异性养子女，并没有规定须具有一定的年龄差距。

再次，《瑞士民法典》规定，收养应由养父母住所地的州政府主管部门作出决定。州政府主管部门应全面调查所有的重要情况，如有必要，可以取得专家的协助，然后州政府主管部门才可以对收养作出决定。但是，在监护人收养被监护人的情况下，《瑞士民法典》规定，监护人收养被监护人时，被监护人纵有判断能力，还须取得儿童保护机构的同意。[③] 这也是为了保护处于弱者地位的被监护人之财产利益。

最后，关于单方送养与单方收养。《瑞士民法典》规定，已满 35 岁的未结婚者可以单独收养；已满 35 岁的已结婚者，且其配偶不知所踪两年以上或配偶为持续性无判断能力人或判决夫妻已分居三年以上，共同收养已无可能的，得单独收养。[④] 有下列情形之一者，无须取得生父母的同意：生父母为谁不可知，或者生父母长期不知所踪或为继续性无判断能力者；生父母从未认真照护其

① 参见《瑞士民法典》第 264a 条。
② 参见《瑞士民法典》第 264b 条。
③ 参见《瑞士民法典》第 265 条。
④ 参见《瑞士民法典》第 264b 条。

子女者。[1] 可见，《瑞士民法典》规定的单独收养条件有两项：一是已满35岁的未结婚者可以单独收养；二是已满35岁的已结婚者，且其配偶不知所踪两年以上或配偶为持续性无判断能力人或判决夫妻已分居三年以上，共同收养已无可能的，得单独收养。《瑞士民法典》规定的单独送养条件也为两项：一是生父母为谁不可知，或者生父母长期不知所踪或为继续性无判断能力者；二是生父母从未认真照护其子女者。

（六）菲律宾特殊收养制度

《菲律宾民法典》规定，完全拥有民事权利的成年人都可以为收养。收养行为应登记于地方民事登记簿。[2]《菲律宾民法典》规定的特殊收养行为，主要表现在以下几个方面：

首先，关于监护人收养被监护人。《菲律宾民法典》规定，监护人在其账目未被批准之前，不能收养被监护人。[3]《菲律宾民法典》中的监护人是允许收养被监护人的，但其账目应被报请批准，以最大限度地保护被收养人的财产利益，防止财产混同。

其次，关于非婚生子女或继子女的收养问题。《菲律宾民法典》规定，收养人有正统子女、经准正的子女、经认领的私生子女或法律拟制的私生子女不能被收养。但有下列情形是允许发生收养关系的：一是私生子女，由其生身父亲或母亲收养；二是其他非正统子女，由父亲或母亲收养；三是继子女，由继父或继母收养。[4] 可见，在《菲律宾民法典》中，经准正的子女、认领的私生子女或法律拟制的私生子女不能被收养，但没有经过准正、认领的私生子女是可以被收养的。并且，收养者与被收养者之间的年龄至少应相差16岁，[5] 亲生父母收养自己的非婚生子女以及亲

---

① 参见《瑞士民法典》第265c条。
② 参见《菲律宾民法典》第334、346条。
③ 参见《菲律宾民法典》第335条。
④ 参见《菲律宾民法典》第338条。
⑤ 参见《菲律宾民法典》第337条。

属之间的收养可放宽收养条件。

最后，关于共同收养。《菲律宾民法典》规定，未经他方配偶同意的已婚人员不能为收养。下列人员对收养的书面同意是必须的：一是年满 14 岁的被收养人；二是父母、监护人或对将被收养人负有责任的人。[①] 关于单方收养，《菲律宾民法典》规定，未婚的成年人，只要具有完全民事行为能力和权利能力、道德品行良好、未牵涉卑鄙道德的刑事犯罪，并且没有经认领的私生子女、正统子女或法律拟制的私生子女的，都可以进行收养。[②] 可见，在一般情况下，《菲律宾民法典》规定的送养或收养行为均需夫妻双方共同作出，并且符合条件的未婚者是可以进行单方收养的，但《菲律宾民法典》并没有规定可以单方送养的情形。

（七）埃塞俄比亚特殊收养制度

《埃塞俄比亚民法典》的收养制度较为简略，其“家庭和继承编”中的收养制度仅有 15 个条文，并且这 15 个条文分为两部分，有关收养效力的条文被规定在“家庭和继承编”第 1 章，其余条文被规定在“家庭和继承编”第 11 章。可能由于《埃塞俄比亚民法典》的收养制度立法较为简略，其对收养制度中的特殊收养情形关注并不充分。《埃塞俄比亚民法典》规定的特殊收养行为，主要表现在以下几个方面：

首先，关于收养协议的订立主体问题。《埃塞俄比亚民法典》规定，被收养的孩子已年满 15 岁时，收养协议得在收养人和被收养的孩子之间订立。其他情形，收养协议在收养人与被收养孩子的监护人之间订立。[③] 可见，在埃塞俄比亚，被收养人年满 15 岁的即可以成为收养协议的订立主体，这与我国订立收养协议的主体有一定差异。但与我国相同的是，埃塞俄比亚立法也强调，法

---

① 参见《菲律宾民法典》第 340 条。

② 参见《菲律宾民法典》第 334、335 条。

③ 参见《埃塞俄比亚民法典》第 802 条。

院在作出决定前，如果被收养人已满 10 周岁的，得听取该人的意见。[①]

其次，关于再次收养问题。《埃塞俄比亚民法典》规定，任何人不得为数人所收养，但进行收养的二人为配偶的除外。在收养人死亡的情形下，对被收养人可以进行新的收养。当一个孩子被配偶双方收养，配偶一方死亡的，该孩子可以被生存配偶的新配偶收养。[②] 在埃塞俄比亚，一般情况下被收养人不得被重复收养，只有在收养人死亡后才可以被重新收养，但在配偶一方死亡的情况下，生存配偶的新配偶也可以申请再次收养该子女。

最后，关于单方送养与单方收养。《埃塞俄比亚民法典》规定，已婚的收养人双方应共同收养，但下列情形可以单方收养：一是收养其配偶的子女；二是配偶一方处在不能表达其意志的状态。[③] 当孩子的父母亲都在世时，收养得由其表示同意。但其中一方死亡、失踪、不为人知其有无或不能表达其意志时，得尽可能由其最近的尊亲属代表，收养得由后者表示同意。[④] 可见，在《埃塞俄比亚民法典》中，可以单方收养的情形为收养其配偶的子女或配偶一方处在不能表达其意志的状态。但其并没有规定单方送养的情形，当配偶一方死亡、失踪、不为人知其有无或不能表达其意志时，得尽可能由其最近的尊亲属代表其作出意思表示。

（八）葡萄牙特殊收养制度

《葡萄牙民法典》规定，收养关系须通过法院判决而设定，收养旨在实现儿童的最大利益。《葡萄牙民法典》规定的特殊收养行为，主要表现在以下几个方面：

首先，关于收养配偶之子女问题。一方面，《葡萄牙民法典》

① 参见《埃塞俄比亚民法典》第 804 条。
② 参见《埃塞俄比亚民法典》第 801 条。
③ 参见《埃塞俄比亚民法典》第 798 条。
④ 参见《埃塞俄比亚民法典》第 803 条。

规定，夫妻两人均年逾25岁，结婚逾4年，且无司法裁判分居及分产或事实分居者，方可完全收养。但待被收养人为收养人配偶之子女时亦可完全收养，可以不受上述条件之限制。① 另一方面，《葡萄牙民法典》规定，通过行政交托、司法交托或交托予收养人之促进及保护措施而获交托未成年人之时仍未逾60岁之人，且其与待被收养人之间年龄差距不超过50岁时，方可完全收养。但这个条款不适用于被收养人为收养人配偶之子女的情况。②

其次，关于监护人收养被监护人。《葡萄牙民法典》规定，法定财产管理人或监护人，在已偿还其债务后，且有关财产管理报告或监护报告获得核准，方可收养该未成年人。③ 在葡萄牙，监护人在履职期间有债务的不得收养被监护人，没有债务的被监护人在提交的财产管理报告或监护报告获得核准后，可以收养被监护人。葡萄牙法之所以强调监护人收养被监护人要受到特殊限制，也是为了进一步规制收养人的行为，保护被收养人的财产权益。

最后，《葡萄牙民法典》规定，单身者年逾30岁之人，可以为完全收养；单身者年逾25岁之人，仅可以为不完全收养。④ 在葡萄牙，单身者既可以为不完全收养，也可以为完全收养，但已结婚的夫妻双方须共同收养，并没有规定可以单方收养之情形。但是，《葡萄牙民法典》规定，收养须征得12岁以上待收养人、被收养人之父母等主体之同意，但以上本属应给予同意之人，处于神志不清或基于其他原因而极难表达其意思之人，法院得免除其同意。⑤ 可见，在《葡萄牙民法典》中，须同意人处于神志不清或基于其他原因而极难表达其意思之时，方可不经其同意，进行单方送养。

---

① 参见《葡萄牙民法典》第1979条第1、2款。

② 参见《葡萄牙民法典》第1979条第5款。

③ 参见《葡萄牙民法典》第1976条。

④ 参见《葡萄牙民法典》第1979条第2款、第1992条。

⑤ 参见《葡萄牙民法典》第1981条。

## 二、域外特殊收养制度之评析

通过分析以上域外国家的特殊收养制度，本书得出以下三方面结论：

一是域外立法中多对监护人收养被监护人、单方收养或单方送养等情形作了特殊规定。其立法目的在于，保护被监护人的人身和财产自由意志，防止监护人利用其不合理的支配状态及从属关系左右被监护人权利。[①] 例如，在监护人收养被监护人方面，《阿根廷共和国民法典》第 319 条规定，监护人只能在产生于监护职责的义务消灭后，就被监护人提起庇护和收养之诉。《日本民法典》第 794 条规定，监护人以被监护人作为养子女时，须取得法院的许可。监护人的任务终止后，管理结算未终止期间，也须取得法院的许可。《瑞士民法典》第 265 条规定，监护人收养被监护人时，被监护人纵有判断能力，仍须取得儿童保护机构的同意。再如，关于单方收养和单方送养方面，《法国民法典》同时规定了单方送养与单方收养制度，在夫妻双方已经别居或配偶一方处于不能表达意思的状态时，允许配偶单方收养；在父母一方去世或不能表示自己的意思，或者其丧失亲权的情况下，是允许配偶单方送养的。《日本民法典》也同时规定了单方送养与单方收养制度：单方收养的条件为，配偶不能表示其意思时可以单方收养，无须经其配偶同意；单方送养的条件为，父母不能表示其意思或者父母虐待、恶意遗弃及其他有严重损害将成为养子女之人的利益时，可以父母单方同意或者无须经其父母同意。

二是无配偶者收养异性养子女，“立法上多规定须有一定年龄间隔。其差距在外国立法例最低为 10 岁，最高为 30 岁”。[②] 例如，

① 参见吴翠华：《外国立法中关于收养的禁止规定和终止规定》，载《厦门大学学报（哲学社会科学版）》1989 年第 1 期，第 111 页。

② 史尚宽：《亲属法论》，中国政法大学出版社 2000 年版，第 598 页。

《法国民法典》第 344 条规定："收养人的年龄应当比其拟收养的子女的年龄大 15 岁以上，如拟予收养的子女是收养人配偶的子女，收养人与被收养人的年龄仅要求相差 10 岁以上。"现代各国收养法均以保护被收养人的利益为主要目的，而一般来说，由夫妻双方共同收养比无配偶者收养更有利于被收养人的健康成长，故各国立法普遍对无配偶者收养行为作出较为严格的限制，主要有两种限制方式：第一，明确规定禁止无配偶者完全收养异性养子女。例如，荷兰禁止无配偶者实行完全收养，哥伦比亚也规定，无配偶者仅得收养同性子女。第二，规定无配偶者收养异性养子女应具有一定的年龄差距。例如，《俄罗斯联邦家庭法典》第 128 条规定，未处于婚姻状态的收养人和被收养的孩子间的年龄之差不得少于 16 岁。根据法院认定的正当理由，年龄差距可缩小。如果孩子被继父（母）收养，本条第一款规定的年龄差距不要求。

三是域外立法多没有对隔代收养、转收养或非婚生子女收养等情况作出规定，但也存在一定例外。例如，关于转收养问题，日本、德国、瑞士等国家立法对此没有涉及，但法国和阿根廷规定了被收养人的再次收养问题。《法国民法典》第 346 条第 2 款规定，在收养人一方死亡或两收养人均死亡的情况下，如果健在的一方的新配偶提出请求，得宣告再次收养。再如，关于收养非婚生子女，法国、阿根廷、日本、德国、瑞士、埃塞俄比亚和葡萄牙等国家对此多没有规定，但《菲律宾民法典》第 338 条规定，没有经过准正、认领的私生子女是可以被收养的。

## 第三节　我国学者建议稿特殊收养制度的考察与评析

本节主要对我国学者建议稿中的特殊收养制度进行考察与评析。有关我国学者建议稿中的特殊收养制度，本书以"王稿""徐稿”和“梁稿”为蓝本进行考察，并在分析各建议稿异同的基础上，对其中的特殊收养制度予以分析。

## 一、我国学者建议稿特殊收养制度之考察

### （一）“王稿”特殊收养制度

“王稿”对于特殊收养制度，规定了孤儿、残疾儿童和弃婴的收养，无配偶者收养异性养子女，亲属间的收养，继父母收养继子女以及单方送养、单方收养五个方面。

一是无配偶者收养异性养子女问题，“王稿”规定了收养人与被收养人的年龄差距。首先，继父母收养继子女的，被收养人与收养人的年龄差距应在15周岁以上；其次，在一般情况下，被收养人与收养人的年龄差距应在18周岁以上；再次，无配偶的人收养异性养子女的，被收养人与收养人的年龄差距应在40周岁以上。①

二是残疾儿童、孤儿和弃婴的收养问题。“王稿”规定，收养残疾儿童、孤儿或者社会福利机构养育的查找不到生父母的儿童和弃婴，可以不受收养人只能收养一名子女和无子女的限制。②

三是亲属间的特殊收养问题。“王稿”规定，收养四亲等以内同辈旁系血亲的子女，可以不受生父母有特殊困难无力抚养、收养人与被收养人的年龄差距和被收养人须不满14周岁的限制。“王稿”还规定，华侨收养四亲等以内同辈旁系血亲的子女，除适用前条规定外，还可以不受收养人无子女和只能收养一名子女的限制。③

四是继父母收养继子女的问题。“王稿”规定，继父或者继母收养继子女，可以不受只能收养一名子女、被收养人须不满14周

① 参见“王稿”第481条。
② 参见“王稿”第486条。
③ 参见“王稿”第487、488条。

岁以及本编第478条第（三）项、第479条第（三）项、第480条第（一）项、第481条的限制，但应征得继子女的生父母同意。[①] 也就是说，继父或者继母收养继子女，可以不受生父母有特殊困难无力抚养、收养人无子女、收养人与被收养人的年龄差距、被收养人须不满14周岁以及只能收养一名子女的限制。

五是单方送养、单方收养问题。关于单方送养，“王稿”规定：“生父母送养子女，须双方共同送养。生父母一方有下列情形之一的，可以单方送养：（一）死亡；（二）不明；（三）被宣告失踪；（四）被剥夺亲权；（五）无民事行为能力。”[②] 关于单方收养，“王稿”规定：“有配偶的人收养子女，应当夫妻共同收养，但夫妻一方收养他方子女的除外。”[③]

（二）“徐稿”特殊收养制度

“徐稿”对于特殊收养制度，规定了亲属间的收养、单方送养和再次收养三种情形。

一是亲属间的收养问题。“徐稿”规定，下列亲属不得被收养为子女：第一，旁系血亲及旁系姻亲中辈分不相当的，但旁系姻亲在五亲等或旁系血亲在八亲等之外的除外；第二，直系卑血亲；第三，直系姻亲，但配偶一方收养他方子女的除外。[④] 在“徐稿”中，一定范围内亲属间是可以进行收养的，但旁系血亲及旁系姻亲中辈分不相当者、直系卑血亲和直系姻亲间不得进行收养。

二是单方收养问题。“徐稿”规定，有配偶者应与其配偶共同收养子女，但配偶一方收养他方子女的，不在此限。[⑤] 在“徐稿”中，有配偶者均须双方共同收养，只有在收养配偶另一方子女时才可以进行单方收养，其单方收养的情形相对不充分，并且仅规

① 参见“王稿”第489条。
② 参见“王稿”第482条。
③ 参见“王稿”第483条。
④ 参见“徐稿”第三分编第189条。
⑤ 参见“徐稿”第三分编第192条。

定了单方收养情形，对单方送养问题没有涉及。

三是再次收养问题。“徐稿”规定，一人不得为两人同时收养，在收养人死亡的情形下，对被收养人可以进行新的收养。孩子被配偶双方收养，配偶一方死亡的，该孩子可以被生存配偶的新配偶收养。[①]

（三）“梁稿”特殊收养制度

“梁稿”对于特殊收养制度，规定了孤儿、残疾儿童和弃婴的收养，无配偶者收养异性养子女，亲属间的收养，继父母收养继子女以及单方送养五个方面。

一是无配偶者收养异性养子女问题。“梁稿”规定，无配偶的人收养异性子女的，被收养人和收养人的年龄差距应在30周岁以上。[②]

二是单方送养问题。“梁稿”规定：“生父母一方被宣告失踪的，可以单方送养。”[③]“梁稿”规定了单方送养行为，但没有规定单方收养制度。

三是孤儿、残疾儿童和弃婴的收养问题。“梁稿”规定，收养残疾儿童、孤儿或社会福利机构、民政部门抚养的查找不到生父母的儿童和弃婴，可以不受收养人收养一名子女和无子女的限制。[④]

四是亲属间的收养问题。“梁稿”规定，收养四亲等以内同辈旁系血亲的子女，可以不受收养人须不满14周岁及本法第1834条第（三）项、第1835条第（二）项、第1837条的限制。除适用前款规定外，华侨收养四亲等以内同辈旁系血亲的子女，还可以不受本法第1836条第（二）项及第1840条的限制，[⑤]即收养四亲等以内同辈旁系血亲的子女，可以不受生父母有特殊困难、无配

① 参见“徐稿”第三分编第193、194条。
② 参见“梁稿”第1838条。
③ 参见“梁稿”第1839条。
④ 参见“梁稿”第1843条。
⑤ 参见“梁稿”第1844条。

偶者收养异性的年龄差以及被收养人须不满 14 周岁的限制以及须夫妻双方共同收养的限制。

五是继父母收养继子女的问题。“梁稿”规定，继父或者继母收养继子女可以不受本法关于收养人应当年满 30 周岁并且无子女、被收养人须不满 14 周岁及生父母有特殊困难无力抚养和关于只能收养一名子女的限制，但应征得继子女的生父母同意。[①]

## 二、我国学者建议稿特殊收养制度之评析

关于特殊收养制度，我国各建议稿的相同之处在于，均对收养中的特殊情形予以关注。“王稿”和“梁稿”各规定了五种特殊收养情形，分别为孤儿、残疾儿童和弃婴的收养，无配偶者收养异性养子女，亲属间的收养，继父母收养继子女的收养以及单方送养。“徐稿”规定了三种特殊收养情形，分别是亲属间的收养、单方送养和再次收养问题。从各建议稿关于特殊收养制度规定的详细程度来看，“王稿”和“梁稿”更为详细，盖因“王稿”和“梁稿”对特殊收养制度之立法受原《收养法》影响较大；而“徐稿”在立法体例和内容上较多地参考了瑞士、智利等域外民法典，故除这三种特殊收养情形外，对监护人收养被监护人、收养非婚生子女和隔代收养等情形没有涉及。

从内容上分析，“王稿”和“梁稿”的具体相同点，体现在以下三方面：一是孤儿、残疾儿童和弃婴的收养问题，“梁稿”和“王稿”均规定，收养残疾儿童、孤儿或者社会福利机构养育的查找不到生父母的儿童和弃婴，可以不受只能收养一名子女和收养人无子女的限制。二是亲属间的收养问题，“梁稿”和“王稿”均规定，收养四亲等以内同辈旁系血亲的子女，可以不受被收养人须不满 14 周岁的限制、收养异性的年龄差以及生父母有特殊困难的限制。与原《收养法》“收养三代以内同辈旁系血亲的子女”之

① 参见“梁稿”第 1845 条。

规定相比较，在一定程度上扩大了亲属间收养的范围。三是继子女的收养问题，“梁稿”和“王稿”均规定，继父或者继母收养继子女，可以不受生父母有特殊困难无力抚养、收养人无子女、收养人与被收养人的年龄差距、被收养人须不满 14 周岁以及只能收养一名子女的限制。

关于特殊收养制度，我国各学者建议稿的规定也存在一定差异，不同之处具体表现为以下三方面：一是关于无配偶者收养异性。“梁稿”规定，被收养人与收养人的年龄差距应在 30 周岁以上；“王稿”规定，无配偶的人收养异性子女，被收养人与收养人的年龄差距应在 40 周岁以上。二是华侨收养四亲等以内同辈旁系血亲的子女。“梁稿”在“王稿”的基础上增加了该收养行为可以不受须夫妻双方共同收养的限制。三是单方送养与单方收养。“梁稿”仅规定了单方送养制度，“王稿”在单方送养的基础上增加了单方收养的相关规定，而“徐稿”仅规定了单方收养制度。

## 第四节　我国《民法典》特殊收养制度的考察与评析

本节对我国《民法典》特殊收养制度进行考察与评析，主要分为以下三个部分：第一部分分析我国《民法典》特殊收养制度的立法成就。原《收养法》规定了六种特殊收养情形，我国《民法典》在此基础上还进一步完善了单方收养制度。第二部分分析我国《民法典》中特殊收养制度的立法不足，主要表现为以下五方面：一是亲属间的收养存在不足；二是孤儿、残疾儿童和弃婴的收养缺少国家的介入和监督；三是没有明确规定转收养制度；四是缺少监护人收养被监护人的特殊条款；五是单方送养与单方收养制度还存在一定不足。第三部分对我国《民法典》特殊收养制度的立法完善进行思考：一是建议进一步完善单方收养和送养的相关规定；二是建议增设监护人收养被监护的特殊条款；三是建议增设转收养制度的相关条款。

## 一、我国《民法典》特殊收养制度的立法成就

一方面，特殊收养更多关注本国收养问题中的特殊主体与特殊情形，具有很强的差异性与传承性特点。特殊收养的传承性特点，表现为我国《民法典》对原《收养法》规定的六种特殊收养情形（收养三代以内同辈旁系血亲的子女；收养孤残儿童或弃婴；继父母收养继子女；隔代收养；单方送养；未婚男性收养异性养女）予以吸收。在上文特殊主体收养和特殊情形收养理论中，特殊主体收养主要包括亲属间的收养、孤儿和残疾儿童的收养、无配偶男性收养女性、监护人收养被监护人、收养弃婴、收养非婚生子女等；特殊情形收养主要包括隔代收养、单方送养与单方收养、转收养等。将吴国平提出的特殊收养理论与我国立法相对比，不难发现，该理论的问题在于对收养继子女这一特殊情况没有涉及。但域外立法例和我国学者建议稿对收养继子女这一制度多有规定。例如，《葡萄牙民法典》第 1979 条规定，夫妻两人均年逾 25 岁，结婚逾 4 年，且无司法裁判分居及分产或事实分居者，得作出完全收养。但被收养人为收养人配偶之子女时，不受此限。“梁稿”第 1845 条规定，继父或者继母收养继子女，可以不受本法关于被收养人须不满 14 周岁、收养人应当年满 30 周岁并且无子女及生父母有特殊困难无力抚养和关于只能收养一名子女的限制，但须经继子女的生父母同意。2018 年 9 月“草案一审稿”至正式施行的《民法典》中，基本沿用了原《收养法》第 14 条之规定，与域外立法和我国学者建议稿在该方面的规定保持一致。

特殊收养的差异性特点，表现为各国收养立法与收养文化、收养习惯息息相关。差异一，相较于域外立法，我国特殊收养问题的特点之一是关注亲属间的收养这一特殊情形。例如，我国《民法典》第 1103 条规定，继父或者继母收养继子女，可以不受

生父母有特殊困难、无子女及收养一名子女的限制，但须经继子女的生父母同意。西方国家因家庭模式和亲情观念与东方国家有所差异，多将亲属间的收养视为一种一般收养情况对待。差异二表现为对孤儿弃婴这类特殊收养主体方面，我国立法强调收养这类主体不用受被收养儿童数量的限制，更多地强调社会力量参与儿童救助。但域外立法对被收养儿童的数量多没有限制，法律自始没有为收养人的收养能力设限，这使得域外立法对待孤儿、弃婴这类主体的特殊关注点在于防止未成年人权益被侵害。差异三表现为收养非婚生子女的问题。在域外立法中，有个别国家将收养非婚生子女作为一种特殊收养情形。本书考察的八个域外立法例中，《葡萄牙民法典》对收养非婚生子女有所涉及。但需强调的是，域外多数立法例没有对收养非婚生子女等问题作出规定。我国《民法典》没有规定收养非婚生子女等制度，笔者认为，这一做法甚为合理且有正当理论依据。德国 1997 年《子女身份改革法》《非婚生子女在继承法上的平等法》和 1998 年《未成年子女生活费统一法》先后出台，使非婚生子女在法律上的地位得到重大改善，消除了其与婚生子女之间的差别。并且，《德国民法典》更是彻底抛弃了“非婚生子女”的提法，删除了“收养”一编中规定的生父母可以收养非婚生子女的原第 1741 条第 3 款的规定。[①]《意大利民法典》第 293 条也明确规定：“禁止生父母对自己的非婚生子女实行收养。”我国立法中尽管还有“非婚生子女”之称谓，但严禁对非婚生子女的各种歧视对待。并且，非婚生子女的法律地位与婚生子女是一样的，其依法享有的权利并不因收养而取得。目前，我国已没有规定收养非婚生子女的立法前提与现实需要。

另一方面，我国《民法典》在原《收养法》的基础上，进一

① 参见吴国平：《收养弃婴中的非法行为及法律规制》，载《行政与法》2006 年第 10 期，第 85 页。

步完善了我国的特殊收养制度。例如，原《收养法》第 10 条规定，在生父母一方不明或者查找不到的可以单方送养，但是对单方收养的条文却没有涉及。“草案一审稿”在该条的基础上，增补了单方收养制度，其第 881 条规定，配偶一方被宣告失踪或为无民事行为能力人的，可以单方收养。再如，传统民法典在调整对象方面，运用单一调整方法，设想了一种过于单一的社会关系模式，没有注意到法典对不同群体民众所产生的实际效果并不一致。[①] 宏观民法学概念通过分层解构，对特殊情况、特殊问题予以规制，是现代民法条文根植于生活，避免成为不食人间烟火法律规范的针对性调整方式。原《收养法》第 9 条规定，无配偶的男性收养异性养女的，被收养人与收养人的年龄应当相差 40 周岁以上。有学者也提出，这一规定带有一定的世俗偏见和随意性。[②] 该方面不应有性别差异，原《收养法》对未婚女性收养异性明显缺少立法限制。我国《民法典》第 1102 条在现有立法基础上进行完善，增补了无配偶者收养异性子女的条款。

## 二、我国《民法典》特殊收养制度的立法不足

通过对域外立法例和我国学者建议稿特殊收养制度之考察可知，我国该方面立法既取得了一定成效也存在不足，主要表现为亲属间的收养存在不足、孤残儿童和弃婴的收养缺少国家的介入和监督、没有明确规定转收养制度、缺少监护人收养被监护人的特殊条款、单方送养与单方收养制度存在一定不足这五个方面。

### （一）亲属间的收养存在不足

原《收养法》第 7 条规定，收养三代以内同辈旁系血亲的子女，可以不受被收养人须不满 14 周岁、无配偶男性收养女性年龄

① 参见薛军：《批判民法学的理论建构》，北京大学出版社 2012 年版，第 327 页。

② 参见李秀华：《改革与完善收养人条件的立法进路》，载《中华女子学院学报》2019 年第 1 期，第 22 页。

差应在40周岁以上以及生父母有特殊困难之限制。这在一定程度上承认了成年人收养制度，为亲属间收养成年人，对亲属间的“过继”以养老的传统和民间习惯予以了保留。但是，我国《民法典》第1099条规定，收养三代以内同辈旁系血亲的子女，可以不受无配偶者收养异性子女年龄差应在40周岁以上以及生父母有特殊困难的限制，即我国《民法典》对亲属间的收养行为反而进行了限缩，收养三代以内同辈旁系血亲的子女仍须为18周岁以下的未成年人，将亲属间可以收养成年人的途径消除。“过继”是我国流传较为久远的一项民间习惯，指自己没有儿子，收养同宗之子为后嗣，是传统宗族观念中的一种收养行为。在古代，受男尊女卑思想影响，“过继”的多是“儿子”，称为“嗣子”；在现代，过继子女基本不受男尊女卑思想影响。而我国《民法典》的这一立法转变，不仅有悖于我国亲属间收养之习惯，也从制度上彻底否认了成年人收养制度，不利于解决老年人的养老问题。

（二）孤残儿童和弃婴的收养缺少国家的介入和监督

孤残儿童和弃婴的收养中缺少国家的介入和监督，表现在残疾儿童的救助和部分儿童收养风险缺少监督这两方面。

一是对残疾儿童的救助不足。民政部制定的《“孤儿医疗康复明天计划”项目实施办法》于2019年3月1日起实施。该办法扩大了受益孤儿的范围，如有需要，儿童可享受免费手术矫治和康复治疗，并在相关部门协助下早日回归家庭。前文对此也进行了一定阐述。随着我国法制的健全、国家保障的投入，残障儿童的医疗服务确实有一定提高。但也有不足之处，残障弃婴、孤儿真正得到康复救助并通过收养回归家庭生活的人数，仍然没有较大变化。原因可能在于，对残障儿童的治疗帮助程度仍然有限，残障儿童进入家庭的持续帮扶力度不足等。

二是对特殊儿童收养行为的监督不完善。2013年1月4日早上8时许，河南某县一收养孤儿和弃婴的私人场所发生火灾，当场造成4人死亡，3人在送往医院途中不治身亡，另外1人伤势较重。民政局有关人员介绍，根据原《收养法》之规定，该场所的收养人袁某某并不具备收养资格。2011 年 9 月，在民政部门的介入下，某市福利院曾从袁某某处接走弃婴 5 名。收养人袁某某曾被举报卖掉健康儿童，还有人举报袁某某把一些做心脏和兔唇修补手术成功的弃婴卖给别人牟利。河南省民政厅经过调查，认为袁某某违法收养情况属实。① 我国《民法典》规定，收养残疾儿童、孤儿或者社会福利机构抚养的查找不到生父母的儿童和弃婴，可以不受只能收养一名子女和收养人无子女的限制。由于收养残疾儿童、孤儿和弃婴没有收养人数的限制，导致一名收养人可以收养多名孤儿、残疾儿童或弃婴。但是，对于收养人是否有收养资格与能力、收养条件和环境如何却缺少政府部门的监管，上述案件造成的悲剧也是我国对特殊儿童收养行为监管不力的有力佐证。

（三）没有明确规定转收养制度

关于转收养行为，《法国民法典》第 346 条第 2 款规定，在收养人之一死亡或两收养人均死亡的情况下，如果健在一方的新配偶提出请求，得宣告再次收养；《最新阿根廷共和国民法典》第 312 条规定，收养人或收养的夫妻双方死亡时，可就同一未成年人再次收养。原《收养法》没有转收养的相关条款，但对此也没有予以明确禁止。而我国《民法典》仍对转收养行为不予涉及，存在一定立法不足。原因在于：首先，转收养行为在实际生活中一定程度上难以避免。当收养人一方死亡或生活条件、生活环境发生重大变化，使原收养人不具备收养能力时，收养人可能无法将收养子女送还送养人或者转收养行为可能更符合被收养人的利益，此时仍反对成立转收养行为没有法律基础并与实际情况相背离。其次，前文已经详细阐述，对于转收养的行为是否有效，我国目前存在有效说、无效说和限制承认说三种观点。不明确规定转收

① 参见新浪网：《袁厉害 20 多年收养弃婴孤儿逾百人》，载 http://gz.bendibao.com/news/201316/content113609.shtml，最后访问日期：2019 年 12 月 14 日。

养行为的效力不利于指导我国司法实践，也不利于维护司法裁判统一性、树立法律权威。

（四）缺少监护人收养被监护人的特殊条款

域外立法多对监护人收养被监护人作了特殊规定。例如，《阿根廷共和国民法典》第319条规定，监护人只能在产生于监护职责的义务消灭后，就被监护人提起庇护和收养之诉。《日本民法典》第794条规定，监护人以被监护人作为养子女时，须取得法院的许可；监护人的任务终止后，管理结算未终止期间，也须取得法院的许可。《葡萄牙民法典》第1976条规定，监护人或法定财产管理人，仅在有关监护报告或财产管理报告获得核准，且已偿还其债务后，方可收养该未成年人。但原《收养法》仅对监护人作为送养人的情况有所涉及，监护人征得有抚养义务的人同意后，方能送养未成年孤儿；监护人不愿意继续履行监护职责，有抚养义务人又不同意送养的，应当变更监护人。但对监护人收养被监护人的情形缺少特殊规定。“对那些由于年龄原因而不能自我保护的自由人给予保护，是市民法所赋予的权力。”[1] 但我国该方面立法与域外立法相比存在一定差距，责任本位立法主义在监护人收养行为中介入不足，仅强调征得抚养义务人同意后，监护人方能送养被监护人，对监护人收养被监护人的情形缺少明确规定。由此产生的问题是：监护人能否收养被监护人；如果允许该收养行为，是否应该对监护人收养被监护人作出特别限制？如何保证监护人的“权利”不会转变为一种专制“权力”肆意延伸，产生财产混同？我国《民法典》收养立法对民事主体间的复杂收养情况仍旧考量有限，与其他一些国家在该方面立法强调的财产独立、报告审查义务等规定，仍有一定差距。

---

① ［意］彼德罗·彭梵得：《罗马法教科书》，黄风译，中国政法大学出版社1992年版，第170页。

### (五) 单方送养与单方收养制度存在一定不足

缺少单方收养相关规定。原《收养法》第 10 条仅规定了民事主体在特殊情形下可以进行单方送养，但对于能否进行单方收养不置可否。如何在国家保障下自由，成为立法首先要解决的人权与法治问题。在现代人权问题多样化背景下，人们更多关注的问题不是由国家对人类普遍权利加以限制，而是对特定群体加以特殊权利限制或特别权利保障。[①]“草案一审稿”对原《收养法》缺位的单方收养制度予以增补，第 881 条规定：“配偶一方为无民事行为能力人或者被宣告失踪的，可以单方收养。”但正式颁行的《民法典》删除了该条款。导致民事主体处于特殊状态下，其生存配偶的收养意愿和收养权利，在法典化语境中仍然显得畏缩一隅。

单方送养法定情形规定不周延。法律范式的外在表现就是法律的词语，也可以说，词语就是法律实施社会控制的基本工具，其配合立法精神，成为一部法律的间接灵魂。[②] 如何处理法典语言通俗与严谨之间的矛盾，使通俗化意图具备严谨性表达，成为法律外观不得不审慎对待的问题之一。原《收养法》规定：“生父母一方不明或者查找不到的，可以单方送养。”我国《民法典》沿用这一条款，存在两处法律问题：其一，“父母一方查找不到”作为法律表达不够严谨，有多种含义。可以理解为父母一方自始查找不到，与前位概念“父母一方身份不明”指代一致，这与法律框架下的凝练范式要求存在出入；还可以理解为父母一方去向不明，如此则不如使用“被宣告失踪”这一法律用语。法律的严谨价值理应重于通俗，在立法用意上也禁止了夫妻一方暂时性去向不明即可单方送养之误读。其二，没有规定配偶一方成为无民事行为能力人时，配偶另一方可以单方送养之情形。而在现实生活中，

---

① 参见王家福主编：《人身权与法治》，社会科学文献出版社 2007 年版，第 41 页。

② 参见王涌：《私权的分析与构建：民法的分析法学基础》，北京大学出版社 2019 年版，第 290 页。

此种情况下因无力抚养子女，存在单方送养的真实需求。立法对此不予调整和回应，在法律范式包容性与解决实际社会问题方面出现真空地带。

### 三、我国《民法典》特殊收养制度的立法完善思考

#### （一）完善特殊收养制度的必要性

第一，完善监护人收养被监护人的特殊规定，是保护被收养人权益的必然要求。监护人对限制民事行为能力或无民事行为能力人的财产、人身和其他一切合法权益负有保护和监督责任的人。监护人监护职责的广泛性——人身监护（以教养、保护被监护人人身权益为目的）、财产监护（依法管理被监护人的财产，代理监护人为法律行为）——意味着监护人在保障未成年人健康安全和财产安全方面发挥着不可替代作用。我国《民法典》第1095条、第1096条规定，孤儿的监护人可以作为送养人。未成年人的父母均不具备完全民事行为能力的，父母可能对该未成年人有严重危害的，该未成年人的监护人可以将其送养。我国《民法典》仅规定了监护人作为送养人的条件及其职责，以防止监护人乱行监护职权，剥夺不具备完全民事行为能力父母的亲权或侵害被监护的未成年人之权益。但是，除监护人可以作为送养人外，经居民委员会、村民委员会或者民政部门同意的其他愿意担任监护人的个人是否可以收养被监护人？我国《民法典》对于监护人是否可以收养被监护人，以及监护人收养监护人是否应遵守特殊规定，均没有涉及，这与监护人的送养主体地位存在明显不匹配问题。我国《民法典》有必要对监护人收养被监护人的相关规定作出完善。这既是我国法典编纂内容完善的必然要求，也是收养法律行为中，侧重保护被收养人财产及人身权益，避免财产混同的必然要求。

第二，完善单方收养、单方送养的相关规定是立法严谨性的必然要求。为保证从罗马法文本中得到最全面的规范援引，德国对罗马法的继受以追求全面为基本目标。这样，德国很自然地选

择罗马诸法中最具有全面特征的《学说汇编》为继受对象。[①] 该体系的基本特点是，确立了以支配权和请求权、物权和债权的法律性质相互区分的民法概念体系，建立了以法律关系学说作为基本线索的民法编制逻辑和系统理论。[②] 学说汇纂式民法典编纂，更强调法形式与法内容的相互协调。法律规范呈现出一种严密的逻辑体系，按照从种到属、从一般到具体的逻辑形式进行侧重式构建。我国借鉴《德国民法典》的编纂体例，一脉传承的周密逻辑特点对立法语言的详实、精确提出严格要求。我国《民法典》虽然规定了单方送养，但就单方送养的情形来看，仅限父母一方不明或者查找不到。但对于夫妻一方被宣告失踪或者成为无民事行为能力人的情况，另一方可否进行单方送养，我国现行法并没有规定，导致立法上较为明显的不周延性。夫妻一方被宣告失踪或者成为无行为能力人时，另一方可以进行单方收养，但是在同样条件下，配偶另一方却无权进行单方送养，存在立法冲突和缺漏。并且，"父母一方不明""父母一方查找不到""被宣告失踪"等法律用语的准确应用，也是我国《民法典》立法严谨、用语规范的必然要求。

（二）完善特殊收养制度的可行性

首先，完善特殊收养具有制度基础。相比域外国家，我国的特殊收养立法根植于本国国情，亲属间的收养、未婚者收养异性子女的年龄要求等规定具有中国立法特殊性及本土特征。例如，在无配偶者收养异性子女的问题上，我国规定收养人与被收养人应相差40周岁以上，以防止被收养人遭到收养人的不法侵害，反而一些域外国家没有该方面的特殊规定。尽管我国的特殊收养制度也存在一定不足，正如前文所述，具体在单方收养、单方送养

---

① 参见薛军：《批判民法学的理论建构》，北京大学出版社2012年版，第242页。

② KonradZweigert, Hein Koetz, *Einfuehrung in die Rechtsvergleichung*, 3 Auflage, J. C. B. Mohr, 1996, p. 130.

和监护人收养被监护人等方面还有待完善，但也并不是完全没有该方面的制度基础，无须从零开始，仅是在现有的制度上作进一步的完善。例如，关于单方送养，我国《民法典》第1097条规定，生父母一方不明或者查找不到的可以单方送养子女；关于监护人的收养和送养问题，我国《民法典》第1096条规定，孤儿的监护人可以作为送养人。立足现有制度之基础，单方收养与单方送养问题的进一步完善，重点应在单方收养方面；监护人的送养与收养问题，完善的重点应在监护人履职期间收养监护人的限制方面。

其次，我国《民法典》为完善特殊收养制度提供了良好契机。原《收养法》于1998年11月曾修改过一次，之后的20余年间，我国收养制度再没有进行修改或变动。但是，随着我国经济快速发展、人民生活水平日益提高以及民众思想的逐步转变，立法不得不根据现实生活有所修改，以实现法律的与时俱进。原《收养法》在单方收养、单方送养和监护人收养被监护人等方面的不足也存在近30年，此次我国《民法典》不仅使收养立法突破原有体系之局限，也为我国完善收养制度的内容提供可能。例如，上文具体阐释了我国《民法典》关于特殊收养问题仍存在五个方面的不足（亲属间的收养问题、孤残儿童和弃婴的收养缺少国家的介入和监督、没有规定转收养制度、缺少监护人收养被监护人的特殊条款、单方送养与单方收养制度）。我国《民法典》为这些问题的进一步精进，提供了完善契机。

最后，域外立法例为我国完善特殊收养制度提供了较为丰富的立法借鉴和可行性基础。例如，关于监护人收养被监护人的特殊规定，阿根廷、瑞士、菲律宾、葡萄牙等国家均有规定。对此，主要有两种立法例：一是规定监护人只有在监护职责消失后，才能收养被监护人，即监护人履行监护职责时，是不允许收养被监护人的。《阿根廷共和国民法典》第319条规定，监护人只能在产生于监护职责的义务消灭后，就被监护人提起庇护和收养之诉。

二是监护人可以在履职期间收养被监护人，但需经特殊部门的许可或者提交被监护人财产账目报请批准。《日本民法典》第794条规定，监护人以被监护人作为养子女时，须取得法院的许可。《瑞士民法典》第265条规定，监护人收养被监护人时，被监护人纵有判断能力，仍须取得儿童保护机构的同意。《菲律宾民法典》第335条规定，监护人是允许收养被监护人的，但其账目应被报请批准，监护人在其账目未被批准之前，不能收养被监护人。域外立法例中，无论是否允许监护人在履职期间收养被监护人，均在民法典中明确予以规定，这有利于指导司法实践，也给我国完善监护人收养被监护人的相关规定提供了一定的立法经验。

（三）具体立法建议

“最高人民法院的有关司法解释和民政部的有关规章和通知中极少涉及特殊收养问题，特殊收养问题似乎被‘边缘化’了。而现实生活中发生的大量特殊收养行为又迫切需要立法加以确认、规范和调整，以避免社会矛盾。从这个意义上说，完善收养立法，规范特殊收养行为是一项十分迫切的任务。”① 针对我国特殊收养制度之不足，立足于完善我国特殊收养制度的必要性和可行性基础，在我国《民法典》基础上，笔者提出以下立法建议。

1. 完善单方收养和单方送养的相关规定

增补单方收养相关规定。域外立法多同时规定了单方收养与单方送养制度。例如，《法国民法典》规定，在夫妻双方已经别居或配偶一方处于不能表达意思的状态时，允许配偶单方收养；在父母一方去世或不能表示自己的意思，或者在其丧失亲权的情况下，允许配偶单方送养。《日本民法典》规定单方收养的条件为，配偶不能表示其意思时可以单方收养，无须经其配偶同意；单方送养的条件为，父母不能表示其意思或者父母虐待、恶意遗弃及

① 吴国平：《特殊收养行为的法律规制》，载《广西大学学报（哲学社会科学版）》2007年第4期，第42页。

其他有严重损害将成为养子女之人的利益时，可以父母单方同意或者无须经其父母同意。[①] 基于原《收养法》第10条仅规定了单方送养，没有单方收养之不足，“草案一审稿”第881条规定：“有配偶者收养子女，应当夫妻共同收养。配偶一方被宣告失踪或为无民事行为能力人的，可以单方收养。”该条款填补了我国单方收养制度空白，有利于在特殊情况下满足配偶单方收养子女之需求，使配偶在身份秩序中“各得一己之所需”。但我国正式颁行的《民法典》将该条款删除，恐有不当。

完善单方送养相关规定。法律措辞是“某种特殊语言的独特应用”，要使“公民和法学家喜欢最为平实和最为丰富的法律思想”。[②] 我们仍有必要回顾孟德斯鸠在《论法的精神》中的重要论断：“法律的文风应该朴实，平铺直叙永远比拐弯抹角好。”[③] 立足前述我国单方送养条款法律用语不准确、法定情形不周延之问题，其立法完善亦应以此为切入点。一方面，进一步规范单方送养之法律表达，建议将我国《民法典》中的“父母一方查找不到”替换为“被宣告失踪”。另一方面，增设单方送养法定适用情形。“草案一审稿”第881条规定，配偶一方成为无民事行为能力人的，配偶另一方可以单方收养。但没有规定，配偶一方成为无民事行为能力人时，配偶另一方可以单方送养，存在法律情形不匹配、法律地位不对等的问题。我们强调立法应保持节制与谦卑，但这并不意味着对特殊收养情形不规制、不重视，建议在现有立法基础上，增加配偶一方成为无民事行为能力人时，配偶另一方可以行使单方送养之权利。

---

① 《法国民法典》，罗结珍译，北京大学出版社2010年版，第102、104页；《日本民法典》，刘士国等译，中国法制出版社2018年版，第193页。

② Stéphanie Guy, La codification：une utopie, *in Revue Francaise de Droit Constitutionnel*, 1996, Vol. 26, p. 308.

③ ［法］孟德斯鸠：《论法的精神》，许明龙译，商务印书馆2014年版，第694页。

2. 增设监护人收养被监护人的特殊条款

关于监护人是否可以收养被监护人，域外立法主要有两种模式：一种规定监护人在履职期间可以收养被监护人；另一种禁止监护人在履职期间收养被监护人，只有在其监护职责解除后方可为收养行为。目前，除阿根廷等个别国家，日本、瑞士、菲律宾和葡萄牙等多数域外立法例均承认，监护人在履职期间可以收养被监护人。在我国，经居民委员会、村民委员会或者民政部门同意，其他愿意担任监护人的个人，多与被监护人生活联系密切，无疑更具有建立收养关系的情感纽带。“每个人能够不损害他人而进行活动的界限由法律规定，正像两块田地之间的界限由界桩确定一样”，[①] 天然而正当。如果仅因监护人对被监护人履行人身和财产上的监护职责，进而认为不可以成立收养关系，有违私法始终强调的人道主义立法价值与儿童利益保护具象化的要求。但此种收养也不应被视为一般收养情况，监护人负责监督照管被监护人的人身和财产安全，如果不加以特殊规制，很容易导致被监护人财产与监护人财产混同。关于监护人收养被监护人应受到何种限制，域外立法主要有两种特殊规定：一是监护人收养被监护人应经法院审理，如前述《日本民法典》第 794 条；二是监护人收养被监护人应提交相应的监护报告或财产报告，获批准后方可收养被监护人，如前述《葡萄牙民法典》第 1976 条。对自身传统的尊重与强调立法民族性将是我国民事立法的制度根基，相较于监护人收养被监护人应经法院审理，在我国该制度更合理的实现方式是由收养人向民政部门递交被监护人的监护报告或财产清单，经调查、审核和登记后方可成立收养关系。

3. 增设转收养制度

原《收养法》未对转送养作出规定，初衷是为了保护被收养

---

① ［德］马克思：《论犹太人问题》，载《马克思恩格斯全集》（第三卷），人民出版社 2003 年版，第 183 页。

人之利益，然而此举忽视了收养关系成立后收养家庭可能出现的复杂变故。[①] 首先，收养关系成立后，受多种因素影响，收养家庭的收养条件和能力可能发生变化。对于这种情况，送养人又下落不明的，恐将面临既无法提供给被收养人有利于其健康成长的生活，又难以解除收养关系的困境。明确规定转收养制度有助于此类问题的解决与应对。其次，相比于解除收养关系再缔结收养的行为，转收养避免了程序上的复杂与重复，只要对转收养行为合理监管，并进行依法登记，也符合儿童最大利益原则，有助于被收养儿童在转送养家庭的帮助和关怀下平稳过渡到新的家庭中成长、生活。尽管原《收养法》和我国《民法典》均没有对转收养行为作出明确规定，但审理法院的做法可以理解为在有利于子女最大利益原则时是承认转收养行为的。但是由于缺少立法肯定，现行法在该方面并不利于指导司法实践，也不利于维护司法统一。对转收养行为不进行合理规范，也容易侵害到被收养人的利益。如果收养条件或能力发生客观改变，可以解除收养关系而非允许收养人转送养的行为。不能否认，为保护被收养人的利益不受侵害，我国学者关于转收养行为的上述担忧具有较为深刻的人文关怀。但是，收养的最主要目的是使孤儿、残疾儿童、弃婴等未成年人回归家庭，在和谐温馨的家庭环境中健康成长。如果新的收养人已与原收养人达成合意，并有利于子女的最大利益，我国立法没有必要规定这种行为是无效的，只能解除原收养关系后，另行将该子女进行送养，这反而增加了法律的运行成本。另外，通过立法对转收养条件和程序的严格规制，可以较好地对转收养行为进行监督与规制，目前这种立法的模糊不明反而可能使某些不法分子“钻空子”。

具体而言，转收养应当征得送养人的同意。在养父母取得送

① 参见杨翱宇、潘林青：《民法典编纂背景下我国收养立法的反思与重构》，载《内江师范学院学报》2017 年第 1 期，第 89 页。

养人对转收养人的抚养、教育能力和思想品行等情况的认可和同意后，才可以将养子女转送养。如果送养人不同意将养子女转收养或对转收养人的条件不予认可，送养人应当将子女领回自己抚养或由收养人另择其他转收养人。在收养人坚持转收养，送养人不同意又不将子女领回自己抚养的情况下，可以申请有关部门调解或通过诉讼程序解决。

# 参考文献

## 一、中文类参考文献

### （一）著作类

1. 石佳友：《民法法典化的方法论问题研究》，法律出版社 2007 年版。

2. 王利明：《民法典体系研究》（第二版），中国人民大学出版社 2012 年版。

3. 何勤华主编：《外国法制史研究》，法律出版社 2000 年版。

4. 陈苇主编：《婚姻家庭继承法学》（第二版），高等教育出版社 2018 年版。

5. 吴国平、张影主编：《婚姻家庭法原理与实务》，中国政法大学出版社 2013 年版。

6. 蒋新苗：《收养法比较研究》，北京大学出版社 2004 年版。

7. 王冶英：《中国婚姻家庭法律制度热点问题研究》，中国海洋大学出版社 2009 年版。

8. 胡平主编：《婚姻家庭继承法论》，重庆大学出版社 2000 年版。

9. 李洪祥：《我国民法典立法之亲属法体系研究》，中国法制出版社 2014 年版。

10. 杨立新：《人身权法论》，人民法院出版社 2006 年版。

11. 李开国：《民法总则研究》，法律出版社 2003 年版。

12. 谭启平主编：《中国民法学》，法律出版社 2015 年版。

13. 蒋新苗：《国际收养法律制度研究》，法律出版社 1999 年版。

14. 最高人民法院民事审判庭主编：《婚姻与收养法规选编》，人民法院出版社 1994 年版。

15. 张光杰：《中国法律概论》，复旦大学出版社 2005 年版。

16. 巫昌祯主编：《婚姻家庭法新论》，中国政法大学出版社 2002 年版。

17. 陈苇主编：《外国婚姻家庭法比较研究》，群众出版社 2006 年版。

18. 刘玉民主编：《收养、赡养与财产继承》，中国民主法制出版社 2014 年版。

19. 佟柔主编：《民法原理》，法律出版社 1983 年版。

20. 梁慧星：《民法总论》，法律出版社 2017 年版。

21. 马克思、恩格斯：《马克思恩格斯选集》（第四卷），人民出版社 1976 年版。

22. 雷明光主编：《中华人民共和国收养法评注》，厦门大学出版社 2016 年版。

23. 杨大文主编：《亲属法》，法律出版社 2004 年版。

24. 黄风：《罗马法词典》，法律出版社 2001 年版。

25. 王利民：《论民法的精神（上）》，载王利民主编：《论当代民法精神与中国民法典》，中国法制出版社 2018 年版。

26. 杨立新：《从契约到身份的回归》，法律出版社 2007 年版。

27. 张寿民：《俄罗斯法律发达史》，法律出版社 2000 年版。

28. 徐国栋：《民法典与民法哲学》，中国人民大学出版社 2007 年版。

29. 黄宗乐：《亲子法之研究》，台湾三民书局 1980 年版。

30. 张晋藩主编：《中国民法通史》，福建人民出版社 2003

年版。

31. 陈苇主编：《改革开放三十年（1978–2008）中国婚姻家庭继承法研究之回顾与展望》，中国政法大学出版社 2010 年版。

32. 戴东雄：《亲属法论文集》，台湾东大图书股份有限公司 1988 年版。

33. 江平：《民法学》，中国政法大学出版社 2011 年版。

34. 石佳友：《民法典与社会转型》，中国人民大学出版社 2018 年版。

35. 王家福主编：《人身权与法治》，社会科学文献出版社 2007 年版。

36. 卢静仪：《民初立嗣问题的法律与裁判：以大理院民事判决为中心（1912–1927）》，北京大学出版社 2004 年版。

37. 王泽鉴：《民法总则》，中国政法大学出版社 2001 年版。

38. 杨立新：《亲属法专论》，高等教育出版社 2005 年版。

39. 杨立新主编：《中国百年民法典汇编》，中国法制出版社 2011 年版。

40. 杨遂全：《中国之路与中国民法典：不能忽视的 100 个现实问题》，法律出版社 2005 年版。

41. 王牧：《犯罪学论丛》（第四卷），中国检察出版社 2006 年版。

42. 王利明主编：《中国民法典学者建议稿及立法理由·人格权编、婚姻家庭编、继承编》，法律出版社 2005 年版。

43. 陈苇主编：《家事法研究》（2008 年卷），群众出版社 2009 年版。

44. 杨大文主编：《亲属法与继承法》，法律出版社 2013 年版。

45. 梁慧星主编：《中国民法典草案建议稿附理由：亲属编》，法律出版社 2013 年版。

46. 马俊驹、余延满：《民法原论》，法律出版社 2010 年版。

47. 徐国栋主编:《绿色民法典草案》，社会科学文献出版社2004年版。

48. 陈苇主编:《当代中国内地与港、澳、台婚姻家庭法比较研究》，群众出版社2012年版。

49. 李志敏主编:《比较家庭法》，北京大学出版社1988年版。

50. 王利明:《中国民法案例与学理研究——亲权行为篇亲属继承篇》，法律出版社1998年版。

51. 陈百顺、张静西、莫纪宏:《收养、抚养、赡养与继承纠纷法律适用指南》，中国民主法制出版社2017年版。

52. 戴炎辉、戴东雄:《亲属法》，台湾顺清文化事业有限公司2019年版。

53. 尚晓媛:《中国儿童福利前沿(2012)》，社会科学文献出版社2012年版。

54. 马建石、杨育棠:《大清律例通考校注》，中国政法大学出版社1992年版。

55. 张民安:《法国人格权法(上)》，清华大学出版社2016年版。

56. 史尚宽:《亲属法论》，中国政法大学出版社2000年版。

57. 余延满:《亲属法原论》，法律出版社2007年版。

58. 欧洲民法典研究组、欧洲现行私法研究组编著:《欧洲示范民法典草案:欧洲私法的原则，定义和示范规制》，高圣平译，中国人民大学出版社2011年版。

59. 张明楷:《法益初论》，中国政法大学出版社2000年版。

60. 王涌:《私权的分析与构建:民法的分析法学基础》，北京大学出版社2019年版。

61. 薛军:《优士丁尼法典编纂中"法典"的概念》，载徐国栋主编:《罗马法与现代民法》，中国法制出版社2001年版。

62. 薛军:《批判民法学的理论建构》，北京大学出版社2012

年版。

63. 孟刚：《最新婚姻家庭法律典型案例丛书：抚养、赡养、收养、监护》，吉林人民出版社 2001 年版。

64. 王雪梅：《儿童权利论——一个初步的比较研究》，社会科学文献出版社 2018 年版。

65. 吴鹏飞：《儿童权利一般理论研究》，中国政法大学出版社 2013 年版。

66. 张文显：《二十世纪西方法哲学思潮研究》，法律出版社 2006 年版。

67. 李拥军：《当代中国法律对亲属的调整——文本与实践的背反及统合》，载王利民主编：《论当代民法精神与中国民法典》，中国法制出版社 2018 年版。

68. 曹健、王云斌：《老年人权益保障法律制度比较研究》，中国政法大学出版社 2012 年版。

69. 高留志：《扶养制度研究》，法律出版社 2006 年版。

70. 吴鹏飞：《中国儿童福利权研究》，中国政法大学出版社 2015 年版。

71. 王云斌：《婚姻与收养登记》，中国社会出版社 2011 年版。

72. 王歌雅：《婚姻家庭继承法学》，中国人民大学出版社 2009 年版。

（二）论文类

73. 王利明：《论民法典的体系化与民法学教育》，载《中国法学教育研究》2008 年第 4 期。

74. 王歌雅：《中俄收养制度的共时性审视》，载《中国青年政治学院学报》2002 年第 3 期。

75. 王歌雅：《关于我国收养立法的反思与重构》，载《北方论丛》2000 年第 6 期。

76. 吴国平：《收养立法完善的思考》，载《福建政法管理干部学院学报》2007 年第 4 期。

77. 杜月秋:《论立法的社会变革功能》,载《学习与探索》2007 年第 2 期。

78. 丁晓东:《社会法概念反思:社会法的实用主义界定与核心命题》,载《环球法律评论》2021 年第 3 期。

79. 陈苇、李艳:《中国民法典之监护制度立法体系构建研究》,载《西南政法大学学报》2017 年第 2 期。

80. 杨翱宇、潘林青:《民法典编纂背景下我国收养立法的反思与重构》,载《内江师范学院学报》2017 年第 1 期。

81. 雷敏、蒙永辉:《民间收养的法律困境与应对策略》,载《南海法学》2017 年第 2 期。

82. 冉克平:《"身份关系协议"准用〈民法典〉合同编的体系化释论》,载《法制与社会发展》2021 年第 4 期。

83. 赵川芳:《试论儿童收养中存在的问题及对策》,载《中国青年政治学院学报》2014 年第 5 期。

84. 王雷:《论身份关系协议对民法典合同编的参照适用》,载《法学家》2020 年第 1 期。

85. 任国钧:《浅谈我国的收养制度》,载《法学研究》1982 年第 1 期。

86. 李秀华:《改革与完善我国婚姻家庭制度之法理研究》,载《河北法学》2000 年第 2 期。

87. 张民安:《民法基本原则的立法准则功能理论批判》,载《学术论坛》2018 年第 1 期。

88. 何照新、韩骁:《寻访〈民法通则〉起草人》,载《法律与生活》2016 年第 2 期。

89. 蒋军洲:《〈菲律宾民法典〉的保守与创新》,载《河北法学》2007 年第 9 期。

90. 乔东平、谢倩雯:《中美家庭寄养的比较及启示》,载《中国青年研究》2013 年第 10 期。

91. 江平：《人格权立法与民法典编纂体例》，载《北京航空航天大学学报》2018 年第 1 期。

92. 黄家镇：《论民法典编纂中债法总则的存废——以德国潘德克顿法学的法源思想与体系构造方法为视角》，载《现代法学》2018 年第 6 期。

93. 于海涌：《分解融合是民法典编纂中民商合一的现实路径选择——以〈商法通则〉的立法建议为中心》，载《法治研究》2018 年第 4 期。

94. 蒋新苗、张融：《我国涉外收养立法研究》，载《社会科学家》2018 年第 4 期。

95. 左银刚：《论涉外收养的法律适用》，载《湖北警官学院学报》2013 年第 8 期。

96. 夏吟兰：《民法典体系下婚姻家庭法之基本架构与逻辑体例》，载《政法论坛》2014 年第 5 期。

97. 杨立新：《对修订民法典婚姻家庭编 30 个问题的立法建议》，载《财经法学》2017 年第 6 期。

98. 宋晓：《国际私法与民法典的分与合》，载《法学研究》2017 年第 1 期。

99. 黄忠：《民法如何面对公法：公、私法关系的观念更新与制度构建》，载《浙江社会科学》2017 年第 9 期。

100. 冯硕：《关于涉外收养实质要件的探讨》，载《吉林广播电视大学学报》2011 年第 4 期。

101. 林翠秀：《论非婚共同收养》，载《福建江夏学院学报》2014 年第 5 期。

102. 熊金才：《同性结合法律认可与未成年人利益》，载《海峡法学》2012 年第 1 期。

103. 董思远：《我国〈同居伴侣法〉的立法构想》，载《福建江夏学院学报》2017 年第 5 期。

104. 张妤婕：《美国新泽西州“家庭伴侣法”对我国的启

示》，载《知识经济》2012 年第 7 期。

105. 邓丽：《收养法的社会化：从亲子法转向儿童法》，载《法学研究》2020 年第 6 期。

106. 孙文灿：《浅析国内公民收养协议》，载《社会福利》2008 年第 2 期。

107. 王文元：《收养协议法律问题研究》，湖南大学 2007 年硕士学位论文。

108. 周友军：《我国民法典编纂中收养制度的完善》，载《广东社会科学》2019 年第 4 期。

109. 潘家永：《民法典，全面保障被收养人合法权益》，载《安徽日报》2021 年 4 月 28 日。

110. 王利明：《我国民法的基本性质探讨》，载《浙江社会科学》2004 年第 1 期。

111. 夏吟兰：《婚姻家庭编的创新和发展》，载《中国法学》2020 年第 4 期。

112. 孙宪忠：《论民法典贯彻体系性科学逻辑的几个要点》，载《东方法学》2020 年第 4 期。

113. 陈业宏、夏芸芸：《中美外资并购立法宗旨之比较》，载《法学评论》2012 年第 3 期。

114. 蒋新苗：《国际收养法走势的回顾与展望》，载《中国法学》2001 年第 1 期。

115. 王歌雅：《完善收养制度的立法思考》，载《法律适用》1997 年第 4 期。

116. 裴桦、王丽霞：《论婚姻法的伦理性和传统性》，载《新视野》2011 年第 5 期。

117. 肖欣：《论“儿童最大利益原则”在〈收养法〉中的确立》，南京大学 2016 年硕士学位论文。

118. 李一鸣：《我国生育政策的法律制度研究》，载《南方人口》2011 年第 2 期。

119. 张学军：《论中国公民收养未成年人成立的形式要件》，载《中国法学》1998 年第 6 期。

120. 刘艳红：《以科学立法促进刑法话语体系发展》，载《学术月刊》2019 年第 4 期。

121. 马绍春：《关于建立有中国特色社会主义法律体系的指导思想》，载《学习与思考》1998 年第 5 期。

122. 郭开元：《论〈民法典〉与最有利于未成年人原则》，载《中国青年社会科学》2021 年第 1 期。

123. 蒋新苗：《中瑞收养法的差异化与趋同化溯源》，载《时代法学》2020 年第 3 期。

124. 蒋新苗：《我国涉外收养关系成立实质要件法律适用规范的重构》，载《时代法学》2019 年第 6 期。

125. 张如曦等：《事实收养关系的司法认定与处理机制》，载《人民司法》2010 年第 6 期。

126. 王建平、赖虹宇：《善德致使违法犯罪行为脱责现象初论——以"爱心妈妈"袁厉害违法收养为视角》，载《西南民族大学学报（人文社会科学版）》2014 年第 8 期。

127. 王雪梅：《儿童权利保护的"最大利益原则"研究（上）》，载《环球法律评论》2002 年第 4 期。

128. 王祖书：《浅析和谐社会中未成年人基本权利的刑法保护》，载《大连干部学刊》2005 年第 10 期。

129. 黄小龙：《拐卖亲生子女犯罪刑罚适用思考》，载《贵州警官职业学院学报》2019 年第 2 期。

130. 谈朗玉：《意义非同一般未来任重道远——写在〈科普法〉颁布实施 10 周年之际》，载《科协论坛》2012 年第 6 期。

131. 王国征：《"法的价值"与"法的价值取向"概念研究述评》，载《东方论坛》2009 年第 6 期。

132. 石佳友：《民法总则的立法价值取向》，载《人民法治》2017 年第 10 期。

133. 丁慧：《再论中国亲属法的立法价值选择——在民法典起草和制定的语境下》，载《西南政法大学学报》2016 年第 1 期。

134. 柳凤艳、陈新龙：《公序良俗原则在婚姻成立中的适用》，载《甘肃科技纵横》2014 年第 5 期。

135. 刘碧波：《代孕的立法与司法问题》，载《学术交流》2017 年第 7 期。

136. 国洪更：《古代两河流域的收养制度》，载《史学月刊》2006 年第 11 期。

137. 李海峰：《古巴比伦人的收养制度》，载《世界民族》2006 年第 2 期。

138. 杨立新：《百年中的中国民法华丽转身与曲折发展——中国民法一百年历史的回顾与展望》，载《河南省政法管理干部学院学报》2011 年第 3 期。

139. 李喜蕊：《英国现代收养制度的发展与启示》，载《郑州航空工业管理学院学报》2009 年第 4 期。

140. 姜鑫：《中国古代的收养契约及收养关系》，载《兰台世界》2015 年第 15 期。

141. 刘伟：《清代福州府列女群体角色管窥——基于地方志的史学分析》，福建师范大学 2010 年硕士学位论文。

142. 王艳：《日本少子化背景下幼儿体育教育活动探析》，载《前沿教育》2019 年第 5 期。

143. 刘霞：《辅助生育技术使“私人定制”婴儿成为现实》，载《黑龙江科学》2014 年第 5 期。

144. 匡俊：《事实收养研究》，载《上海政法学院学报（法治论丛）》2014 年第 6 期。

145. 杨彦：《关于“中国农村抱养子女”的调查报告》，载《人口与经济》2004 年第 1 期。

146. 李晓华、吴春燕：《搞好摸底排查，减少现阶段国内公民私自收养存量》，载《中国社会报》2015 年 11 月 16 日。

147. 柳五：《司法实践越到一线越有活力》，载《吉林日报》2021 年 6 月 30 日。

148. 翟孝文：《隔代被收养人是否享有平等继承权》，载《中国老年报》2007 年 7 月 19 日。

149. 马一：《当代中国失独家庭救济机制的系统建构》，载《山东大学学报（哲学社会科学版）》2014 年第 3 期。

150. 黄凰、侯云龙：《社会治理视域下社区广场舞管理策略》，载《江西社会科学》2019 年第 3 期。

151. 杨大文：《新婚姻家庭法的立法模式和体系结构》，载《法商研究》1999 年第 4 期。

152. 赵旭东：《当代中国的法典化与法典观——来自历史法学的教益》，载《法制与社会》2016 年第 3 期。

153. 孙大伟：《未成年人保护视角下收养主体问题研究》，载《时代法学》2020 年第 6 期。

154. 马钰凤：《同性结合者家庭权法律保护研究》，西南政法大学 2013 年博士学位论文。

155. 龙翼飞：《关于民法草案中人格权法、婚姻法、收养法和继承法的立法思考》，载《法学杂志》2003 年第 3 期。

156. 李俊：《略论民法典中收养制度的设计》，载《甘肃政法学院学报》2006 年第 1 期。

157. 王博勋：《民法典婚姻家庭编草案二审：这些亮点值得关注》，载《中国人大》2019 年第 13 期。

158. 刘元敏：《论未成年人收养制度——以对未成年养子女利益的公权力保护为视角》，西南政法大学 2010 年硕士学位论文。

159. 宋执连：《尊重与维护儿童权利——〈儿童权利公约〉与我国儿童保护事业》，载《师范教育》2002 年第 8 期。

160. 秦小建、周瑞文：《〈民法典〉公序良俗规定的宪法向度》，载《湖北大学学报（哲学社会科学版）》2021 年第 4 期。

161. 李慧敏：《儿童最大利益原则与我国儿童权益保护制度

的完善——从婚姻家庭法的角度》，载《温州大学学报（社会科学版）》2015 年第 2 期。

162. 吴国平：《试论我国收养立法的完善问题》，载《安阳师范学院学报》2007 年第 1 期。

163. 刘大勇：《从现行宪法五次修改的内容分析我国的改革进程》，载《黑龙江省政法管理干部学院学报》2019 年第 2 期。

164. 于灵嘉：《儿童最大利益原则下司法社会工作对我国收养过程的介入研究》，载《开封教育学院学报》2018 年第 4 期。

165. 王鹏翠：《论我国未成年人监护变更制度的完善》，中国社会科学院 2012 年硕士学位论文。

166. 蒋新苗：《中国残疾儿童收养的法律机制透析》，载《中国法学》2009 年第 6 期。

167. 徐建中：《推进儿童福利机构转型发展努力为更多困境儿童服好务》，载《中国民政》2015 年第 19 期。

168. 丁陈晨：《监护缺失儿童家庭寄养的困境和发展路径探析》，南京师范大学 2017 年硕士学位论文。

169. 赵川芳：《家庭寄养：现实困境和完善对策》，载《当代青年研究》2017 年第 4 期。

170. 付岩：《我国成年人收养制度立法研究》，东北师范大学 2020 年硕士学位论文。

171. 王歌雅：《〈民法典·婚姻家庭编〉的编纂策略与制度走向》，载《法律科学》2019 年第 6 期。

172. 刘剑文：《论领域法学：一种立足新兴交叉领域的法学研究范式》，载《政法论丛》2016 年第 5 期。

173. 陈静、田燕等：《武汉市黄陂区农村留守儿童性教育现状研究》，载《湖北经济学院学报（人文社会科学版）》2019 年第 2 期。

174. 刘挈邻：《我国成年人收养制度研究》，广西师范大学 2018 年硕士学位论文。

175. 叶良方：《浅析收养成年人的不适用性》，载《中国民政》2010年第6期。

176. 殷秀玲：《日本成人收养制度对家族企业的影响及其启示》，载《山东商业职业技术学院学报》2011年第4期。

177. 王汉：《我国增设不完全收养模式研究》，福州大学2014年硕士学位论文。

178. 谢艳群：《我国老年人精神赡养问题探析》，载《淮南职业技术学院学报》2017年第6期。

179. 林凯燕：《论孤残儿童收养的事后监督制度构建及其完善》，载《赤峰学院学报（汉文哲学社会科学版）》2016年第2期。

180. 翟高远：《论我国儿童家庭暴力防治体系的合理构建》，载《东南大学学报（哲学社会科学版）》2020年第3期。

181. 王贤涛：《“四二一”结构与家庭养老经济压力》，载《区域治理》2020年第1期。

182. 高学强：《传宗接代：清代宗祧继承考论》，载《西南民族大学学报（人文社科版）》2018年第5期。

183. 高一村：《适当放宽收养条件》，载《中国社会报》2014年3月5日。

184. 王歌雅、郭砾：《海峡两岸收养制度比较研究》，载《黑龙江社会科学》2001年第3期。

185. 蒋新苗：《美洲国家解决区域性跨国收养法律冲突的对策》，载《求索》2020年第2期。

186. 吴国平：《论继父母子女关系法律规制的立法完善》，载《江南大学学报（人文社会科学版）》2018年第1期。

187. 吴翠华：《外国立法中关于收养的禁止规定和终止规定》，载《厦门大学学报（哲学社会科学版）》1989年第1期。

188. 张学军：《身份登记制度研究》，载《法学研究》2004年第1期。

189. 易健雄、蒲奕：《养老与收养——论我国步入老年型社会后收养制度的完善》，载《南京人口管理干部学院学报》2004年第4期。

190. 吴国平：《特殊收养行为的法律规制》，载《广西大学学报（哲学社会科学版）》2007年第4期。

191. 陈翠银：《对我国收养法若干问题的思考》，载《法律适用》1995年第9期。

192. 宋夏瀛洁：《论人身法律行为制度——兼论人身法律行为中的意思自治与国家干预》，中国社会科学院2017年博士学位论文。

193. 吴国平：《收养弃婴中的非法行为及法律规制》，载《行政与法》2006年第10期。

（三）译著类

194. ［德］特奥多尔·蒙森：《罗马史》，李稼年译，商务印书馆2015年版。

195. ［日］富井政章：《民法原论》，陈海瀛、陈海超译，上海商务印书馆1907年版。

196. ［法］库朗热：《古代城邦——古希腊罗马祭祀、权利和政制研究》，谭立铸等译，华东师范大学出版社2005年版。

197. ［日］星野英一：《私法中的人》，王闯译，中国法制出版社2004年版。

198. ［美］格伦顿·戈登：《比较法律传统》，米健等译，中国政法大学出版社1993年版。

199. ［德］马丁·沃尔夫：《国际私法》（第二版），李浩培等译，北京大学出版社2009年版。

200. ［英］弗里德利希·冯·哈耶克：《法律、立法与自由》（第二、三卷），邓正来等译，中国大百科全书出版社2000年版。

201. ［法］孟德斯鸠：《论法的精神》，张雁深译，商务印书馆2014年版。

202. ［美］艾伦·沃森：《民法法系的演变及形成》，李静冰、姚新华等译，中国法制出版社 2005 年版。

203. ［美］罗斯科·庞德：《法理学》（第一卷），余履雪译，法律出版社 2007 年版。

204. ［法］让·路易·伯格：《法典编纂的主要方法和特征》，郭琛译，载《清华法学》（第 8 辑），清华大学出版社 2006 年版。

205. ［英］哈耶克：《自由宪章》，杨玉生等译，中国社会科学出版社 2012 年版。

206. ［意］彼德罗·彭梵得：《罗马法教科书》，黄风译，中国政法大学出版社 1992 年版。

207. ［德］马克思：《论犹太人问题》，载《马克思恩格斯全集》（第三卷），人民出版社 2003 年版。

208. ［日］滋贺秀三：《中国家族法原理》，张建国、李力译，法律出版社 2002 年版。

209. ［美］凯特·斯丹德利：《家庭法》，屈广清译，中国政法大学出版社 2004 年版。

210. ［美］罗斯科·庞德《法律与道德》，陈林林译，商务印书馆 2015 年版。

211. ［德］施瓦布：《德国家庭法》，王保莳译，法律出版社 2010 年版。

212. ［德］迪特尔·梅迪库斯：《德国民法总论》，邵建东译，法律出版社 2000 年版。

213. ［日］我妻荣、有泉亨：《日本民法·亲属法》，夏玉芝译，工商出版社 1996 年版。

（四）法典、法律、法规及司法解释类

214.《法国民法典》，罗结珍译，北京大学出版社 2010 年版。

215.《德国民法典》（第四版），陈卫佐译，法律出版社 2015 年版。

216.《瑞士民法典》，戴永盛译，中国政法大学出版社 2016

年版。

217.《埃塞俄比亚民法典》，薛军译，厦门大学出版社 2013 年版。

218.《日本民法典》，刘士国等译，中国法制出版社 2018 年版。

219.《葡萄牙民法典》，唐晓晴等译，北京大学出版社 2009 年版。

220.《最新阿根廷共和国民法典》，徐涤宇译注，法律出版社 2007 年版。

221.《菲律宾民法典》，蒋军洲译，厦门大学出版社 2011 年版。

222.《中华人民共和国民法总则》（2017 年 3 月 15 日第十二届全国人民代表大会第五次会议通过，自 2017 年 10 月 1 日起施行）。

223.《中华人民共和国民法通则》（1986 年 4 月 12 日第六届全国人民代表大会第四次会议通过，自 1987 年 1 月 1 日起施行）。

224.《中华人民共和国婚姻法》（1980 年 9 月 10 日第五届全国人民代表大会第三次会议通过，2001 年 4 月 28 日修正）。

225.《中华人民共和国未成年人保护法》（1991 年 9 月 4 日第七届全国人民代表大会常务委员会第二十一次会议通过，2012 年 10 月 26 日修正）。

226.《中华人民共和国收养法》（1991 年 12 月 29 日第七届全国人民代表大会常务委员会第二十三次会议通过，1998 年 11 月 4 日修改）。

227.《残疾预防和残疾人康复条例》（2017 年 1 月 11 日国务院第 161 次常务会议通过，2017 年 7 月 1 日起施行）。

228.《中华人民共和国老年人权益保障法》（1996 年 8 月 29 日第八届全国人民代表大会常务委员会第二十一次会议通过，2018 年 12 月 29 日修改）。

229.《最高人民法院关于贯彻执行民事政策法律若干问题的意见》（最高人民法院 1984 年 8 月 30 日发布，2019 年 7 月 20 日起停止适用）。

230.《中华人民共和国人口与计划生育法》（2001 年 12 月 29 日第九届全国人民代表大会常务委员会第二十五次会议通过，2015 年 12 月 27 日修改）。

（五）其他类

231. 上海市第二中级人民法院（2016）沪 02 民终 3541 号民事判决书。

232. 四川省广安市中级人民法院（2016）川 16 民终 694 号民事判决书。

233. 广东省韶关市中级人民法院（2018）粤 02 民终 2188 号民事判决书。

234. 见安徽省淮南市中级人民法院（2019）皖 04 民终 825 号民事判决书。

235. 云南省高级人民法院（2019）云民申 530 号民事裁定书。

236. 江苏省高级人民法院（2018）苏民监 598 号民事裁定书。

237. 重庆市高级人民法院（2017）渝民再 273 号民事判决书。

238. 江苏省南通市中级人民法院（2018）苏 06 民终 4384 号民事判决书。

239. 北京市第一中级人民法院（2019）京 01 民终 7550 号民事判决书。

240. 陕西省榆林市中级人民法院（2017）陕 08 民终 2095 号民事判决书。

241. 广东省广州市中级人民法院（2019）粤 01 民终 9628 号民事判决书。

242. 山东省济南市中级人民法院（2019）鲁 01 民终 7856 号民事裁定书。

243. 山东省烟台市中级人民法院（2017）鲁 06 行终 367 号行政判决书。

244. 四川省高级人民法院（2016）川民申 300 号民事裁定书。

245. 云南省文山壮族苗族自治州中级人民法院（2018）云 26 民终 852 号民事判决书。

246. 江苏省高级人民法院（2014）苏审二民申字第 201 号民事裁定书。

247. 吉林省高级人民法院（2015）吉民申字第 1958 号民事裁定书。

248. 云南省红河哈尼族彝族自治州中级人民法院（2019）云 25 民终 226 号民事判决书。

249. 广东省梅州市中级人民法院（2017）粤 14 民终 289 号民事判决书。

250. 成都市成华区人民法院（2012）成华民初字第 3606 号民事判决书。

251. 福建省厦门市中级人民法院（2016）闽 02 民终 4876 号民事判决书。

252. 浙江省绍兴市中级人民法院（2014）浙绍民终字第 372 号民事判决书。

253. 北京市第三中级人民法院（2019）京 03 民终 10262 号民事判决书。

254. 成都市成华区人民法院（2012）成华民初字第 3606 号民事判决书。

255. 广西壮族自治区高级人民法院（2017）桂民申 1015 号民事裁定书。

256. 山东省济南市市中区人民法院（2015）市少民初字第 41

号民事判决书。

257. 浙江省杭州市中级人民法院（2014）浙杭民终字第 32 号民事判决书。

258. 吉林省高级人民法院（2017）吉民申 191 号民事裁定书。

259. 重庆市铜梁区人民法院（2019）渝 0151 民初 2421 号民事判决书。

260. 北京市第二中级人民法院（2021）京 02 民终 7106 号民事判决书。

261. 江苏省泰州市中级人民法院（2021）苏 12 民终 713 号民事判决书。

262. 上海金融法院（2020）沪 74 民终 1251 号民事判决书。

263. 新京报，《我国不孕不育率达 12%-15%》，https：//baijiahao. baidu. com/s？ id = 1615685763800131987&wfr = spider&for = pc，最后访问日期：2019 年 8 月 15 日。

264. 搜狐网，《增设婚姻唯一住所共同居住权，增设试收养制度》，http：//www. sohu. com/a/323796390_ 120055580，最后访问日期：2019 年 12 月 12 日。

265. 新华网，《统计局：2018 年全国居民人均可支配收入 28228 元》，http：//www. xinhuanet. com//fortune/2019-01/21/c_1210043114. htm，最后访问日期：2019 年 12 月 15 日。

266. 益美传媒，《中国有近 400 万残疾儿童，他们在等待着摆脱灰暗，重新走入世界》，https：//baijiahao. baidu. com/s？ id = 1610947544509248762&wfr = spider&for = pc，最后访问日期：2019 年 12 月 14 日。

267. 中国产业信息网，《2018 年全国残疾人康复人数、机构数量和从业人员分析》，http：//www. chyxx. com/industry/201910/794434. html，最后访问日期：2019 年 12 月 15 日。

268. 人民网，《免费治疗：为何是 6 岁以下？残疾儿童治疗现状调查》，http：//www. sohu. com/a/134898110_ 114731，最后访问日期：2019 年 12 月 15 日。

269. 综合新闻，《人大代表方燕连续两年建议，希望对收养残疾儿童家庭给予补贴》，http：//news. hsw. cn/s，最后访问日期：2019 年 12 月 15 日。

270. 搜狐新闻，《民政部：2018 全国办理收养登记 15143 例，总体呈下降趋势》，https：//m. sohu. com/a/291447224_ 161795，最后访问日期：2020 年 1 月 7 日。

271. 央广网，《民政部：全国孤儿总数 5 年内下降 40%更多中国家庭开始收养残疾儿童》，http：//www. sohu. com/a/291444215_ 362042，最后访问日期：2020 年 1 月 20 日。

272. 中国法院网，《我国古代的收养制度》，https：//www. chinacourt. org/article/detail/2008/12/id/337348. shtml，最后访问日期：2019 年 12 月 13 日。

273. 中国法院网，《如何处理此种隔代收养关系》，https：//www. chinacourt. org/article/detail/2003/10/id/85028. shtml，最后访问日期：2020 年 1 月 20 日。

274. 新浪网，《袁厉害 20 多年收养弃婴孤儿逾百人》，http：//gz. bendibao. com/news/201316/content113609. shtml，最后访问日期：2019 年 12 月 14 日。

**二、外文类参考文献**

275. See Aristides N. Hatzis, The Anti-Theoretical Nature of Civil Law Contract Scholarship and the Need for an Economic Theory, *Commentaries on Law&Economics*, 2002 (2).

276. Misca. G, Is Intercountry Adoption on Successful Intervention in the Lives of Vulnerable Children, *Family Court Review*, 2014 (2).

277. Manuel Vial-Dumas, Parents, Children and Law: Patria Po-

testas and Emancipation in the Christian Mediterranean during Late Antiquity and the Early Middle Ages, *Journal of Family History*, 2014 (4).

278. Schor. EL, Developmental and behavioral services and child welfare, *Pediatrics*, 2006 (2).

279. Estlund, D. Nussbaum, *Sex, Preference, and Family: Essays on Law and Nature*, Oxford University Press, 1997.

280. Caroline Mécary, L' *Adoption*, Universitaires de France, 2006.

281. Martha T. Roth. *Law Collections from Mesopotamia andAsia Minor*, Atlanta, Georgia: Scholas Press, 1997.

282. G. R. DriverandJ. C. Miles, *The Babylonian Laws*, vol. I, Oxford, 1952.

283. Jeremy Bentham, *Principles of the Civil Code*, Vol 1 of the Bowring Edition of Bentham's Works, Dumont's Introduction, 1843.

284. P. Ungari, *Per la Storia Dell' idea di Codice*, in Quaderni Fiorentini, Milano, 1972.

285. KonradZweigert, Hein Koetz, *Einfuehrung in die Rechtsvergleichung*, 3 Auflage, J. C. B. Mohr, 1996.

286. MichaEl Milo, Jan Lokin, Jan MSmits (eels.), Tradition, Codification and Unification (1st edition), Intersentia, 2014, p. 239.

287. R. Harris, *Ancient Sippar: A Demographic Studyofan Old-Babylonian City* (1894-1595*B. C.*), Istanbul, 1975.

288. F. Wieacker, *Historia del Derecho Privado de la Edad Moderna* , Francisco Fernandez Jardontrans, 1957.

289. G. de Ruggiero, *The History of European Liberalism*, Oxford: Oxford University Press, 1927.

290. B. STARK, *Marrige Proposals. From One-Size-Fits-All to Postmodern Marriage Law*. 89 Cal. L. Rew, 2001.

291. Beryl Rawson, *A Companion to Families in the Greek and Roman World*, Wiley-Blackwell, 2011.

292. Burton Z, Sokoloff, Antecedents of American Adoption, *The Future of Children*, 1993 (3).

293. Eugène Huber, *Code Civil Suisse: Exposé des Motifs*, Berne, 1901.

294. Rudolph von Jhering. *Scherz und Ernst in der Jurisprudenz: Eine Weihnachtsgabe für das Juristiche Publikum*, Leipzig, 1884.

295. Jean Carbonnier, *Droit civil*, *Intoduction*, PUF, 2000.

296. MichaEl Milo, Jan Lokin, Jan M Smits (eels.), *Tradition*, *Codification and Unification* (*1st edition*), Intersentia, 2014.

297. Eugeen Verhellen, *Convention on the rights of the Child Background*, *Motivation*, *Strategies*, *Main Themes*, E. Verllen and Grant Publishers, 2000.

298. R. W. Lee, *The Elements of Roman Law*, London, 1956.

299. Paul Hoyningen-Huene, *Systematicity*: *The Nature of Science*, Oxford: Oxford University, 2013.

300. Eugeen Verhellen, *Convention on the Rights of the Child Background*, *Motivation*, *Strategies*, *Main Themes*, E. Verllen and Grant Publishers, 2000.

301. See Cindy L. Baldassi, The Quest to Access Closed Adoption Files in Canada: Understanding Social Context and Legal Re-sistance to Change, 21 *Canadian Journal of Family Law*, 2005.

302. Stéphanie Guy, La codification: une utopie, *in Revue Francaise de Droit Constitutionnel*, 1996, Vol. 26.

303. Patrick Parkinson, Juliet Behrens, *Australian Family Law in Context-Commentary and Materials* (*3Rd edition*), published in Sydney by Lawbook Co, 2004.

304. Wencelas J. Wagner, *Codification of Law in Europe and the*

*Codification Movement in the Middle of the Nineteenth Century in the United States*, Maurer Faculty, 1993.

305. Steininger, *Die Jurisprudenz auf Erkenntnissuche*, NJW, 2015.

306. Vikas Mehrotra, Randall Morck, Jungwook Shim, Yupana Wiwattan-akantang, Adoptive Expectations: Rising Sons In Japanese Family Firms, *NBER Working Paper*, 2005 (4).

# 致 谢

2020年，新冠肺炎疫情在全国各地爆发，衷心向武汉人民以及奋战在第一线的医护人员报以最真诚的感谢！他们用生命为我们筑起一道安全的防线。感谢时至今日还能留在我身边的人，感谢你们曾给予我的温暖与关爱！

首先，我要感谢我的导师陈苇教授！陈苇老师经常教导我们，做人要努力，做事要有规划。通过跟随陈老师三年来的学习，我亲眼看见了陈老师对工作、教学的兢兢业业，无论寒冬与酷暑，她都笔耕不辍，经常加班至深夜。陈老师的言传身教及严于治学的态度对我的学习和生活都产生了重要影响。我还要感谢我的硕导李俊老师和读博期间教授我课程的张力教授、曹兴权教授、徐洁教授、侯国跃教授等。在他们细心的答疑解惑和孜孜不倦的教诲下，我的学术能力和写作水平都有所精进。尤其重要的是，他们的精心讲解启发了我学习和钻研的乐趣，使我越读书越能发现自己的无知，真是学海无涯。

其次，我要感谢我的家人和朋友们！感谢我的父亲和母亲对我的大力支持和理解。三十而立，身在异乡的我没能孝敬父母，反而在经济和生活中得到了父母很多帮助。而我的朋友们，郜志龙、徐宗胜、叶国华、贺海燕、王巍、董思远、陈佳、刘祎、林英、李姗等，在我迷茫和无助时都给予了无私的关心与帮助。这些良师益友是我人生中的明灯，帮我克服了诸多困难，感谢之情不胜言表！

这是我在重庆的第十年，也是在西南政法大学读书的第十年。几年的读博生涯转瞬即逝，当初为考博付出的汗水，老师、室友们对我的帮助还历历在目。三十岁时，我完成了自己读博的理想，放弃的是当初可以回到故乡、回到父母身边成为一名公务员的机会。夜深人静的时候我会想起，如果我选择了后者，人生又会是何面貌，三十岁时是否已经结婚生子，而非如今的孤独一人。也好，也罢，这成为了我心中的林中路。“黄色的树林里分出两条路，可惜我不能同时去涉足。呵，留下一条路等改日再见！但我知道路径延绵无尽头，恐怕我难以再回返。”

# 附 录

## 西南政法大学外国家庭法及妇女理论研究中心简介（中英文对照）

**学术顾问**（以姓氏笔画为序）：万相兰、王中伟、王建华、李春茹、陈 苇、谢晓曦

**主　　任**：张 力

**常务副主任**：朱 凡

**秘 书 长**：石 婷

2003年12月至2004年12月，西南政法大学民商法学院博士生导师陈苇教授受中国国家留学基金资助，由教育部公派出国留学，作为访问学者到澳大利亚悉尼大学法学院进修家庭法1年。她回国后于2005年1月向学校提出了建立“西南政法大学外国家庭法及妇女理论研究中心”的书面申请。2005年4月1日，西南政法大学校长办公会议批准同意该研究中心成立。

本“研究中心”的工作宗旨是：通过整合本校婚姻家庭法及妇女理论方面的科研与教学资源，联合校内外其他单位与部门的相关人员，以西南政法大学为依托，开展中外学术交流，着力研究现阶段中外婚姻家庭继承法及妇女领域的重大理论和实践课题，为我国婚姻家庭继承法的完善及妇女理论的发展提供有益的借鉴经验，为我国立法机关提出相关建议，为司法部门提供法律咨询服务，争取多出科研成果，特别是精品科研成果，为创建国内一流、国际知名的西南政法大学而努力。

本“研究中心”的主要任务包括：1. 开展中外学术交流；2. 提供专业咨询服务；3. 进行学术前沿理论和司法实务问题研究；4. 培养婚姻家庭继承法及妇女理论的学术人才；5. 组织开展

学术讲座等，以期造就一批在本学科领域有一定影响力的学术骨干和后备学术带头人。

本“研究中心”的学术研究平台：为促进学术研究和学术交流，研究中心主任陈苇教授自2005年起先后创办、主编出版《家事法研究》学术论文集刊和《家事法研究学术文库》丛书，到2022年年底的18年间，已出版《家事法研究》（2005年卷至2010年卷）学术论文集刊6卷和《家事法研究学术文库》丛书著作31部。这些论文集和著作，着力研究婚姻家庭继承法领域的前沿理论和司法实务的热点难点问题，在我国学术界和实务界已产生了良好的社会影响。需要说明的是，为进一步扩大《家事法研究》的学术影响，在2009年中国婚姻家庭法学研究会常务理事会上，经陈苇教授提出申请，研究会常务理事一致同意，夏吟兰会长宣布自2010年起《家事法研究》改由学会主办。但由于2010年学会将出版“2009年中国婚姻家庭法学研究会年会论文集”，故夏会长委托陈苇教授继续主编出版《家事法研究》（2010年卷），即从2011年起《家事法研究》改由中国婚姻家庭法学研究会主办，作为该学会的会刊。为继续推进婚姻家庭继承法领域前沿理论和司法实务问题的研究，本“研究中心”决定打造新的学术研究和交流的平台。自2012年起，陈苇教授担任主编，负责遴选出版《家事法研究学术文库》丛书，每年计划出版1-3本，由国家级出版社出版。同时，本“研究中心”继续与杨晓林律师组建的家事法律师团队合作，在“西南政法大学外国家庭法及妇女理论研究中心”网页——学习园地之“学术前沿”栏，通过登载婚姻家庭法律资讯简报，发表婚姻家庭继承法领域的前沿理论和司法实务热点难点问题的最新研究成果，以期实现学术研究与立法、司法的良性互动，促进中外学术研究和学术交流。

本“研究中心”的团队成员：以西南政法大学民商法学院婚姻家庭继承法和妇女理论研究所的人员为主，并聘请校内外的专家、学者担任学术顾问和特邀研究员。

# Appendix:

## Introduction of the Research Center on Foreign Family Law and Women's Theory of Southwest University of Political Science and Law, China

**Academic Consultants**: WAN Xianglan, WANG Zhongwei, WANG Jianhua, LI Chunru, CHEN Wei, XIE Xiaoxi

**Director**: ZHANG Li

**Deputy Director**: ZHU Fan

**Academic Secretary**: SHI Ting

**Introduction**

**Professor CHEN Wei**, the phD supervisor of the Civil and Commercial Law School of Southwest University of Political Science and Law, China [hereinafter refers to SWUPL], studied family law in the Law School of Sydney University, Australia from Dec. 2003 to Dec. 2004 supported by the "STATE SCHOLARSHIP FUND AWARD" of China. In Jan. 2005, some days after came back to China, she presented the application for establishing "Research Center on Foreign Family Law and Women's Theory of SWUPL, China". On Apr. 1st 2005, the President's Working Office of SWUPL approved her application.

**The aim of the Research Center** is to develop academic exchange between China and foreign countries, put emphasis on grand important theory and practice problems of family law and women's theory by associating the researching and teaching resources of SWUPL with relevant personnel of other units and departments. All of that we have done and will do have some important meaning: first of all, we may provide the valuable experiences for the perfection of the laws of family and succession in China and the development of women's theory; the second, we may provide relevant suggestions to Chinese legislature, and may provide legal advices to judicial practice departments. We hope that SWUPL will be top ranking internally and famous internationally with our efforts.

**The assignments of the Research Center including**: (1) developing academic exchange between China and foreign countries in relevant fields; (2) providing professional consultation service; (3) strengthen academic research; (4) training some academic adepts of family law and women's theory; (5) giving academic lectures. We hope that some adepts and reserve academic leaders with certain influence in family law field would be brought up.

**The academic research platforms of the Research Center**: In order to promote the academic research and exchanges, Professor CHEN Wei, director of the Research Center, has founded and edited the publication of the Periodical of Research on Family Law and the Works of Researches on Family Law early or late since 2005. By the end of 2022, 6 volumes of the Periodical of Research on Family Law (Volumes 2005 to 2010) and 31 Works of Researches on Family Law have been published during the eighteen years. These papers and books, focusing on the frontier theory research on Marriage, Family and Inheritance Law and the judicial practice issues, have had good social affluence in the academic circle and practice circle of China. It is noteworthy that, in order to further expand the academic influence of the Periodical, in the Executive Council of Society of Marriage and Family Law of China (SMFLC) in 2009, upon Professor CHEN Wei's proposal, the Executive Council agreed and President XIA Yinlan announced that the Periodical of Research on Family Law was edited by SMFLC after 2010. As SMFLC would publish the papers submitted to the Annual Meeting of SMFLC in 2009, President XIA Yinlan authorized Professor CHEN Wei to edit the publication of the Periodical of Research on Family Law (Volume 2010) in 2010. The Periodical was edited by SMFLC and became its Society Journal from 2011. In order to continue to advance the theoretical research and judicial practice in the field of Marriage, Family and Inheritance Law, the "Research Center" decided to build a new platform for academic research. 1 – 3 of the Works of Researches on Family Law which will be selected and edited by Professor CHEN Wei for publication each year by the national publishing press since 2012. At the same time, the "Research Center" continues to cooperate with the Family Law Lawyer Team built by Lawyer YANG Xiaolin. On the webpage of "Foreign Family Law and Women's Theory Research Center of SWUPL"——"Academic Frontier" of Study Column, by published the Information Briefing of Marriage and Family Law, the latest research achievements on the frontier theory of Marriage, Family and Inheritance Law and judicial practice issues are published to realize the benign interaction between academic research, legislation and justice and promote the academic research and exchanges between China and foreign countries.

**The personnel of the Research Center** is mainly composed of scholars from the Marriage, Family and Succession Law and Women's Theory Research Institute of the Civil and Commercial Law School of SWUPL, China. We also invite some famous experts and scholars around the whole country to be the consultants and special research fellows. They are the members of the Research Center too.

## 西南政法大学外国家庭法及妇女理论研究中心<br>2006—2012 年已出版书目

《外国婚姻家庭法比较研究》（2006 年出版）

《中国大陆与港、澳、台继承法比较研究》（2007 年出版）

《当代中国民众继承习惯调查实证研究》（2008 年出版）

《改革开放三十年（1978~2008）中国婚姻家庭继承法研究之回顾与展望》（2010 年出版）

《中国婚姻家庭法立法研究（第二版）》（2010 年出版）

《外国继承法比较与中国民法典继承编制定研究》（2011 年出版）

《当代中国内地与港、澳、台婚姻家庭法比较研究》（2012 年出版）

《加拿大家庭法汇编》（2006 年出版）

《澳大利亚家庭法（2008 年修正）》（2009 年出版）

《美国家庭法精要（第五版）》（2010 年出版）

《澳大利亚法律的传统与发展（第三版）》（2011 年出版）

《家事法研究》2005 年卷（2006 年出版）

《家事法研究》2006 年卷（2007 年出版）

《家事法研究》2007 年卷（2008 年出版）

《家事法研究》2008 年卷（2009 年出版）

《家事法研究》2009 年卷（2010 年出版）

《家事法研究》2010 年卷（2011 年出版）

# 西南政法大学家事法研究学术文库
# 2012—2014 年已出版书目

《婚姻家庭法之女性主义分析》(2012 年出版)

《基于性别的家庭暴力之民法规制——中国法与美国法之比较》(2012 年出版)

《亲属法的伦理性及其限度研究》(2012 年出版)

《人文主义视阈下的离婚法律制度研究》(2012 年出版)

《遗产债务法律制度研究》(2013 年出版)

《防治家庭暴力立法与实践研究》(2013 年出版)

《私法自治视域下的老年人监护制度研究》(2013 年出版)

《离婚扶养制度研究》(2013 年出版)

《中国继承法修改热点难点问题研究》(2013 年出版)

《我国防治家庭暴力情况实证调查研究——以我国六省市被抽样调查地区防治家庭暴力情况为对象》(2014 年出版)

《家事调解制度研究》(2014 年出版)

**图书在版编目（CIP）数据**

我国收养制度立法完善研究/白玉著．--北京：中国人民公安大学出版社，2023.2

（家事法研究学术文库）

ISBN 978-7-5653-4552-4

Ⅰ.①我…　Ⅱ.①白…　Ⅲ.①收养法—立法—研究—中国

Ⅳ.①D923.904

中国版本图书馆 CIP 数据核字（2022）第 111077 号

**我国收养制度立法完善研究**

白　玉　著

出版发行：中国人民公安大学出版社
地　　址：北京市西城区木樨地南里
邮政编码：100038
经　　销：新华书店
印　　刷：北京市科星印刷有限责任公司

版　　次：2023 年 2 月第 1 版
印　　次：2023 年 2 月第 1 次
印　　张：10.625
开　　本：880 毫米×1230 毫米　1/32
字　　数：277 千字

书　　号：ISBN 978-7-5653-4552-4
定　　价：55.00 元

网　　址：www.cppsup.com.cn　www.porclub.com.cn
电子邮箱：zbs@cppsup.com　zbs@cppsu.edu.cn

营销中心电话：010-83903991
读者服务部电话（门市）：010-83903257
警官读者俱乐部电话（网购、邮购）：010-83901775
法律分社电话：010-83905745